中国人的德行

[美] 切斯特·何尔康比 著
Chester Holcombe

王剑 译

The Real Chinaman

北京联合出版公司
Beijing United Publishing Co.,Ltd.

前言

透视中国的西洋镜

穿梭于城市的居民与那位独居在茫茫山林的老太太之间并没有什么区别。尽管老人没有街坊四邻，孤身独处，但却自得其乐。在炎炎夏季的某一天，一位陌生人寻到她的门前，求饮一杯水。老人询问陌生人从何而来，当来者告之家住波士顿城时，她惊声叫道："老天！住在那么远的地方，您得有多么孤独啊！"看来她已把波士顿看成是一片荒凉之地，或许只有这经受日晒雨淋的小木屋，于她才是天地和宇宙的中心。

如同这位老太太，我们也总是不自觉地用自己构建的一套标准去衡量别人。别人是否正确、是否明智，都要看他们是否符合我们的那套标准，是否同我们的标准背道而驰，而全然不理会自己的判断尺度及理想模式如何武断，如何浅薄。

在我们眼里，中国人那种不经大脑、不断机械重复地夏天穿单衫、冬天套棉袄抑或依照某一个人的意志在规定的某一天共同更衣的做法，不仅是可笑的，甚至还要加上几句嘲讽和挖苦的话。但是在美洲与欧洲，同样也有不计其数的高雅贵妇们，在那种匪夷所思的"时髦"诱惑下，效仿与追新逐异，盲目狂热到了极点。同中国人的习惯相比，这些贵妇们的做法又有何不同吗？倘若有的话，两者之间，谁又更理智一些呢？在您打算给出答复之前，请先瞧瞧那些原本自然优雅，现而今被搞得古里古怪、无比丑陋的贵妇们的形态与线条吧。您不妨再做如下的比较：中国人在季节交替之时依照某个人的命令更衣的做法，同两大洲占半数人口的妇女们抛弃个人品位爱好，追逐或许源于巴黎或是伦敦贫民窟里的奇异打扮的行为相比，两者孰是孰非？

对于他人，我们需要多一些不同角度的审视，少一些目光短浅、心胸狭隘的批评。显而易见,假如我们能够以他人看待我们的目光来审视自身,那么情况将会好一些;假如我们能够从某一更高的境界,换言之,一种更为准确的、非世俗观念的、理想的、标准的人的视角去品评我们自身与他人,那么情况就不仅仅是好一些,而是会大有不同。更为宽广的视角不仅能够使我们的判断日趋准确合理,并且同时还有着更为深层次的意义:人们将通过它变得愈发宽容友爱,愈发与人为善,愈发领悟到作为人的崇高价值。然而,眼前的状况远未达到这一水平。

　　批评与指责远比客观全面地了解容易得多——在我们对待中国人的态度上尤为如此。这是因为东西方相互接触了解的历史还太过短暂,机会也很少。有关中国的知识,大多源于我们的想象与猜测,而非有明确的事实根据。因而,对中国人的种种误解和丑化也就在所难免。但是,中国确实是一个值得深入考察研究的民族。现实的生活远比任何形式的虚构与猜测来得丰富有趣,中国人也是如此。那些热忱的研究者为之深深陶醉的,不是为一般大众所熟知的、经过一系列笨拙的歪曲与讽刺的中国人,而是存在于那片土地上真实的中国人的生活,以及他们那套永久传承而停滞不前的、饶富特色的政治、经济、文化制度和社会习尚。

　　写作本书的目的,既非辩护、致歉与忏悔,也非责备与批评,高唱赞歌也就更谈不上了。本人曾在中国生活过很多年,可以说同中国各地不同阶层的人都有过一些接触,并和他们建立了十分亲密友好的关系。本书旨在向读者展示的,是我就自己在中国社会生活的经历所获得的几点体会和感想。本人着力描摹与阐释中国社会生活中的一些极为重要而特殊的因素,就是为了向人们说明,一些在我们眼中如此不堪的思维方式同社会习俗,为何于他们却是天经地义的事情。本书所举出的例证,全部是客观的事实,而非主观臆断。总而言之,本书力图从大视角出发,立足几个要点,粗线条描摹出真正的中国人。

切斯特·何尔康比

目录

换个角度看中国

三十多年前，中国才开始与西方相互熟悉、相互交往起来，而中国签署的承认欧、美各国存在的第一批条约距今也只有五十几年的历史。但是，那些条约仅仅在某种前期介绍性工作中发挥了作用，而缺乏例如允许双方寻求和建立彼此之间良好关系等具体条款。只要中国对外开放贸易并允许外国人居住的口岸仍然只是沿海三四个城市，只要外国人在中国内陆的游历仍然被禁止，只要北京的大门不能向各国外交代表敞开，只要我们被滞留于军舰上的使团依然在中国沿海四处漂荡——只要这些情况仍然存在并一直存在下去，我们西方人就永远无法了解中国人，同样，中国人也无法认识我们。

从中国在 1842 年 8 月 29 日与西方列强签订第一个条约——《南京条约》开始，直到 1858 年《天津条约》的签订，中国才允许外国使节进驻北京，允许外国人在中国内陆自由游历。而在此之前的年月中，情况一直像上面说的那样。

来自两个截然不同的世界的人们面对面地站在了一起，互相审视着对方，这是人类历史上的第一次。先进的、富有侵略性的西方人正满怀期待。在东方，他们遭遇了象征保守高傲、雍容自尊的中国人。先进进取与落后保守碰撞在了一起；已然跨入蒸汽时代、钢铁时代、电气时代的西方正虎视眈眈地直逼尚处在孔子时代的中国。不妨设想一下：倘若让一个近代富于进取的西方商人和那位中国圣人彼此相识并交往，同时各自形成对对方的印象与看法。这里，有一个非常重要的事实不得不提——那位孔圣人根本就不愿见这位西方商人。这样，对于东西方最初接触的情况，读者便会有一个相对准确的概念。

绝对没有交往的共同基础和共同利益点。事实上，我们非常渴望同中国人有生意往来。清政府小心翼翼地将同我们的贸易往来限制在广东，并且那里也

1

1858 年,清政府与英国、法国、俄国、美国签订《天津条约》

是我们唯一被允许做生意的地方,清政府这样做是想表明自己在多大程度上希望与我们进行贸易往来。这种贸易就如同下面的情况:我们将从牢固的雉堞上递下来的成捆的生丝和满箱的茶叶接过来,然后将我们的墨西哥银元和英国鸦片再用绳子递回去。只要这种极其脆弱的交易方式依然存在,我们的认识永远都是:这种贸易规则是带有限制性的,不是令人满意的、带有鼓励性的。

尽管如此,中国并没有特别反对与欧美各国建立良好的政治与经贸关系。事实上,中国只是不希望在任何方面将自己与西方的交往扩大。为了防止内地百姓对郑成功抗击清军的支持和联系,清政府于顺治十八年,也就是 1661 年,勒令江南、浙江、福建、广东等地沿海居民内迁 30 至 50 里,同时还勒令其将沿海民居与船只全部烧毁,不允许有片板入海。在迁海令的执行中,清政府不惜以酷刑相逼,损毁城廓,烧毁房屋;越界者无论远近,一律斩首。不过后来禁令渐宽,到康熙二十年,也就是 1681 年,禁令被完全撤销。然而在当时,一旦有人漂洋过海到国外去,回来之后又不小心落到了官吏的手中,那么,给予他的惩罚便是被刽子手砍掉脑袋。尽管这条法令许多年来根本没有得到执行,但至今却仍然没有被正式废除。根据清政府的规定,任何超过 6 英尺长的片板船只都不得建造。这就使得所有的短途航海变得无利可图,同时还要担受风险。无论任何国籍的船只想要进入中国港口都是不被允许的,而中国国内又将船只限制在甚至不能进行一般远途航海,在这种情况下,我们很容易想到中国到底在多大程度上愿意接纳从异域来的客人,又在多大程度上愿意对他们进行回访。在这种闭关自守的政策中,唯一例外的就是允许数量有限的暹罗也就是泰国商船只需要按时注册登记,就可以在曼谷和某几个中国港口之间进行贸易。这些商船随着夏季风或东南季风北上来到中国,再由冬季的西北风送回自己的国家,这样的往返旅程每年进行一次。

写作这本书的目的,不在于探究导致中国官府采取这一专制的闭关自守政策的原因,也不在于探究这种政策的效力是否得到了认可或否定。但是,可以确信的是,中国对于西方各国的特点及其地理位置都一无所知。据说,现在

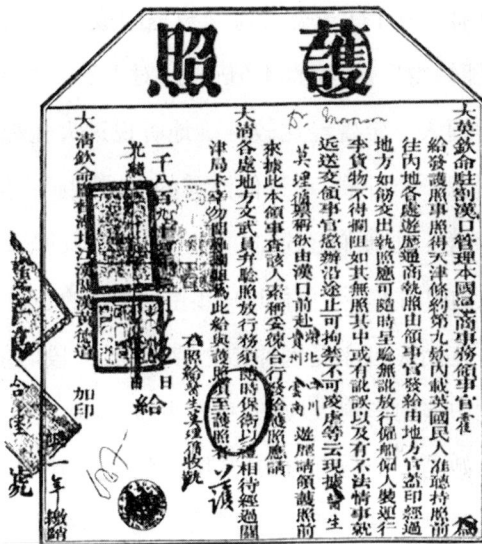

清政府颁发给外国人的护照

的德意志帝国曾经想要派遣一支外交使团到中国进行谈判,并签订一个条约时,被中国官府拒绝了。在英国官员百般斡旋之下,拒绝的成命才勉强被收回。同时,中国官府还天真地宣称从英国代表提供的信息来看,德国人是一个真正值得尊重的民族,因为他们的国王是大不列颠女王的亲戚。正是这个原因,才使得中国官府同意进行谈判和签约。1870 年,一位北京的高级官员因为某种特殊使命将被派往欧洲访问之时,他竟然要求将 150 多镑的食盐连同其他的行李一起带上车,因为他担心在将要去的地方很难得到食盐。最近,即 1884 年左右,有

人曾经偶尔听到一位清朝内阁的官员向他的同僚询问外国人结婚是否有任何形式的婚约，还问他们是否男女杂居在一起，甚至有乱伦的行为。

这种毫无根据的无知问题所体现的是这位中国官员对那些可怜不幸的动物们的风俗习惯以及面貌长相的种种荒唐可笑的观念与看法。那些动物们居住在遥远的地方，极具影响和开化力的中华帝国对他们是鞭长莫及的。今天，在中国北京或其他城市的书店里，热衷人类文化学研究的学者都可以找到一些包含对外部世界野蛮人的种种描述的书籍，其中还附有一些用水彩描绘的插图。在这些插图中，有一类人通常被描绘成长耳过肩、直垂到地面的怪物；而另一类人，腿短得出奇，简直不值一提；对于另一类人的描绘，使研究者得出一个结论，即中国人一定曾经比较准确地听说过大猩猩的形态；还有一类人，他的脸被描绘得像一个肿瘤，通过低浮雕的形式刻画在胸脯之上；另一类人的脑袋被画在左手臂下面，他们轻松自如地携带着这样的脑袋。对于她的认识如此缺乏并做如此想象的中国人不希望做进一步密切交往的心态，也就可以理解了。

在闭关自守受到冲击之前，很长一段时间里，整个世界一直在很大程度上受到中国的影响，以她的意志为转移，她成为了核心人物，是世界的最终支配力量。她是一个强有力的、文明开化的帝国，如同一颗恒星，连同环绕在她周围的令人羡慕的卫星国一起，形成了一个体系、一个世界。在这个以中华帝国为中心的世界里，其他卫星国用所有最美妙的阿谀奉承式的模仿来使她称心如意。他们完全照搬她的文明，借用她的宗教，甚至连政府体制也以她为蓝本。有几个国家还采用了汉语，从汉语中汲取文学和艺术养分。所有卫星国都将她视为东方世界中最权威、最尊贵的霸主。无论国内还是国际争端，她都以仲裁者的身分不断用武力帮助他们镇压起义和暴动。她自奉为也被公认为是他们的保护神，她是如此地至高无上。

在这个行星系中，日本就是一颗危险的、捉摸不定的彗星。在东方，或许没有任何一个国家像日本那样从中国攫取了巨大的实际利益。日本的艺术、语言、大部分文学以及至少一种宗教流派，都无不来源于她伟大的大陆邻居——中国。例如从日本对自己的两种主要农产品——茶叶和蚕丝的称呼中就可以听出它们都是从中国引进的。尽管这样，日本却还一直在招惹麻烦，不断给中国添乱子，她是一个觊觎中国稳定的、公认的霸主地位的挑战者。一些人错误地以为中日两国之间最近的冲突是一种例外，事实上那不过是过去十个世纪的历史在当代的重演。

除日本外，中国和上述国家间都建立了一种明确的、彼此非常理解的睦邻友好关系。各小国的使节们，每个新年都会带着贡品到北京，向中国皇帝表达节日的祝福，而中国皇帝也会亲自接待他们。回去的时候，他们也是满载着皇帝回赠给他们的礼物，而这些礼物总比他们所带来的贡品贵重得多，因为中国皇帝不论权力还是财富都比他们的国王多得多。暹罗国王几乎年年向中国皇帝进贡白象，这些进贡而来的白象有些至今仍然还活着，存养在北京的象苑里。此外，在1894–1895年的冬季，就算称不上是数个世纪以来的第一次，也可能是几十年中的第一次，朝鲜国王没有派遣进贡使团来京，而此前的中国同朝鲜的贸易大部分都由这些使团完成，因为一支庞大的商队被允许随使团一同前往。同时，在上述一些国家中，还形成了一个新国王必须派遣专门的使团到中国告知自己的继位，并请求中国皇帝仁慈的恩准的惯例。在朝鲜和越南尤是如此。

可以预想，在细微缜密、高度务实的西方人心中，对这种灵活松散而又带本质性的东方关系产生了诸多误解。无论任何一种欧洲语言，都无法表达中国所宣称的那种思想，而那种思想对我们关于国际关系的概念亦是完全陌生的。由于缺乏一个更合适的术语，同时又缺乏对这种关系实质的准确理解，于是我们就一直将这种关系称为宗主与藩属的关系。然而事实上，它在本质上并不属于宗主与藩属的关系。因为在宗主国和藩属国关系中，极其重要的一点就是后者必须定期向前者交纳一定数额的贡物和贡金，同时还必须向前者提供一定的军事力量。然而，任何藩属国都没有被中国强迫去这样做。一直以来，中国都不断地向她弱小的邻居们派遣全副武装的军队，去帮助镇压国内的造反与叛乱，然

5

而她从来都没有请求更没有接受过藩属国的此类援助。除了中国总是在其中无一例外地多予少取的新年互赠礼品活动之外,藩属国向中国皇帝进献什么贡物贡金的情形根本就没有出现过。

这种关系虽然对我们来说是模糊不清的,但对东方人来说,这恰恰符合他们的思维方式与观念。他们将这种关系形象地比喻成老大哥和小弟弟的关系。举例来说,如果中国官府想要表明她和朝鲜的关系时,就会采用这种说法,就如同被用来描述一个家庭中哥俩的亲缘关系一样。如果考虑到在这种盛行于中国各地、甚至已经形成了她的整个政府基础的宗法家长制下,作为老大哥的中国有凌驾于小弟弟之上的某些权力与义务,那么连结中国同她周围弱小邻居的这种关系就不难理解了,这种关系体现的是一种道德权威,也体现了对正义的支配,然而这种思想是令人厌恶的,与我们的思想观念格格不入,因为它既可以随意强加于人,同时又可以随意被取消。这样,依据这个事实,即主观判断可以加强或者可以回避这种关系,我们或许能够从中找到这个体系中最令东方人满意的某些特征。

勤于思考的人们不会惊讶于多少个世纪以来,中国始终保持着霸主地位,她欣然地接受了她的弱小的、还未开化的邻居们的恭维与赞美,并在此基础上形成了整个民族强烈的骄傲自大意识。于是,她有理由鄙视那些没有受惠于她的远方国度以及那些因此也没能按她的模式去塑造自己的国度。她拥有一个由谦卑的崇拜者所组成的小圈子,她十分排外,不希望有任何异己闯入其中。与此同时,一个不容忽视的事实是,中国或多或少与印度有着某些联系。中国人从她东方的立场观点出发,对于同欧洲人的交往对于自己到底意味着什么的问题有着自己实质上正确的看法。

中国在对待同欧美诸国建立友好关系的问题上,始终保持着镇定自若的态度,但也有着荒谬愚蠢的过度自大,更加不幸的是,与我们的交往和联系被强加于她的头上。这对于她的政府和人民来说,是极其可恶的事情。任何国家在必要时是否有权通过武力强迫另一个国家与之建立并保持友好关系和商业往来的问题在这里将不做讨论,这个问题可以留给国际法权威去回答。本书无意对所谓的鸦片战争的正义与否表明自己的看法,也不会记录各种观点与意见。在此只是力求在一定程度上忠实地再现和准确地剖析当时的真实情形——即鸦片战争,对于它,我想所有聪明的读者已经都有了一个大概的了解,相信他们中的每一个人都能够并且也将有自己的结论。然而,对于中国人来说,那些真实情形在他们心中所激起的情绪、他们对待此事的观点,以及这些情绪与观点怎样严重扭曲了他们对所有外国人的看法,而这些看法继而又怎样影响了他们整个的对外关系等,所有这些及由此产生的更深层次的影响并没有得到世人很好的了解和充分的认识。倘若不将鸦片战争推到画面上来,对于近代真正中国人的再生动的描述都将显得苍白无力。也正是基于这一原因,我们先对鸦片战争做一个简单的介绍。

无论其他许多重要原因是什么——尽管这些原因曾经导致了许多针对中国的海陆征讨:从 1842 年攻击远在广东以外的吴淞要塞,到 1860 年占领北京的北城门和毁灭圆明园,对于每一个中国人而言,一切军事行动的最终目的都是为了两个字:鸦片。在中国人看来,外国人的诸多不满仅仅是借口罢了。利用

鸦片战争海战图。1840 年,中英第一次鸦片战争爆发,这是中国近代史的开端

这个借口,他们实现了其主要目的:打开了中国的大门,将她变为一个倾销在印度种植的那种毒药的巨大市场,然后让她的子民去吸食这种毒药。

这个事实在中国人看来是不容辩驳的。早在1842年之前,广东地方政府同东印度公司的代理商就曾在鸦片不论公开还是走私贩运到中国都违犯帝国法律的问题上发生过许多摩擦与冲突。后来,这种摩擦和冲突在东印度公司经营鸦片的特权被取消后进一步升级。1840年,噢不,应当是1839年,钦差大臣林则徐被派往广东,奉谕旨要不惜任何代价,彻底断绝当地的鸦片贸易。此时,双方的冲突被推到了顶点。林则徐在到达广东后不久,就发现在广东的22只外国商船上所有的鸦片总价值竟然高达900万银元,这是对帝国法律的公然侵犯与亵渎。根据公认的法规,所有这些鸦片连同运载它们的船只都应被全部没收。于是林则徐立即命令外国人交出所有鸦片,为此他还采取了一些特殊措施。最后,英国商务监督义律被迫将鸦片交了出来,同时保证以后不再将鸦片运进中国港口。这次缴获的鸦片共有20291箱。林则徐立即命人将它们投入在海边高处挖的又大又深的池中,掺以石灰和海水进行彻底销毁,最后残渣随潮水被送出海港。当时,现场有许多官吏负责严密监视,防止任何人私自挟走任何一点鸦片。有一个想要偷偷拿走一点的中国人被当场砍掉了脑袋。在这种严肃认真的态度下,鸦片无疑被彻底销毁了。在这一事件中,清政府根除鸦片贸易的决心确实令人敬佩,而下令收缴走私鸦片本是其分内之事;而林则徐所扮演的仅仅是仆人的角色,他忠实彻底地执行皇帝的命令。

就像中国人所认为的那样,这一正义和值得赞扬的行动使得英国派遣海陆军来到了中国,迅速攻占了沿海的几个重要港口、舟山群岛以及古都南京。最后在刺刀的威逼下,清政府被迫与大不列颠在南京签订了和约。和约规定,清政府赔款2100万银元,其中鸦片费600万银元,商欠300万银元以及军费1200万银元。在这个和约中,还有一项异常重要的规定,即香港岛被无条件地割让给了英国女王。

这些令中国人民刻骨铭心的事实一直以来都深深地影响着他们对外国人的看法。想要为促使英国人采取军事行动的严重不满而做的辩解都是徒劳的,因为在中国人看来,即使不为鸦片,英国人迟早也会用武力来对付中国。关于这一点,他们指明了这样一个事实,即在 1860 年北京被实际攻占以前,外国针对中国的军事行动就从来没有真正停止过。在相继发生皇帝的出逃和在流亡中病死的事件之后,清政府被迫做出了更大的让步,即承认鸦片贸易在中国的合法化地位。中国人说,不列颠人只有得到这样的满足,才会撕下一副来势汹汹的战争面孔,取而代之的是调和的、抚慰的语气和政策。清政府为劝导英国与之采取协商和合作的态度做出了很多艰辛的努力,目的就是为了要么立即查禁鸦片贸易,要么使之逐渐断绝。对于清政府的这些努力,明白人是心知肚明的。此外,人们还知道,英国人在对待清政府的那些请求上,要么不理不睬,要么干脆直接拒绝。这一事实再一次加深了中国人对西方人的认识与极度憎恨。

以上便是当时形势发展的一些重要特征。中国正是在这种情形下,被迫从闭关锁国的状态中被拖了出来,开始正视近代西方世界,并被迫与之建立新的、她根本不愿接受的外交关系。如果从中国的立场出发,她对于在她看来西方毫无道理的侵略的痛恨是非常自然的;

林则徐,中国近代史上第一位开眼看世界的杰出政治家,被誉为"民族英雄"

她对于那些真诚地希望为她的最高利益服务的人们的误会与曲解同样也是可以理解的。她的统治者不但对近代国际法及其具体内容不甚了解,更对支配平等独立国家间交往的准则一无所知。正是由于清朝统治者的懵懂无知,才使得

自己的政府总是被置于错误的位置上。他们因此总是会在那些为了争取本是合法的东西的、也应该得胜的外交斗争中失败。在他们自己和评论他们的人心里，这个事实都一样清楚明白。然而他们过于狂妄自大，从来都不愿公开承认这一事实。作者曾经听清政府的一位内阁成员说道："其实无论公理和正义在哪一边都不重要，因为不管遇上什么问题，我们最终都会撞上南墙。即便是在非常有利的情况之下，我们也总会乱了方寸，从而酿成大错，最后落得惨败的下场。"恐怕这种悲哀的评论中所包含的道理，远比说话人本身所认识到的程度深刻得多。

下面举一个例子，虽然其本身并不太重要，但却能很好地说明那位内阁大臣的话是正确的。很久以来，在北京形成了这样一个惯例，无论皇帝何时外出，他所经过的街道都要关闭，严禁百姓通行。有一次，总理衙门很有礼貌地在皇帝外出前照会通知了各国驻京公使。事实上，即将关闭的街道并不在外国人的居住区，也就是说不会给他们的出行带来任何麻烦，并且禁止通行也仅仅是持续几个小时而已。但是，除一家使团没有发表看法之外，其他所有外国使团都对清政府的这种做法表示出了强烈不满。清政府过分客套反而使事情弄巧成拙。在任何欧美国家的首都，不要说是市政府，就算是枢密院，都不会通知外国使馆说某某街道要暂时关闭，他们可不想自找麻烦。事实上，如果有需要，他们会直接将街道封闭一整天，甚至是一个月。倘若哪个外国代表对他们的行动提出异议，他们会立刻予以得体的反驳。

如若我们能够更加全面地了解中国人，更加全面地认识他们的优缺点，而且能够认识到他们中的每个人都具有这样的优缺点，然后再将前30年他们与西方的交往过程一一准确地记录下来的话，我们就会惊奇地发现，中国古老的传统模式在此阶段不是几乎没有改变，而是发生了非常巨大的变化，可以说这在很大程度上基本适应了近代社会发展的要求。无论她的臣民表面怎样，他们都绝不是一群感觉迟钝、呆头呆脑的人。然而他们实质上却既谨慎保守，又骄傲自大。他们在沉睡了数个世纪之后突然被唤醒了，然而值得一提的是，他们不是在一种有利的环境中被唤醒的。要重塑4亿人的生活与思维方式，是一个漫长的过程。

在吸收西方文明所取得的成就方面,倘若将日本人同中国人做比较,那是没有说服力的,更是毫无意义的,因为这两个民族本质上是不同的。一个民族很快就将自己借来的服装样式抛弃了,而另一个却始终不愿舍弃自己设计发明出来的、用自己的劳动换来的、一直穿到几乎变为自己身体组成部分的传统服装。在抛弃东方模式和汲取西方文明方面,日本大概仅仅摈弃了其着装方式罢了,

悬挂"中外褆福"匾额的总理衙门入口。总理衙门
是清政府为办洋务及外交事务而特设的中央机构

而中国人与此相反,他们依旧我行我素。在过去的多少个岁月里,他们一直坚持缓慢地、吃力地纺织着自己身上所穿的棉布。

两国之间的另外一个很大的不同就在于从最开始同西方接触,到建立和处理同西方的关系上,形势都对日本有利。我们已经对鸦片战争做了详细的论述,正是由于那场战争,中国才被迫纳入了所谓的西方国际体系。此后不久,毋庸置疑的是,日本也被迫向西方开放了关口。美国同日本签订了第一个条约,两个国家都以法律的形式,严格禁止输入和吸食鸦片。我们已经知道同中国签订第一个条约的那些国家是怎样看待这些法律的。当我们的官员进入日本时,在鸦片问题上都严格遵守日本的法律规定,事实上这样也使日本政府的权威得到了增强;与

11

此相反,不列颠却横加干涉其立法机构关于在中国禁止鸦片贸易的动议,而美国却给予了日本此类立法道义上的支持。这最初的截然不同的两种态度给以后两国局势的发展造成了常人所不能想象的、极其深远的影响和后果。甚至可以说这导致了今天中日两国在国际上所处的不同地位。1872 年,当时日本同中国还没有建立条约关系,侨居日本的一些中国人将一份申诉书递交给了在北京的美国公使馆,请求将它转交给日本政府。在申诉书中,他们请求为自己在日本所遭受的苦难伸冤。其主要内容是,由于他们中的许多人都吸食大烟而遭到了地方当局的干涉,他们条陈了由此而所遭受的诸多折磨与痛苦,还宣称日本警察甚至总是在晚上闯入他们的卧室,通过嗅他们呼吸的气味来判断他们是否在吸食大烟。

　　1878 年,清政府向美国政府提出一项要求,希望其能够允许从在美留学的中国学生中挑选几名到西点军校和印第安纳波利斯的陆海军学校进行学习深造。然而这一要求没能得到美国政府的积极反应,在此后的三年中,清政府一直为此而不懈地努力着,但最终不得不放弃。由于我们的拒绝,致使清政府将其留美学生事务所解散,其全部留美学生也悉数撤回,然而那原本是清政府用以促进自己与西方文明接轨所进行的一项最具现实意义的事业。清政府清楚地知道,就在自己迫切地向美国政府提出要求的同时,日本的公派留学生正在印第安纳波利斯学习海上作战的战略战术。美国将这种恩惠给予日本而拒绝中国,这在最近发生的甲午中日海战的结局上起到了多大的作用是不好判定的。在那场海战中的几名日本主要指挥官均毕业于美国的海军军官学校。同样,这一拒绝在多大程度上给予了清政府沉痛的打击,使它倍感屈辱;又是怎样使它举棋不定,不思进取;使它胆小如鼠,手足无措,这些也都是很难确定的。

　　在美国以及英国的所有殖民地,也就是所有中国移民能够去的地方——实际上包括所有在中国苦力眼中自己能够被当作人看待的国家中,都有禁止中国移民的法律条文。然而,在这些国家中,没有任何一项针对日本移民的类似立法措施出现过。清政府当然不会把它的子民看作是渣滓,它坚决反对自己的子民迁移至国外,同时自然而然地抵制各国针对其子民的歧视性立法。

在这里做比较、做对比并不是为了争论或者谴责。作者这样做,不是想要探讨两个毗邻大国所遭受的两种不同待遇是否同时将它们从闭关状态中拉了出来,造成了它们彼此间的强烈妒忌与猜疑;此外,作者也不准备分析针对两个国家的不同态度的明智和正确与否。这些对比的唯一目的在于它们与中国今天所持的态度和立场有着非常重要联系的事实。因此,任何想要获取有关那个伟大帝国的准确概念的人,想更进一步对那些内、外部相互作用的独特力量如何导致中国处于今天这样的状态有所理解的话,那么他就必须认真分析以上我们所做的所有对比。

清政府被迫向西方开放的前 30 年中,在自己毫无准备的情况之下,不得不面对着一大堆错综复杂、形形色色而事实上关系着国家生死存亡的问题。在处理这些问题的过程中,出现了两个实际控制了清政府的所有内政外交,掌握了国家命脉的重要人物——恭亲王奕訢和李鸿章。咸丰的弟弟恭亲王是 1860 年英法联军攻占北京时皇族中唯一留守京城的一员。于是,他被推到了历史的前台,参与了与重兵在握的各国代表的议和。他从那时起直到 1884 年被罢黜,一直都是清廷外交内政事务中炙手可热的人物,权倾朝野。然而外国人或许更熟悉李鸿章这个名字。这是因为恭亲王长期深居京城,不常出现在对外开放的口岸城市;另一方面的原因也是由于他是皇族,他的赫赫威仪让一般外国人难瞻尊颜。不过无论如何,恭亲王和李鸿章在二十多年的时间里,一个是清王朝的首脑腹心,而另一个则是左膀右臂。

恭亲王在其政治生涯的开始,便成功地为清政府奠定了同西方列强打交道的一套外交体系,创立了非常高效率的近代海关制度。此外,他还消灭了威胁清廷的太平天国起义,平息了史称天津教案的外国政府对天津的大屠杀的愤怒。虽然他在外国公使怎样觐见皇帝的礼节问题上一直争执不休,可是当他预见到事态的进一步发展可能带来的危害时,便及时做出了让步。他不但在伊犁交涉问题上占尽了俄国人的上风,还根除了残酷的苦力贸易。即使他在对法国入侵交趾支那也就是越南的问题上翻了船,继任者仍然成功地沿用了他的既

13

定政策。

在东方外交上，恭亲王是个老手。他习惯于将对手置于假定的角逐中去研究，而不会等到问题迫在眉睫之时才这样做。他骄横却又谦和，粗鲁却又不失文雅，暴躁而又有耐心，他能够根据需要将所有这些特点运用自如。他能够迅速从一种角色转换到另外一种角色中。他之所以成功，奥妙就在于他能够对何时需要妥协让步，预先做出判断。他不是优柔寡断之辈，那些突然变换的一副副面孔后面实际隐藏的事实是，他正在研究琢磨对手的心理，试探着对方的虚实，不到最后一刻他不会彻底摊牌。并且在摊牌之前，他不会表露出任何要妥协的迹象，他看起来比任何人都更加坚决。但是，在最后时刻来临之际，当他的对手准备好孤注全力、要与他决一雌雄之时，却突然发现先前的奕䜣已经变成了满面笑容、卑躬屈膝的另一个恭亲王。

在执行防御保守外交政策的领导者中，恭亲王鹤立鸡群。相比之下，他更加明了大清帝国将来的命运，以及当前自身存在的弱点。如今，生活在那片土地上的人们，没有一个能够像他那样阅尽沧桑，重任在肩。他在担任总理衙门大臣的24年时间中侍奉了两个继位时都是孩童的皇帝。其中有一个是同治皇帝，他有些娘娘腔，在腐化堕落和骄奢淫逸中慢慢死去。恭亲王在他的整个仕宦生涯中，事实上都是清廷处理内政外交事务的核心人物，又是一位极具智慧的、多才善变的政治家和外交家。最近，他终于官复原职，重新担任起总理衙门大臣的职务，这对清政府来说是受益匪浅的。

李鸿章于1823年出生在安徽一户普通人家。然而由于李鸿章兄弟和其子侄辈们仕途显达，青云直上，被特别恩准佩带珊瑚扣，这个家族才开始声名远扬，李鸿章的生母也从此备享殊荣。在清朝镇压太平天国起义的过程中，李鸿章担任了江苏省巡抚，这是被起义横扫的省份之一，也是李鸿章发迹之所。有一次，他下令将五名投降的起义头目斩首，而此前戈登曾向那五人保证说只要他们投降就放他们一条生路。李鸿章于1871年被任命为直隶总督一直到他去世。而在清朝督抚中，直隶总督的职位最高，因为京城也在其辖区之内。

李鸿章的军事经验非常丰富。他的言谈举止和思维方式与其说像一位政治家，倒不如说更像一名士兵。在中国人中，他的身材相对高大，虽然声音粗鲁浑厚，但秉性平和，很有亲和力。虽然在他身上难免会有东方大吏的矜持自重、安泰尊荣，但他还是非常容易接近的。任何想要与李鸿章会面的外国人如能通过他的幕僚引荐，一般都会得到接见的机会。许多被召见过的外国人，都从那位看似粗鲁的老总督那里学会了中国人通常所说的彬彬有礼。一位我国某州的前任州长，在受到李鸿章极其客气的接待后从总督府离开之时，向他的一位美国朋友这样评论说："那位总督根本不是一个尚未开化的野蛮人。"那位州长在与总督会见时，他们之间的距离不远，可以说近在咫尺。

在李鸿章的整个辉煌的仕宦生涯中，他始终用行动证明了自己对清廷的忠心，一直作为清政府的左膀右臂。他有许多功绩，其中中国近代海军和新式陆军的建立都是他的功劳。因而清政府也越来越倚重于他，让他来出谋划策。李鸿章是京城内外、大江南北的满汉官员中最受宠幸的，有关李鸿章不忠或清政府对他失宠的谣传从来都是不存在的。不仅李鸿章，其他任何汉族官员对于满族人的统治所持的态度都是这样。曾经，满族的统治是明智、稳健并且有远见的，除了个别的特殊恩宠之外，在满族人与汉族人之间，绝不允许任何差别对待或者种族歧视的存在。因此，汉族官员在数量上已经大大超过了满族人。汉族人事实上已吸纳并同化了自己的征服者，于是两个民族很好地融在了一起。想要找出一个因皇帝是满

李鸿章，晚清名臣，洋务运动的主要领导人之一

族人而反对他的汉族人，其困难程度就如同要找出一个因维多利亚女王是德国血统而反对她的英国人一样。

李鸿章与俾斯麦。1896 年，李鸿章在访问德国期间拜访了已退休的"铁血宰相"俾斯麦

宗法制度下的国度

西方人对中国的事物总是容易产生误会与曲解,这已成为一条规律。然而,倘若在其他方面这种误解不能得到原谅的话,那么对其庞大帝国的政府来说,应当对西方人多多谅解。研究当代政治制度的西方学者在研究中国延续了几千年的那套古老的政治制度时,常常感到绝望、困惑。因为依照西方学者的观点,政府应当是完全或者或多或少由公民投票选举而产生的;并且选出的政府要实行分权制,建立与之相适应的权力机制以使得权限明确,这样各部门就直接对人民负责;政府还应实行政务公开,使自己的行为总是不断处于人民的监督之下。在西方学者眼中,中国的政治体制堪称是彼此纠缠不清、互相渗透、互相冲突的权力的集合。他努力探寻着解开这个纠结的线索,然而最终只是徒劳。因为他自己也被弄得晕头转向,无所适从,完全不知该从何处下手。他不明白,如此一种体制怎么能够一直存在至今,他更不明白,中国人竟然能够生存在这种体制之下,因为这是任何其他民族都无法忍受的事情。最终,他用众所周知的老生常谈的"专制政治"来给中国的政治制度贴好标签,之后他就撒手不管了。

没有深入中国的内部进行调查研究,而以异族人的观点仅从外部进行考察而得出以上结论的做法是一点也不足称道的。中国的民众拥有很少或者根本就没有所谓的基本权利,而这正是在其他民族看来如此重要和不可剥夺的。说实话,他们也并没有得到那些权利的强烈渴望。他们从来都不曾知晓有陪审团参加的审判。中国的大多数被告都会摇头拒绝陪审这一做法。他们宁可将自己的案子委托给某一个人而不是十二个人。在中国人的语言中完全找不到大致与人身保护等类似的词语,他们也对西方人耳熟能详的权利保护神和《大宪章》完全不了解。虽然他们觉得我们的选举制很好玩,但对此却很不以为然。他们在选择

17

自己的统治者和政策制度方面从来都没有直接的发言权。中国的法律体现的仅仅是皇帝的个人意志，是单个案例的重叠集合体。当然，中国不能说不存在法典，他们有一部多少个世纪以来历

《大清律例全纂集成汇注》书影

朝皇帝政令法令积累起来的结集排列的《大清律例》。其内容全都是从无数的案例中搜集整理而来，几乎涵盖了一切所能想象得到的各种案件及其可能的细微情节。对于律师，中国人持有一种无法克服的厌恶态度。在西方司法审判程序中受到中国人最强烈反对的是就我们允许律师的存在并在法庭上聘用他们。作者曾经听到中国一位著名的政治人物说："我们相信自己有足够的判断力，能够依靠常识处理好每件案子，做出公正的判决，而不需要雇佣一些人来混淆是非。"

美国人对于"政府的一切权力都来自于人民"的理论和主张是非常熟悉的，当西方国家在政府的观念和认识上越来越趋同于上述理论时，中国人实际上却几乎没有听说过这样的理论，更不要说让他们去评价与权衡了。但是，我们在一本许多中国人都读过的古书中却能够找到他们有关政权的理论："一切权力来自于上天。"这与我们的理论相比，只是将两个字换掉了，然而却是至关重要的两个字。中国人自古以来就执著于信奉和坚持这一权力观念，无论统治他们的皇帝是明君还是昏君。我们发现，历经几千年的王朝兴衰，甚至追溯到其历史的

源头,直到演绎为神话和传说,中国人都从未改变过对这一观念的信奉。我们发现,在其历史上的任何一个时期,都没有一个中国人对其政治制度做出过任何重大的、根本性的变革。迄今为止,历史记录表明,他们现在的政治制度与四千多年前尧舜时代相比,事实上根本没有多少变化。

在过去几千年的历史记载中,也没有任何关于中国人渴望或者试图为变革其政治体制做出任何举动。这种制度不仅代代相传至今,还使被统治者乐天安道,早已对它习以为常。周边的一些小国也受到了这一体制的深远影响,将它视作蓝本,争相仿效。其存在的历史比地球上任何其他政治制度都要长久。它的存在,不仅成功地统治了一个人口数量庞大、可能占整个地球人口三分之一的国家,还给它的臣民带来了适度合理的自由、安定和幸福繁荣的保证。我们已经在前面讲过,数千年来这一体制始终令被统治者乐天安道,时至今日也是如此。毋庸置疑的是,在这一体制统治下的权力构成形式,一定存在着某种有价值的东西和某些能够吸引、唤醒人类良好天性的东西。

无论怎样解释中国的政治制度,在分析中国人性格时,你绝不会因仅仅发现他们隐忍的一面,而说他们缺乏反抗精神的另一面;也不能简单地说在同一种压迫面前,其他更加激进的民族或许早已揭竿而起,将其政府彻底推翻。中国人的性格特点是谨小慎微、老成持重、深闭固拒,但同时他们却又坚毅独立,天生就热爱自己的正当权利并努力维护,像其他任何民族一样毫不含糊和迟疑地捍卫着自己的权利。或许他们采取与他人不同的方式,但是殊途同归,能够达到与他人所追求的相同目的。中国人曾多次奋起反抗他们的地方统治者,然而他们所真正反对的并不是制度本身,而是其中所存在的种种弊端。他们也曾用最民主、最无礼的方式对付地方官员,例如某个城市的主管官员,这样连他们自己也以此而闻名遐迩,他们甚至会将那个官员的辫子撕扯一番,还会掴他的耳光。他们这样做并不是因为这个官员正当地行使了自己的职权,而是因为他的所作所为超出了自己的职责范围。他们喜欢给一些官员起绰号,生动形象地概括这些人物的独特性格以及与众不同。他们甚至还送了一个类似于"我们的总管"这样的尊号给皇帝,不过在现实生活中很少有人真正敢用这一称呼。

把中国的政治制度列为专制政治,从理论上讲或许是有道理的。然而,从其政府体制的实际运作情况来看,这个结论非但不够准确,甚至有失公正,会使人误入歧途。事实上,这种体制的实质是简单纯粹的家长制统治。组成中国社会基本单位的并不是单个的人,而是包含所有成员的每个家庭。中国社会政治和政府体制的理论基础是家长制。而这种家长制又是建立在古老的对一家之长的地位与权威的绝对服从和尊崇之上的。事实上,这种制度唯一的专制成分就在于在宗法制度下,父母在其孩子面前具有无上的权威。目前,在中国,宗法制依然盛行,与其他法律和条规相比,它或许得到了更加严厉的强化。这种理论其实很简单,可以用一句话概括:儿子对父亲始终百依百顺,尽忠尽孝,而父亲就是儿子的绝对主人,只要他一息尚存,儿子便有义务和责任服侍前后。如果这样的话,在我们看来,儿子永远只能是儿子,他似乎永远不会变老,因为只要他的老子还在人世,这个儿子便永远没有出头之日。只要自己的父亲在世上存活一天,儿子就要服侍一天,并且在必要的时候,儿子还要牺牲自己妻子与儿女的利益。在父亲过世之后,儿子还必须为他举办盛大的葬礼,为的是给死者增光显荣。之后,儿子还要为自己的父亲守孝3年。在这三年里,他不能够让自己的妻子生儿育女,并且在以后的日子里,只要这个儿子还活在世上,他就必须每年两次地去拜祭自己的父亲,在他的坟上烧纸焚香。

在中国,法律规定任何人辱骂他人的父母、祖辈,或者妻子辱骂丈夫的父母或者祖父母,都是严重的犯上作乱行为,将被处以绞刑。法律对于违反孝道的所有犯罪行为都规定有相应的严厉惩罚措施。在中国,有关孝道的法令得到了严格的强调和推行,相比之下,其他法规就望尘莫及了。另一方面,按照政府的规定,父亲在被赋予了对儿子的无上权威的同时还必须对儿子的行为负责。一旦某人触犯了法律,若他的父母和祖父母都还健在,那么祖孙三代都会被一并治罪。这种做法的理论根据是他们没有尽到作父母和祖父母的责任,没能将自己的儿孙教育好,使他们成为忠臣顺民。1873年发生在北京的一起令人震惊的事

清朝末年犯人被斩首时的场景

件可以很好地说明上述理论。有一名中国人被控盗掘了一位皇子的坟墓，并将其棺材里的金银珠宝劫走了。很快，这一指控得到了证实。然而，在没有任何证据能够证明犯人的其他亲属参与此事的基础上，案件的最后处理结果是，犯人整个家族的 13 口人，代表了上下五代，包括一名 90 岁高龄的老人和一个不满两个月的婴儿统统被处以死刑。罪犯和他的父母被凌迟处死，其他的男人全部被砍头，女人被绞死。

在此，我们有必要将这种以家长为权威中心的宗法制度牢牢记住，因为此时整个中国的政治体制都是由此发展而来的。在中国，将具体而微的家庭扩大但内容不变，这样就形成了整个大清帝国的权利层次。每个家庭和它的独裁家长就是一个权利单位，而第二个基本单位便是村落生活的最简单的联合。我们发现，这个单位事实上是一个有一定程度的地方自治政府。在这里，老年人具有一定的控制管理权。也正是因为这样，他们对年轻人必须担负起责任，以确保他们的品行端正，遵纪守法。这种由老年人组成的半官方性质的理事会，事实上被允许独立地、可以不受干扰地处理社区中的不太重要的事务。然而，即使在其他的重大事情上，这种乡村理事会的意见往往也是举足轻重的。它的作用不仅被高层官员所认可，甚至还得到了所有新登基的皇帝的承认。大约在两百多年前，中国历史上最英明的君主之一——康熙大帝曾亲自著述并颁行了 18 篇圣谕。

其内容涉及了他的臣民应尽的各种职责,以及应该如何合理地处理彼此之间以及个人同国家之间的关系。他还下令要求中国境内所有村落的老年人必须在每月的初一和十五这两天将所有的年轻人都召集起来,给他们宣读和讲解这些圣谕。这一个个村落的联合体一步步扩大联合,便自然而然地形成了各个省份,事实上中国的省相当于我们的州。最初清政府设立了 18 个行省,它们共同组成了帝国的版图。

在这一体制中,中心人物当然是作为至高无上的创始者和所有臣民的衣食父母的皇帝,如同中国人自豪地称自己是炎黄子孙一样。皇帝宣称自己的权威是秉承于天的。他的个人意志便是法律,他是一切权力的源泉。帝国境内的寸土片瓦都是他的个人财产,那还仅仅是他神圣不可剥夺的权力中的一部分。依据这一理论,在中国不会、也不可能存在所谓的内债,因为当皇帝需要那些在名义上属于臣民而实际上都是他本人的囊中之物的财产时,不用开任何借条,只须随手轻易地拿过来便是。他拥有对帝国境内所有人力资源和物质财富的自由支配权,他可以下令让所有 16 岁到 60 岁的臣民为他服各种劳役。另外,他还具有另一种神圣的使命,从根本上说,正是这一使命在很大程度上增加了臣民对皇帝的敬畏和对他半神性的迷信,由此还导致了他的身居九重,深闭固拒。他是天子,也就是上天派遣到人间的代理人,只有他可以代替芸芸众生在雄伟的天坛向上天进献祭品、祷告。在举行祭天仪式的时候,任何人都不可以取代他,他也不能带任何随从。于是,他孤零零地屹立在他的臣民与苍天之间。在臣民眼中他就是至高无上的权威,所有生杀予夺的大权都掌握在他手中,他是公正、完美、奖善惩恶的大法官。他同时又作为上天的儿子和仆人屹立于天地间,事实上他就是他的臣民与上天联系的纽带。对他的臣民而言,上天既是皇帝的父亲,又是他们的老祖宗。

看来皇帝的权力似乎真的是绝对的无边无际,而实际上并不是这么一回事。与家庭中专断的家长相比,皇帝的权力并大不了多少。在内容形式和权力实施的程度上,二者扮演的角色都惊人的相似。皇帝作为全体臣民的家长,在那个幅员辽阔、被称为"中华帝国"的国家中行使着自己的职权。恰如其分地,他就是一位大家庭的家长。即使是一位居住在最贫穷的土墙茅屋中的家长所行使的权威也能够与皇帝的权力相比拟。皇帝会在必要的时候,将一定程度的宗法权力下放给各级官吏,于是通过这种形式,每一位官吏便成了他所辖区域的百姓的父母官。对宗法制观念的理解,是真正理解中国整个政治制度最重要的一块敲门砖,它是这一体制的基本理论根据。也只有从这一理论出发,才能阐释这一体制的永恒性,以及它对臣民所造成的长久且巨大的约束力。

地方官吏被赋予如此大的自由处理所有事务的权力,这样,实际上每个行政区域就如同村社一样形成了一个自治单位。上级官吏事实上只能够对某些事务及其处理的结果负责,而所采取的手段及措施则可以自主选择。他们必须要在自己管辖区域内维持社会的正常秩序和主持正义。尤其是要保证至少不能让百姓的不满被京城的官员知道。此外,他们

清朝时期的地方官吏。他们对所管辖的区域进行政务管理

还负责按时征收或者申请减免向中央政府交纳的各种税款。然而对于朝廷的其他谕令,他们似乎可以充耳不闻。

这种由官吏自主处事所导致的结果,可以从两个方面来说。一方面,正如上面所说,它使得地方官府在拥有很大程度的自由同时,还必须考虑民心所向;另一方面,它又给贪官污吏滥用职权和徇私舞弊提供了可乘之机。当然,它还有一个非常自然的结果,那就是公众往往只会将对暴政的批评与指责集中在某个官吏身上,而不会追根溯源到皇帝的身上。因此可以说,中国的政治体制不是很严

密,其在具体的政府行政职能运作方面还很松散。中国老百姓容忍到一定程度的时候,就会很快做出反应,将他们的抱怨和不满发泄出来。事实上这些不满往往不是源于官府对他们的专制与干涉过多,而是由于政府对他们的漠不关心。真正拥有专制权力的那位先生却很少实行专制,那个所谓的专制皇帝只不过是一个虚名。

我们还应当指出的是,清朝的法律从整体上看比亚洲其他国家要高明得多,是温和人道的法律。曾翻译过《大清律例》的乔治·斯丹东先生作过这样的评论:"当我们从古波斯祆教经典《亚吠陀》或印度史诗读到这部正规的、充满智慧的中国法典时,就像是从黑暗走向了光明,从愚昧走向了进步。这部法典的许多细节虽然难免有些冗长累赘,然而正如我们所了解的,欧洲几乎没有哪部法律能够具有如此丰富的内容和严谨的逻辑;也几乎没有哪部欧洲法律像这样摆脱了错综复杂的文字纠缠,将偏执顽固的主观臆断同凭空杜撰的虚构假设一齐摒弃。"

中国老百姓之所以对统治者和他们生活其中的政治制度保有一种得过且过、知足常乐的态度是很多原因促成的。清政府为预防监督和制止权力滥用采取了种种措施。到京城控告申冤的大门总是向百姓敞开的。并且至少从理论上讲,到北京上访的食宿跟车旅费都应由官方解决。朝廷虽然很少干涉地方事务,然而它却拥有一套相当完善的针对全部官僚的刺探侦察系统。在京城,设有一个专门负责考察稽核和记录帝国境内所有官吏行为的部门。

像提升和贬谪这样对官吏的重大奖赏和严厉惩处都记录在案,此外,如同学校对于学生品行优劣的记录一样,每位官吏的日常表现和所辖区域内发生的事情也都有记录。所有这些记录在案的内容常常能够对某位官吏的仕途荣辱有决定性的影响。这些记录在西方人看来有许多实际上是荒谬可笑的。因为显然有很多事情不是某位或某些官员能力所及的。即使这样,如果有失控或者意外情况的发生,地方官员甚至于某些朝中大臣通常还是会尽快上书请求贬抑。那位以斗士和政客而闻名的李鸿章也曾经不止一次地向皇帝请罪,请求皇帝下诏惩罚他,因为在他治下的一条河流因接连暴雨而泛滥成灾。另一位比李鸿章稍逊风骚的地方官员,因为在自己所辖省份发生了大旱,继而又出现了哀鸿遍野的饥馑而上书自请撤职处分。那位官员将这种天灾完全归咎于他个人的过失。

按照清朝中央政府的规定,对那些勤政爱民、政绩卓著的官员有一系列的奖赏。一类是是按照政绩的大小,授戴无眼花翎、单眼花翎、双眼花翎或者三眼花翎;另一类是特别恩准在紫禁城骑马;第三类是赐予一件貂皮制衣;最后一种,也是最隆重的一种,就是赐给一件黄马褂。要知道黄色是皇帝陛下的专用颜色。这些皇家赐予的荣誉,可以随时赐予,也可随时收回,然而这并不会对得到或者失去它们的人的实际地位和身份有所影响。只有最高级别的官员才有可能得到后两种赏赐。皇帝有时也会给朝中一些值得褒扬官员的祖先加封谥号,或者一些荣誉称号,事实上这些都只是华而不实、毫无实际意义的称号。他们之所以能够得到这些赐号,仅仅是因为他们给皇帝做了忠心耿耿的马前卒。

而中国政治制度的永恒持久性则是由两个至关重要的因素促成的。多少个世纪以来,这一政治制度一直备受社会各阶层的衷心拥护与支持。因此,对于这两个因素我们应当予以足够的重视。

我们已经将这种以权力的宗法制观念为基础的制度描述为纯粹的家长式统治。学者在研究这一制度的时候可能会持以下两种观点:一方面,或许这种制度在他眼中是中国人天才自然的创造发明,又或者仅仅是出于他们的某种偏好而做出的选择;另一方面,他也可能认为这一制度是早期人类历史上的一种无意识的选择,而将它的不朽生命力完全归功于长久以来所形成的一套教育制度,正是这一教育体系塑造了整个民族的心态,使之与这一政治制度相适应。总的来说,不管学者所持观点如何,其结论都是一致的:中华帝国的观念已经深入人心、根深蒂固了。其整个一套制度在很大程度上适应并满足了民众的一般特点与鉴别能力。在两千多年的时间里,中国民众的思想观念和受教育的内容都是一成不变的,就如同新瓶装旧酒,老生又常谈。在他们所接受的教育中,最最重要的内容和应尽的责任义务便是尽孝道。它被看作是其他一切善行的根源,是道德的总闸门和繁荣昌盛的总归宿。

　　可以很肯定地说,孝道是唯一彻底的中国人的宗教。在每一所学堂的每一本书上,都可以看到关于孝道的内容,在整个教育过程中都要向学生不断地灌输它。在尽孝道方面表现突出的人和事都要按例呈报给皇帝。然后由皇帝亲自授予特别奖赏,这种做法从过去到现在一直都有。作为教育内容不可或缺的一部分,它是帝国内所有的孩子不论男女都要接受的。在这方面表现突出的中国人的故事被学校、家长和社会讲述给孩子们,故事中人物的名字以及他们如何很好地侍奉长辈的动人事迹被一次次搬上讲堂,于是在帝国中每个人的记忆里永远有了关于他们的记忆。在这些故事中最著名的共有 24 个。在《康熙圣谕》中,有一节专门用来提倡并劝谕人们要克尽忠孝。除了上面所说的 24 个故事之外,还有一个用来说明克尽孝道的因果报应的故事引人入胜,颇值得一提。大致内容如下:常州地区有一户人家姓陈,全家几代人加起来共有七百多口,但是他们却在同一张桌上吃饭。此外,他们还养了大约有 115 条到 120 条狗,这些狗也都在一起进食。倘若有哪条狗没能及时赶来进食,其他狗便会耐心等待,没有自顾自先吃的。那位聪明可敬的老皇帝意味深长地训导说:"您看,这户陈姓人家

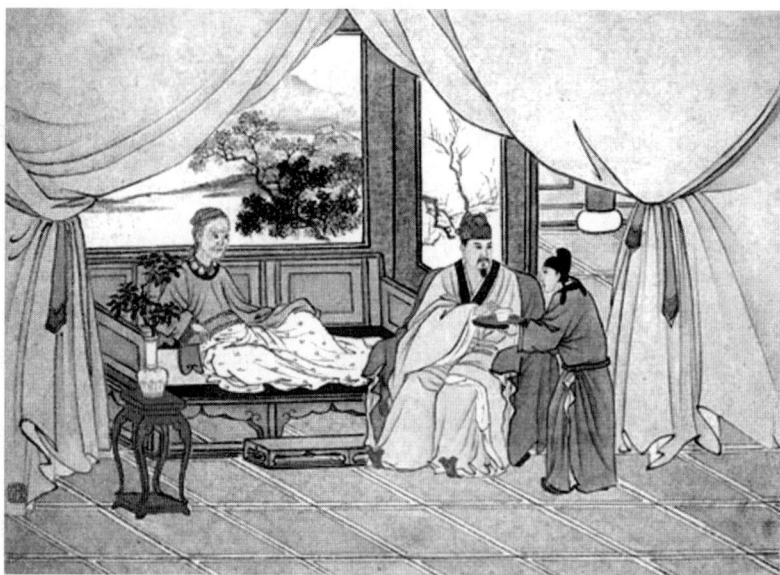

《亲尝汤药图》,出自元代郭居敬辑录的《二十四孝》故事之一

生活的和谐美满和步调一致在一定程度上改变了他们所养之狗的本性,使它们获得了新生。"

或许没有必要对那户陈姓人家是否真的喂养过那么一群神奇的狗抑或是康熙老皇帝是否被别人愚弄。然而这个故事让我们可以看到,朝廷总是试图通过各种手段和方法将孝道的思想灌输得深入人心。朝廷不懈努力着,直至将这一术语变成百姓心中所有优秀品德的同义词,变成宗教中的宗教、崇高中的崇高。孔子已经发现并在他有关政治和伦理道德的经典著作中对孝道做了进一步的阐述,进而使之具体化。孔子认为孝道可以说是一切道德智慧的根源和最高境界,不管对个人还是对国家来说,孝道都具有十分重要的意义。孔子的著述和学说在两千多年的时间里,塑造了一代又一代代表民众的思想和心态,并在很大程度上影响和支配了国家的诸多大政方针。他所说的话,不仅皇帝和皇子们要引用,甚至连布衣平民乃至乞丐都会引用。许许多多闹得不可开交的纷争与不和,竟然可以用从孔子语录或著述中摘出的一句话来平息和裁决,并且效果相当好。中国这种长期、持久的教育方式无疑与形成中国政治制度的理论根据是紧密相连、一致协调的。因此,在维持这一体制的恒久性和对这一制度下民众的控制方面,这种教育方式都起到了非常重大而深远的影响。

管理国家的官员大多选自民间的事实,告诉了我们这一政治制度长存不衰的另一个重要因素。在皇族中,除皇帝外,没有几个人在朝中为官,也没有几个人会参与国家大事,或者他们对此并不感兴趣。与此同时,也没有什么高官厚禄可被随意地赐给某人,使他的子子孙孙、女儿女婿、七大姑八大姨等人能够永久享用国家的俸禄,皇族成员充斥于名利双收的所有显要职位的现象并不存在。皇帝通常所加封的称号并没有实际意义,仅仅是一个虚名。这些称号的加封仅仅是对杰出成绩和优异表现的褒扬和鼓励,它们从来都不会被人认可是加官进爵的依据。这些称号从某种意义上讲是可以世袭的,可是兔子尾巴长不了,很快它们便会消失殆尽。按照规定,这些封号每传一代之后,等级就要降低一次,这个规定在皇族中也是奏效的。作者曾经多次雇佣过的一个与皇帝同一血统的中国人就曾被恩赐可以束黄腰带,但是他却从事着每天只能挣 6 个铜板的泥瓦匠工作。

在皇帝和平民之间,那些被加封某些特殊荣誉的人也并没有根本性的差别和什么不可逾越的鸿沟。虽然按理说皇位的继承应该是世袭制,传嫡不传庶,可事实上却并非完全如此。未来的皇帝未必一定由皇帝的长子继承。在挑选继任者时,老皇帝要煞费苦心地对每一位皇子进行观察和研究,根据自己的判断,挑选出他认为的最能担当治国平天下重任的皇子,然后就将他定为继任者。长子在这种情况下往往最容易受到冷落而被撇在一边。在清朝最有作为的皇帝中,有一位就是老皇帝的第十四子。其实皇帝走出皇族的圈子,从其臣民中的家庭中挑选继承人的做法也是合理的,但这种事情至今还未发生过。

现在,我们对中国政治体制的了解已经非常清晰了:皇帝是天子,他高高在上,是全体人民的衣食父母,君临天下,领导着芸芸众生;许多皇帝的"耳目",即各级官员都是在一套精心设计的严密制度下从民间挑选产生的。每个乳臭未干的男孩都有可能成为权倾朝野的重臣,因为步入仕途的大门随时向所有的人敞开着。然而,每个人都必须从最低一级的官阶一步步向上爬,而他所能达到的最高点则完全由他本人的抱负、能力,以及对皇帝忠心的程度来决定。这种说法决

19 世纪英国铜版画中清朝官员在一起商议政事的场景

不是空洞的理论,而是有根据的事实。在过去的数个世纪中,朝廷中的大多数元老级重臣大都是落魄失意的贫民子弟出身,靠自己的努力一步步出人头地,最终位极人臣。他们过去的贫困状态是我们想象不到的。在此,我们举一两个例子加以说明。作为清朝最出色的政治家之一的文祥曾经多年担任总理衙门大臣和军机处大臣等要职,然而他却是一位农民的儿子。文祥的父亲仅靠租种 10 亩不到的土地养活着全家人;另外要说的是文祥的继任者沈桂芬的故事,他的父亲也只是一个沿街叫卖的小商贩。假如他叫卖一天能够赚到 10 个铜钱,那就算是再幸运不过了。类似上面的例子不胜枚举。

倘若抛开西方的选举制度不论,那么在中国这个伟大的东方帝国中,官吏由皇帝任命而非民众选举的事实中,我们看到了与美国所实行的选官制度有惊人的相似之处,因为我们的政府官员也是由总统直接任命的。在中国,就像在我们的国家一样,政府都是由来自民间的官员组成,倘若一个人想要从被统治者变为统治者,那么他或许不会受到任何阻碍和干涉,而他最终往往也能够如愿的。每个人都认识到官位是属于大家的,因此,每个人都争先恐后地积极争取有朝一日能够谋取到一官半职。民众在评判官吏的政绩和才能表现方面享有高度的言论自由。在一般西方人看来,这种普遍民主的精神是一个最典型的畸形物,他们无法找到打开中国这种政治体制谜团的钥匙,因此,就将它视作是一个纯粹的专制政治。在中国社会,存在着一个显而易见的事实,那就是这一政治制度的理论基础以及在此基础上建立并运行的政府体制能够完全被社会各阶层的人们所理解。因为他们每个人都可以用截然不同的态度和方式,肆无忌惮地评论各级政府官员,无论这些官员是最高级别者还是最低官吏,甚至还可以指责和抨击他们在政务上的失职与私生活的不检点,同时给他们送上各种绰号。这些行为一般都是善意的,他们将这些官吏们当自己人看待。然而当谈到皇帝的时候,情况就完全不同了,人们说话的口气变得很小,并且非常讲究分寸,态度也是毕恭毕敬的。

我们对这种制度所具有的能够使被统治者产生不断加强它并使之长盛不

衰欲望的能量,不能够做过高的评价。我们可以对政务的废弛和与之相反的专制统治宽容一些,因为那往往是由某个具体的当权者的错误所造成的,并不是这一制度本身所致。在这个帝国中的每一个家庭,也许都有一个半个抑或正在努力争取想要有一个或远或近的亲戚朋友,在朝中或地方求得一官半职。因此,对于各种敲诈勒索、毁坏纲纪、歪曲争议,以及其他人所能够想象的所有腐化堕落、贪赃枉法的行为,老百姓都可以心平气和地统统接受。倘若官僚阶层不是来自于民间,抑或根本不构成百姓本身的一部分,那么这种官场的腐败现象一刻也不会为老百姓所容忍。

对于中国的选官制度我们还将在另外一章中详细论述。这种制度对于政府及其政治制度的存在并使之经久不衰都具有十分重大的意义。

讲求韵味的语言

一个学者要真正了解一个民族,那么对于这个民族的语言,他必须要会说并且要能够用其进行思考,否则只能是坐而论道,异想天开。对于一个想对中国做认真了解和研究的人来说,他将发现跨越语言关远比跨越万里长城困难得多。汉语是迄今为止世上最古老的一门语言,不管是在古代还是在现今,相比较而言,它都是占世界上绝大多数人口的中国人的母语,并且我们可以断定,汉语自形成以来,无论在其书写方式或者是语言结构等方面,它都没有重要和本质的变化。和其他民族的语言一样,汉语也有一个不断自我发展、吐故纳新的过程。新的内容的表示方法是新的。一些字因为表达意义变化或者流失了,所以就不再通用了。然而,这个民族似乎在他的遣词造句方面也表现了他们勤劳节俭的习惯。他们不断创造和使用新字词,但却没有彻底抛弃旧的字词。其结果,便使得其词汇系统异常庞大,丰富得没有人能够数得清。据估算,汉语中有总数在 25000~26000 之间的汉字是意义明确的。中国最权威字典《康熙字典》一共收录了 47035 个字。但实际上这些字中,常用的可能只有 10000 个左右。即便是文化阶层,所使用的词也可能不超过这一数字。中国的九部经典作品《四书》、《五经》等使用的不同单字

《康熙字典》,成书于 1716 年,由清朝三十多位著名学者奉旨编撰,是一部影响深远的汉字辞书

也只有 46601 个，虽然这九部书中有五部的字数总和超过 200000 个字。因此，我们可以说，汉语中不常用字的数量肯定远远超过通用字的数量。但是，中国人有着一种迂腐的炫耀学问的习尚。具体表现在他们喜欢寻行数墨、堆砌词藻，以引用一些早已为人遗忘的字词来故弄玄虚。为了显露自己的学识，最喜欢采用的方式便是向皇帝进献一篇七拼八凑、鱼龙混杂、泥沙俱下的歌功颂德的文章；或者从那最古老的汉语废墟里挖掘出一些晦涩难懂的只言片语来，然后用它们拼凑出一篇政论文章呈给皇上。这种做法使得学习和研究汉语更加困难起来，已经使其变成了一件无边无际的苦差事。但是，学习汉语也并非是一无是处——至少，不管是什么人，不管他的学问是多么高深莫测，如果在日常阅读中碰上不认识的字、不会发的音或者意义弄不明白，那绝不是一件丢面子的事情。

汉语没有一套完整的字母系统。每一个字本身所表达的意义都是相对完整的。因此，它被视为是一种单音节的语言。但从实际上讲，在汉语中的每一个字几乎都能对应我们语言的音节。在日常使用的时候，和英语一样，它也讲求音节和押韵。书写的时候是按照从右往左、从上向下竖列的书写原则。因此，中国人书的末尾，恰恰是我们西方人书的开头。中国人是用毛笔和墨汁来写书的。虽然他们的印刷术显得较为原始简陋，但早在欧洲艺术走向繁荣并被发现的数百年之前，就已誉满海内。书稿的每一页的大小要和将要印刷出来的成品一样，在交付印刷时，一页一页地将它们粘贴在木模之上；然后，将所有字的轮廓形状在木模上雕凿出来，使其面目清楚明晰地凸现出来，随后将油墨均匀地刷在模子上，覆一张白纸在上面，轻压一下，然后取下来。如此这般地印下去，一本书便印刷好了。许多人的著述会浩如烟海，但是和世界上其他地方的同行们相比，别无二致。这些中国的文人绅士们在书写时也是笔走龙蛇，往往是潦草得难以辨认。因此，一般是由专门的抄写人员将他们的书稿誊抄一遍，然后再印刷。这已成为通行做法。

由于汉字没有字母系统，所以它那数量庞大的词汇便让学习和应用汉语成为一项极为困难和繁杂的工作。要学习和掌握其每一个字，而当你劳心费神好不容易掌握了 1000 或者 5000 个字之后，你会发现，还有数以千万的字在等着你呢。那些已经熟悉的字词对你的帮助，充其量不过是让你在区别它们与其他字的写法时能较为轻松而已。当你一旦认识和掌握了一定数量的汉字，再去学习和研究汉语就会觉得充满了奇异的趣味，并且觉得汉语对你产生了一种独特的魅力。研究汉语的外

汉字字形的演变。汉字虽然还保留象形文字的特征，但经过数千年的演变，已跟原来的形象相去甚远

国学者并不仅仅只是学习用汉语说话和思考问题，他还能够通过汉语来对说汉语的这一民族的思想观念、价值标准等等进行认识和了解。每一个汉字都是一幅逼真的图画，来表达它的概念意义。因为使用者在选择它时赋予了它要表达的具体内容。当然，我们说每个字都是一幅图画也许并不是很准确。

但是汉语的书面语的确是这样的。象形字是汉字的原始形状，它们那非常简陋粗糙的形状描绘的就是其所要代表的具体事物。汉字所经历的第一次改革就是省略去一些无关紧要的线条，只将那些表示物体的独特结构和重要实质部分的笔划保留。于是，表示"人"的汉字上端竖直的一划表示身体，下面分开的一撇一捺表示两条腿；表示"羊"的汉字是用两条曲线代表羊角，另外几笔分别表示头、脚和尾巴；要表示"牛"，则用两条曲线代表两只牛角，然后再画上一条尾巴；要表示"太阳"，就是在圆圈里面加上一个点；要表示"树"，则用一些线条来分别表示树干、树根和枝条。这种象形造字的方法是有着诸多局限性的，因为它造出的汉字只能表达单个有形物体且数量有限。

另一种造汉字的方法便是合成这些简单的表示事物的象形笔划（文字），用

于抽象的思想和概念的表达,而不是实际的事物。对这一构成词的过程和方法的研究让人非常着迷,因为在汉语中这种表意文字必定是要占有很大比例的。随便对一个这样的汉字进行解剖,你会发现在它们组合之后所要表达的思想概念其实在他们未组合之前的部分里已经包含了。古代中国的那些发明者们虽然成功地在这些合成字当中"融"入了他们自己的思想和观念意识,但是这些字所表达的意思往往非常含混,不够明确,甚至让人难以理解,荒谬绝伦。在此我们举几个例子给读者看看。在汉语中,两棵树表示一个小树林子("林"),而三棵树就表示大森林("森");将太阳和月亮放在一起就代表光明("明");一个人被关在框子里就表示是罪犯("囚");门里面的一张嘴表示问("问");一只狗和一张嘴放在一起便表示狗在叫 ("吠");女子在别人的窗旁向里张望便是妒忌("妒");在中国人的观念里,屋顶下面一头猪便表示家("家");一名女子站在家的旁边表示结婚("嫁");一名女子的头上放一个汉语中的"取",则表示在婚姻中,中国的男子所扮演的神圣角色("娶");当中国人将一把扫帚放在一名女子的旁边时,就表示"妇"女,他们按照自己的意志用这种方式表明了妇女在家庭中应当扮演的主要角色;将一名女子放在儿子旁边表示"好",他们用这种方式表达对男性后代的偏爱;他们在屋顶下面放一张嘴,再用一块地支撑着,便表达了对于财富("富")的朴素观念。在我们看来,其实汉语中还有很多也许更为合理一些的合成词:"白"字(white)与"心"字(heart)结合,表示害怕("怕");放一只手(a hand)在一个人(a man)的旁边,意味着帮助(help,查无此字——译者注);而一个人(a man)站在他自己说的话(words)旁边,便是守信("信");有很多人都会认为老虎(a tiger)下面的心思(thought)表示忧虑("虑")的表达是非常准确的;同时将"心"字放在猪圈("pig-sty")旁表示耻辱或者丢脸,人们也较为赞同。但是,中国人对于妇女的种种描绘,让我们感到非常遗憾:一女子在屋顶之下便表示平安详和("安");而两个女子在一起则表示争吵(即"奻"字,此字在现代汉语中已不再使用);三个女子叠加在一起则表示奸谋或者非常可耻的事情(即"姦"字,同"奸") 。总而言之,在本质上,这些经常使用的合成字所表达的含义就是错误的,而并不仅仅只表明他们那古老的女性是"错误的产物"的观念是错误的。在对女性歧视的问题上,那些东方人比之法国人尤甚。当一名法国人被确认犯了罪的时候,他们肯定先问"那个女人在哪"? 法国人对于妇女的这种偏见根深蒂固,在他们的日常语言中表现得尤为充分。他们将男子比作亚当,而将妇女看成是种种诱惑和罪恶的主要根源。

汉语的常用语结构中同样存在类似的独特现象。其结构比较简单,但却非常优雅,内容也很有说服力,但有时又显得荒唐可笑,与他们真正表达的含义根本不着边际,驴唇不对马嘴。比如,整个中华民族都对白色这一色彩非常敏感,他们对"白"这个词是很不喜欢的。在他们的习惯里,一般将白色看成无用或者失败的象征。"白痴"(a white man) 指的是毫无用处的废物;而 "红人"(a red man)则指的是广受欢迎、出类拔萃的人物;"白屋(a white house)表示贫寒的茅舍草屋;"白谈"(white talk) 则指白费言语、毫无意义的辩论和争吵;"白跑腿"(white running)则指白费力气,奔波却没有收获。实际上,日常汉语就是由这些令人望而却步、晕头转向的习惯用语胡乱组合而成的。多数情况下,这些习惯用语中的汉字的原始语义联系早已被剥去了。不难看出,对不计其数的汉字进行熟悉和掌握的工作,比把它们组合成被中国人认为还算正确清楚的词句终究要简单得多。对于汉字,许多外国人都能够掌握很多,然而对于中国的俗语,他们却不能熟练地运用,在这方面他们是相当失败的。

对于外国学者来说幸运的是,汉语的语法并没有给他们带来什么麻烦。其语法非常简单,如同完全不存在。其中的词汇似乎因为岁月的流逝和长期的使用,已然是消磨得溜光圆滑,几乎可以无所顾忌地让它们充当句子中的任何成分,并赋予它们所需要的词性。只要使用者乐意,他可以信手拈来,让一个字来充当名词、动词、副词、形容词或者其他的任何辅助词性。汉语中完全不存在时态、语气、人称、性和数,而正是由于汉语中丝毫没有动词的时态变化,没有前缀、后缀以及一整套的情态动词,因此比之英语,其独特之处便更加引人注目。在汉语中,单个字只能表示其基本含义,其具体的特殊意义要结合上下文的内容来体会。在中国,也有少数读过书的人想学习和掌握英语。但当他们看到我们的语法时也是瞠目结舌,异常为难。他们觉得这些语法晦涩稚拙,难以应付。应当承认的是,即便是说英语的民族,倘若他们稍不注意,也会陷入英语语法的泥淖之中。外国人想要真正学习和掌握英语,也是一件非常困难的事情。

我曾经和清朝杰出的官员曾纪泽共同经历过一次海上航行。他以一把团扇赠我作为海上旅途相伴、和睦共处的纪念物。在他自己的同胞之中,他是一位才学超群、孜孜以求的学者。在为其父守孝期间,他被免去了所有官职。于是,在没有老师教的情况下,他仅仅靠一本《圣经》、一本《韦氏大词典》、一本华兹(Watts)的作品、一本《赞美诗选》(Select Hymns)和一些习字本,用了几乎3年的时间努

力自学英语。通过他在扇面上写的英文诗,可以看出他的英语学习获得了很大的成功,扇面上的题诗都是他用普通的毛笔写成。英文和他写的汉字一样漂亮流畅,无论在其书法还是风格方面都堪称上品。当我们想象一下曾纪泽先生书写时的用具,再看一下他写在扇面上的英文,的确让人拍手叫绝。其中的"黑洋"(the black ocean),是指海上的大雾,它曾使侯爵先生感到异常惊异;"红流"(the red water)则是标志我们的旅途终点的一条河流入海口的浊流。"船长的床"(the Captains bed)指的是我与曾

曾纪泽,晚清名臣曾国藩之子,著名外交家,曾担任清政府驻英、法、俄国大使

纪泽先生长谈数小时的一张沙发。那张沙发原先是放在船长室里的,但旅途中它为我所专用。当然曾纪泽先生的英文诗中也有一些言不逮意和语法方面的问题,但它基本上能够对原汉语诗做了准确的表达。

在另一次尝试中,这位杰出的中国学者就没有那么幸运了。他深陷在我们英语中情态动词的泥沼里,再也无法挣扎出来。下面是他对一位美国朋友的学识表示称颂的一首英文诗,也是写于一把扇子上。其汉文形式和前面提到的那把扇子上的汉文诗一样流畅优雅,其英文如下:

"To combine the reason of heaven, earth and man, Only the sage's disciple who is can.

Universe to be included in knowledge all men are should, but only the wise man who is could.

I have heard doctor enough to have compiled the branches of science.

And the books of Chinese and foreigners all to be experience.

Choosen the deeply learning to be deliberated are at right.

Take off the jewels by side of the dragon as your might."

如上所述,在很大程度上汉字就是它们所要表达内容的一幅幅充满智慧的图像或者图形。虽然它们的形状往往包含着其本身的意义,但仅从它们的形状上看,我们找不到如何发音和拼读的线索。那些迷惑不解的学者单单从汉字的字形上是无论如何也看不出它们应该怎样发音、怎样拼读,这便是汉语与英语以及欧洲其他语言之间最根本的区别。在汉语中,字词表达着具体的意义;在欧美的语言中,单词,或者说是字母的组合不仅能够表达意义,而且每个单词字母组合的本身就让人们知道应该怎样正确地拼读它们。

虽然汉语也能够表达种种具体和抽象的内容,以及种种微妙复杂的词语和语义,但是我们可以这么说,汉语里对许多不同意义内容的表述之精确是英语望尘莫及的。但同样我们也可以说,说英语的民族的许多事物在汉语中也是无法找到的——我们的许多概念在汉语中与之相对应的表述根本就没有。造成这种情况的根本原因是,对于中国人来说,那些概念是完全陌生的,在此之前,他们根本没有接触过其具体内容。比如说我们的科技语言、学校所使用的教科书中较为简单的词汇和术语等等,在汉语中无法找到相对应的词汇来对其进行表达,因为中国人对于各门科学几乎是一无所知，更不用说很简单的科学研究了。

有一次，我按照国务卿的指示，向总理衙门递交了一份急件，希望中国方面给予我们的几名海军官员某些便利。因为他们遵照上边的要求准备进行一些实地观测，以便对一条地磁亚黄经圈的具体位置进行测定。总理衙门几乎包括了内阁的所有成员。但是，过了一周，还是没有丝毫回音。又过了一些时间，他们送过来一张便笺，内容是说总理衙门大臣将亲率内阁全体成员于翌日下午登门拜访，问候我近来身体是否安康。第二天，在约定的时间他们准时到达了。一进门，他们首先急切地询问我的身体状况。事实上，我在与他们相处打交道的十余年里，从未出现过任何病症。在对我的健康状况询问完毕之后，他们才渐渐道出来访的真实意图。他们首先慷慨地用最华丽的词藻对我们那份文采斐

就职于总理衙门的清朝大臣。从左至右依次为沈桂芬、董恂、毛昶熙

然的快件大加吹捧了一通：说那份快件使用的文字纯正地道，措词准确而要言不烦，并且认为当今的中国学者中无人能够写出水平如此之高的公文。但是到这里他们停住了，他们犹豫不定，言辞闪烁，并且说自己很孤陋寡闻——他们对这份快件的内容实在是搞不清楚，只能够猜出其内容是请求某事，除此之外，他们便如同盲人摸象，茫然无措。我们费尽口舌花了足足一个小时来对他们解释，但显然，他们还是对什么是亚黄经圈无法弄清楚。最后我们只好对他们说，我们的请求对他们来说是不存在任何麻烦和危险的，如果拒绝的话，那将是十分不

明智的。他们很坦率地告诉我们，这一周来他们这些内阁成员对快件的内容看法不同，各持己见。一部分人以户部尚书为代表，坚持认为它是要求对传染病人进行隔离的问题，因为快件中用了与霍乱很相似的词语；另一部分人是以总理大臣为代表，坚持认为是有关于制造某种火炮的问题。在这次拜访之后的第二天，我们收到了一个很客气的答复，请求被批准了。

但是话又说回来，任何人假如是真正想来熟悉和了解中国人，那么首先他一定要将掌握汉语作为前提条件。实际上，学习汉语面临的困难决非真的是难以逾越、克服的。锲而不舍的耐力、敏锐的洞察力和良好的记忆力会帮助每个学习汉语的人来掌握足够数量的日常实用汉字，而这也是学者须力求达到的目标。很少有哪位外国学者愿意或者能够在那古老而颇有趣味的汉语方面有着精深的造诣的。实际上，只要有耐心，有恒心，善于记诵，并能对具体的用法做出正确的判断，那么即使汉语中那些非常繁杂、容易混淆的词汇以及短语，掌握起来也并不是难事。

学习汉语的困难在于日常应用，特别是日常会话。正是在这一点上它几乎成了意欲全面了解这一民族的难以逾越的严重障碍。仅仅是依靠书本上的知识，那么哪怕你学习研究得再多，也不可能会讲汉语。必须是在别人的话语中，从活的教材中去学习。任何形式和任何数量的训练都要求必须有非常灵敏的听觉和极其灵活的发声器官，只有具备这些条件才有可能发出准确的语音。但是，要做到这些又谈何容易，30岁之后，便再也没有人能够学会说标准流畅的汉语，这简直成了一条规律。因为在30岁之后，人的发声器官似乎便部分失去了原有的灵活性，而过了这个年龄段的人，即使是去做最虔诚的努力也未必能够掌握这一语言。举一个例子，会说汉语的十个外国人中未必有一个会学中国的猫叫，虽然这门技艺我是已经成功地掌握了。但是，在经过17年始终如一的努力之后，我还是没有能够学会那种北京街道上赶驴车的人吆喝他们那长耳朵驴子时的声音。遗憾之余，值得欣慰的是，就我所知，至今也没有哪位外国人能够掌握那门艺术。

　　试图将汉语中所有的语音归纳记录下来的做法是白费力气的。即便我们先撇开一个重要的事实不说(即汉语中有着一个语调影响语义的重要现象),汉语的全部语音也不是任何一个形式的归纳简化系统就能够覆盖得了的。我们也未发现任何一个字母系统或者复合字母系统能够将汉语的语音准确无误地表达出来。而且我们很容易看出,在一种仅仅貌似正确的表达方式指导下学习汉语,不管这种相似是如何地接近正确,其结果都将会使得学者的发音南腔北调,并显得不伦不类。一般说来,汉语中的元音较为简单易学,但是辅音十分独特复杂,有些音对于外国人来说,只能是望尘莫及,无可奈何。

　　那些最高的权威人士,换句话说,就是那些学问最为渊博的外国语言专家们,对于哪一类字母系统和汉语的语音系统最接近的问题,各执一词,莫衷一是。或许人们永远也弄不明白,汉语中的"人"(man)字到底应该以"j"还是以"r"开始拼读。因为实际上"人"的准确读音是介乎"j"和"r"之间的,而这个中间音,外国人是很难发得准的。我曾在家中宴请了几位美国同胞和欧洲朋友,他们都是汉语方面造诣颇深的学者。趁此机会我在席间向他们请教,应该怎样用英文字母来拼读汉字中的"粥"(porridge),以下是我得到的答案:"chou"、"chow"、"cheu"、"chau"、"tcheau"、"djou"和"tseau"。同样,对于汉语中的"鸡"(fowl),那些研究英文和汉语的外国权威学者们的拼写也有如下不同的方式:"chi"、"ki"、"dji"、"kyi"和"tsi"。所有这些不同的拼写表示的都是那只很简单的母鸡(hen)。

　　就像在其他任何事情上一样,中国人表现在他们的语言方面的才能也非常独特。他们似乎没有办法对我们英语中以"l"、"m"、"n"和"r"为代表的流音(liquid sounds)进行辨别。在学习英语时,他们总是混淆了这几个音,对各自的音法难以找准。然而,在他们自己的母语中他们准确使用这些语音却是易如反掌。汉语中还有为数不少的字的首字母以"sh"为代表,而相比之下,另外一类数量虽也庞大但较少一些的字可以用首字母"hs"为代表。

　　让我们来继续进行研究。所有以英语字母"ch"、"p"和"t"开始拼写的汉字,都被分为了两大类：一类是读音为"ch"、"t"和"p"的送气发音；另一类则在发音时，不送气也不爆破。假如有人在说话的时候，将送气音错读成了不送气音，或反过来将不送气音读成了送气音，比如以"t"为首发音的字，那么一个字的含义就会完全被改变。例如，在读"tan"这个字时，假如"t"不送气，那么它所表示的含义是"蛋"；同样，假如将这个字的"t"发成了送气的爆破音，它的意思又变成了"炭"。我曾经听到一位可敬的传教士向上帝祷告时竟然说了一句"您无所不吃的上帝啊"这样的话，而他当时正站在一大群中国人面前。我想他的本意是想说"无所不知的上帝"，但是由于他发了一个送气的爆破音"ch"，结果便闹出了这样的笑话。还有一次，一位传教士惊讶地看着他的听众们一个个匆匆向教堂门口走去，原来是因为刚才他讲一句客气地请大家坐好的话，但说成了他们来教堂是犯了错误，根本不受欢迎。实际上是一个简单的送气音"t"导致了这场误会的产生。虽然不爆破的辅音"ch"、"p"、"t"听上去与"g"、"b"、"d"等的发音非常接近，但它们确实存在着差异。一个外国人或许在使用这些发音时能够做到让人听懂，但他永远也不可能将这些音发得很纯正。这个事实很好地说明了在汉语中存在着一些极其细微的语音上的差别。

在影响汉语中每一个字的具体含义的因素中，还有一个突出的特点，使得一切能够使汉字字母化的尝试都不可能获得成功。这里，我们有必要对此作一些阐述。我们知道，在英语和大多数其他语言中，一个单词在谈话时所表达的意义通常是固定不变的，虽然它的不同语调可以表达不同的口气、态度以及情感，例如询问的口气、鄙夷的态度，或者尖刻的讽刺和挖苦，以及惊异、发怒或者其他不同的情感。但不论使用怎样的语调，其基本含义，即发音所代表含义总是保持不变。因此，在我们的语言中，人（a man）永远是人，无论说它时用的是强烈的爆破音，还是平缓的升调，或者其他不同音调，总之在所有语境中，"人"的基本含义永远都不会改变。

然而在汉语中，情况就完全不同了。每一个不同的音调能够影响或决定其所要表达的基本含义。语调同语音一样重要。在汉语中，想要准确地判断语义，必须将语音和语调结合起来，这二者是不可分割的，一损俱损，一荣俱荣。此外，不仅在语调方面，在语音方面的错误也同样会导致对语义的彻底错误的理解。在汉语中，你说话时的语调只要一变，"人"(a man)便不再是"人"，它很可能已经变成了某种疾病的名称，或者是一只夜莺，或者是一个胡萝卜。它只有在一个音调中才会表示"人"的含义。

在所谓的中国标准方言中，有四个不同的音调：第一是高音调的爆破音；第二是升调，也就是在我们的语言中提问时所使用的音调；第三是拐弯的音调；第四是降调。

如果对同一个音用这四个音调去标注，那么就会得到四个彼此毫不相干的语义。我们还以英语中的"man"(人)为例加以说明。假如把它读成第一个音调，那么它的意思就是不讲理，也可以说是厚颜无耻；读成第二个音调，意思是隐瞒、躲藏；读成第三个音调，是丰盈满溢的意思；读成第四个音调，意思就变成了老牛拉破车，慢得不得了(这里作者大致指的是"蛮、瞒、满、慢"四个字)。在汉语中，还有一种发音大致相当于英语单词"one"(一)。当它读第一个音调时，表示温暖的意思；读第二个音调，就是有教养、有学问的意思；读第三个音调，是稳定、平稳的意思；读第四个音调，则是询问的意思(这里作者大致指的是"温、文、稳、问"四个字)。

通过上面这几个例子，可以看出，所读语调的不同，同一语音所表达的含义彼此之间就会存在差异，并且是毫不相干的。这就进一步说明语调在判断语义方面同语音一样起着举足轻重的作用，二者是不可偏废的。在汉语中，许多句子的最后一个字通常要求用升调，这些句子就相当于英语中用"Yes"(是的)或者"No"(不是)回答的一般疑问句。然而外国人在应用这一语法规则时却总会出错。当然，这并不是规则本身的错误。对这一规则的遵守则成了一种机械性的本能行为。不幸的外国人在进入汉语的天地中后，还得遵从这一原则，而不能够适当地调整自己。当一个句子用升调表示疑问的时候，这一语调同时也极其关键地影响着最后一个字的语义，外国人往往因为无法记住这一点而常常会在讲话时使表达的内容与自己的初衷大相径庭，而将自己陷入尴尬的境地。倘若他想要表达的意思仅仅只是由此变成了某种无伤大雅的意思，那么他还算是幸运的；但倘若他的意思因此变成了某种带有侮辱、无礼意义的语言，那可就太糟糕了。

无论任何一种欧洲语言，都不存在像汉语中那样奇特的辅音音素，以及与一个具体词义不可分离的特殊语调，讲话时只要稍不留神，就有可能使整个想法和意思变得面目全非。想要将一个汉字读准决非一件容易的事情。想要正确而迅速地发好汉字中的每一个音，就必须要对自己的发音器官进行长期的、持之以恒的训练。在我刚开始学习汉语的时候，我曾经花了整整八个月的时间用心学习语音语调，每天至少要花整整四个小时来练习——将所学的每个字的发音都标注上四个不同的声调，在此后的很长一段时间里还要一遍遍不定时地温习。

就像英语语法也存在许多特例一样，在汉语中，有时为了押韵，四个语调常常会发生许多灵活的变通。这些变通极大地增加了学习和研究汉语的麻烦。举个例子来说，在所有含有两个音节的词语中，重读的是第二个音节，并且要用降调，可以看出，在这里首先发生改变的是音调。在汉语中，这种同一音调的不同变化如此之多，以至于使它变成了某种很有韵律的语言，就如同钟摆的摆动一般——不但读起来非常有趣，听上去也十分悦耳。有些人说汉语时抑扬顿挫，字正腔圆，听起来感觉就像是我们唱的赞美诗。这种效果是每个人都可以取得的。因为讲话时不可能用单音调，每个句子的音调都能对应五个音阶中的某个音符。然而，总有苦尽甘来的时候。倘若一个人能够历尽磨难，以不屈不挠的毅力掌握了天下最难的一门语言——汉语，那将是多么令人自豪的成就。可是也有许多人因为在学习中经常犯一些荒谬和令人烦恼的错误而半途而废。假如将这些错误归纳起来，估计都可以写成一本书了。曾经有一名传教士在向他的听众宣讲时，说救世主在地上"周游四方吃饼"（went about eating cake），而事实上他想说的是"治病"（healing the sick）。因为发了一个错误的送气音，"治"就变成了"吃"，同时又因为语调的错误而将"病人"治成了"蛋糕"。

有一次，在一个宴会上，作为主人我要招待一大批客人。当我向雇佣的中国仆人示意,说餐桌上还缺少某件不太重要的东西而请他去取来时,仆人疑惑不解地看了看我,又问了一遍我要他去取的东西,于是我肯定地答复了他,并且告诉他要立即拿来,不要再多问什么,随后他便去了。不一会儿,他郑重其事地用盘子托着一根拨火棍走了出来,那是一根大约 3 英尺长,一端有个疙瘩,另一端尖而锋利的铁棍子。或许这位仆人觉得宴会的主人想要用这个东西将某位客人打得脑浆迸裂,于是便一本正经地拿了这个拨火棍给我。最后,拨火棍当然还是物归其主了。事实上,造成这次事故的主要原因还是因为我跟仆人说话时发错了一个送气音。

还有一次,我吩咐厨师去安排和准备一个大型晚宴。为了减轻厨师的工作量,我告诉他 100 只"妇女的手指头"(ladies fingers)可以直接从糖果店里买。过了两个小时,他赶着一辆中国式的大马车来到领事馆。翻身下车,来到我的办公室,他非常认真地报告说,他跑遍了附近的大街小巷,但是仅仅买到 64 只"妇女的手指头"。他还说如果想要买还剩下的 36 只,就要到更远的地方去找了。听完他的话,我说,64 只已经能够对付过去了,接着问他,为什么要雇大马车。他立刻回答说:"把买的东西拉回来。""可是你自己不能带回来吗?"我又问。他又回答:"当然不能,每个指头至少有五六斤重呢。"我立刻查看了一下马车,结果发现,里面装满了令人恶心的 64 条刚刚割下的牛舌头,我成了它们的主人。而我之前所说的可能有些令人吃惊的话的意思,是指一种长条的小蛋糕,我本来想用它们在宴会时和冰淇淋一起来招待客人的。这场闹剧的罪魁祸首,依旧是一个错误的音调(作者或许将"手指头"说成了"牛舌头")。

我在以上所阐述的对汉语的看法,至少对五分之四的中国人所讲的汉语都精确适用。尽管在一些地区存在着地域性较强的地方方言与不同的习惯用语,但这一现象显得并不突出,因而也就没有必要对此详细地论述,在此只是顺笔带过。这一独特的语言通行于中国的沿海地区,其范围从相对北面的上海,一直延伸到帝国的最南端;其向内地延展的范围从 50 英里到 150 英里不等。这一范围内所使用的书面语同中国其他地区差别不大,但口语却五花八门,能够划分出好几种。在相互邻近的地区,同一个汉字的发音就存在着天壤之别,以至于当地人经常这样说:"仅一河之隔,住在两岸的人彼此竟听不懂对方一句话。"(People living upon one bank of a river cannot understand a word uttered by their neighbors upon the other.)在中国,由于禁止官员在家乡所在的省份任职,因而上述地区的官员只能通过当地的翻译和他们管辖区内的百姓进行沟通。实际上,移居美国或其他国家的中国人通常都来自这些地区。因而毫无疑问,他们无法讲出,也根本听不懂正宗的汉语。

到了近代,在外国人依据条约居住生活的沿海地区,出现了一种很难描述与归类的语言。倘若在研究汉语的这一章节中不提及的话,势必会影响本章节的全面性。

生活在这些地区的外国人通常都不学汉语,他们同当地人打交道时所用的唯一交流语言,是一种被称为"洋泾浜英语"(pidgin English)的东西。"洋泾浜"一词纯粹是当地人通过"商务"(business)一词衍生出来的产物,所以,实际上这种奇怪的"洋泾浜英语"应当被称为"商务英语"(business English)才对。除了某些合成词外,没有谁知道这种"洋泾浜英语"是何时,又是怎样将一部分汉语依样画葫芦地翻译成夹杂着许多方言俚语的英语。而其发音却也能够适用于单纯讲汉语的人的应急之需,并且能为人们所听懂。在此我们所举出的两个事例将充分显示这是一种多么荒唐可笑、粗陋至极的语言交流形式,同时也可看出其中的独到之处。或许读者们会惊异于我的这种观点,或对此存在疑问。而我要郑重说明的是,没有以下的事实根据,我是不会随便下结论的:外国人同当地的中国人之间所进行的巨额交易中,九成都是借助这种莫名其妙的"洋泾浜英语"完成的。没有它,您在这儿还真就吃不开。

有一位年轻的先生曾去拜访两名女士。负责开门的中国仆人极其郑重地告知:"现在,那两位姑娘您谁都见不着。一号正在楼上洗澡,二号有事外出了。请您马上离开,离开。"(That two piecey girls no can see. Number one piecey top side makee washee, washee, Number two piecey go outside, makee walkee, wal-

45

kee.)实际上,这位仆人想说的是,年龄较大的一位姑娘正在楼上洗澡,年龄较小的出去了。

1881 年 4 月,夏威夷群岛的卡拉库亚王(king kalakua)来到上海。他租了爱思多宾馆(Astor House)二楼的一间套房。有两位慕名而来的美国绅士想要拜见这位陛下。于是,某天中午,他们来到卡拉库亚王下榻的宾馆,在楼下碰到了宾馆的老板。这两名绅士向老板说明了来意,并希望知道卡拉库亚王此刻是否在房间里。"让我来看一看,"那位地主(the landlord)说道。他随即翘起脚后跟儿,朝着站在楼梯口边上的一名中国仆人喊道:"伙计!那块王有在上面吗?"(boy!That piecey king top side has got?)"有的。"(Has got.)楼上传来清晰的应答声。"先生们",地主彬彬有礼地对他们说道,"陛下正在楼上,请吧。"(His Majesty is in,pray walk up.)

枷锁式的爱情与婚姻

就某一方面而言,中国为所有国家都树立了一个优秀的榜样。在这个国家,男女必须婚配。任何一个人都不能一辈子单身。所以,中国有一个极为普遍的现象,只要到了结婚的年龄,人们就会寻找配偶;而婚后就会传宗接代,也便产生了相同数量的未来家庭。所谓物以稀为贵,在中国单身男女是非常少见的,所以偶尔出现这么一两个自然也就成为了一道独特的风景线。

然而婚姻对于中国人来说,并不代表一个崭新的、独立的家庭由此产生了。即使男子结婚之后,他仍然有义务赡养双亲,而且并不能因为成家就削弱了对父母的义务和责任。只要父母健在,作为儿子的责任就必须持续下去。此外,在中国,所有的新婚夫妇都必须与男方的父母住在一起。在婚礼上,最为重要的一项内容是:迎娶新娘。首先将坐在花轿里的新娘送往新郎的父母面前,接着才将她交给新郎。当婚礼结束之后,新娘也就与自己的父母和家庭失去了直接联系,而成为新郎家族中的一员。新娘刚刚过门的时候必须侍奉丈夫的父母,在大多数情况下新娘相当于一个仆人。

清代的夫妻形象。封建制度下男女双方的结合都依照"父母之命,媒妁之言"而定

在中国,年轻的已婚女子命运相当坎坷。首先,她根本没有权利选择

与自己喜欢的男子结合;而且在结婚之前她从未见过自己丈夫的样子,在结婚当天才被送往丈夫家里。甚至可以说,在那样一种交接仪式中,她就像一只可怜的小猫被人死死地看管着。同样,新郎官也没有选择配

清朝时期的已婚妇女。已婚女子脑后梳髻,俗称"盘头"或"挽",并配以发簪

偶的权利,结婚之前他也没有见过妻子的样子,因此,夫妻关系常常非常冷漠,形同路人,除此之外几乎没有其他的结果出现。当然,婚后的生活也许会让他们产生一种情愫,但是婚前彼此之间绝对不会存在任何感情。在中国,恋爱与婚姻是没有丝毫关联的。新娘在婆家必须承担仆人所做的一切最为低贱、最为繁重的家务活。能够让她维持生命的唯一理由就是:生儿育女,传宗接代。在中国,已婚女子在没有生育孩子之前并不被称作"妇女"(married woman),当人们谈起她或者与她交谈的时候,仍然把她称作"姑娘"(girl);当她成为母亲的时候,人们对她的称呼才改变为"夫人"(Mrs)。还有一个非常重要的因素,如果她生的是儿子,那么她的地位就会得到相应的提高,并且赢得一定程度的尊重和认可。但是,很多年轻妻子都无法享受这一刻。压抑的生活,以及婆婆惨无人道的虐待常常让她们选择自杀的方式进行反抗和逃避。

在中国,已婚妇女的护身符和荣誉就在于生儿育女上。可是,如果按照西方观点分析它的时候就会发现,她们的地位让人不可思议:孩子对她而言就像物品一样,她可以要求孩子无条件地听从她的命令;即使孩子已经年逾花甲,成为了父亲或者祖父,她仍然是他们的独裁者。当然,她也会以相同的残忍方式对待

儿媳妇：她将自己曾经遭受过的所有痛苦都施加在儿媳妇的身上。但是，在丈夫面前，她只能扮演仆人这唯一的角色。清朝法律规定：母亲去世，儿子必须为她披麻戴孝，并且一百天之内不能剃发刮脸。但是，她的丈夫不但不能效仿儿子的做法，甚至不能有丝毫悲伤的样子，否则他会遭到众人的嘲讽与鄙夷。男人能够有多个妻子，只要他喜欢随时都可以再娶；但是，如果寡妇再嫁就成为了大逆不道的事情。面对一件并不光彩的事情，中国人通常会婉转地表述它，例如："寡妇又结婚了"在他们口中就变成了"寡妇向前走了一步"。如果寡妇想要得到众人的敬仰，例如为了获得由皇帝下令建造的贞节牌坊，她必须结束自己的生命，跟随丈夫而去；如果她并没有这种抱负的话，她只能终生侍奉公婆。实际上，中国女子一旦走入婚姻的殿堂，她便失去了自我，就连姓氏也随了丈夫。

有一天，我与清朝高级官员谈到了恭亲王的妻子去世的问题，我说出了自己的想法：王爷应当暂且放弃政务，闭门哀悼妻子一段时间。

这时，内阁的一位成员笑着说道："不必如此，妻子对于我们而言轻如鸿毛，并不值得我们伤心落泪；只要王爷喜欢，他可以再娶很多个妻子。"

事实上，王爷的身边已经有好几个小妾了。中国的法律和道德都认可一夫多妻制，只要男子有供养的能力，他可以随心所欲地娶妻生子。一般情况下，正妻的地位相对于后娶的妻子的地位要高；虽然都归属于丈夫的仆人，但是，她是这群仆人中的领导者。她们所生的孩子拥有相同的继承权，从下面这个事实中我们就能够了解到它的真实性：皇帝最少也有四房以上的正妻（head wives），他的侧房（assistant wives）——也就是今天被我们称作的情妇高达 75 位到 100 位。皇帝有一个很重要的责任，他必须认真、细心地揣摩所有正宫或者侧方为他生的儿子们，哪一个更适合继承皇位。与我们猜测的一样，皇帝总会选择自己最宠爱的侧妻所生的儿子。例如，中国史上最有作为的乾隆皇帝，他就是第十四个儿子；还有 1875 年去世的同治皇帝，一生平庸，也是侧妻所生。

然而中国的底层阶级几乎实施的都是一夫一妻制，很少有例外。从下面这些事实中能够找出某种内在的联系：第一，虽然清朝法律赞同一夫多妻制，但是几乎没有人真正做到;第二,前一章中我们已经指出,汉字里说,如果一个家庭有一个女子就意味着祥和("安");如果有两个女子就意味着吵闹不断("奻");如果有三个女子那将意味着会发生最为恐怖的事情("奸")。假如在这些丝毫没有关联的事实中发现某些内在的联系,那么也不足为奇了。中国是一个非常注重实际,又善于思考的民族,想必他们已经发现了一夫多妻制的后果,因此才将这种认识渗透到汉字中去,以便作为警示提醒子孙。对于这种做法,我们能够理解。

但是,这并不代表中国的妇女除了养育儿女、照顾家庭以外别无他事可做。中国的母亲对女儿有绝对的控制权,女儿必须听从母亲的安排,直到她们结婚,离开母亲为止;而对于儿子,他们的生活由母亲掌握着,从他们出生的那一天起,母亲就教导他们要绝对的顺从她,直到她离开人世。另外,农村的妇女还扮演着一个举足轻重的角色——控制社会舆论,只要她们愿意,可以将流言蜚语遍布整个村庄,也可以将它们销声匿迹。她们在处理乡村事务上也有自己的权力,有的时候甚至可以批准实施一些与她们毫不相干的事情。至于这一点,也许与她们教育孩子——绝对的控制有一定关系。清朝时期,有两个女人是非常厉害的,她们掌握了朝廷的内政外交事务,即咸丰皇帝的两宫皇太后。几乎在所有危难关头,她们的机智总能让事情转危为安,从而左右朝廷的大政方针,因此她们的判断被视为最高神明。可是,她们生在封建国家,因此按照礼俗她们所生活的圈子极为封闭,就连参加国务会议的时候,也必须用一面帘子将她们与朝廷大臣隔开,只闻其声而不见其面。其中一位皇后已经去世了,另外一位仍然活跃在政坛,想必她仍然会在国家事务中发挥重要的作用。

以上这个例子向我们明确地展示了,清朝帝国的妇女也具备独特地位。作为妻子,她们显然没有任何影响力;但是作为母亲,她们是最有威性的。咸丰称帝的时候,他只将两宫皇太后当作玩偶,那个时候没有任何人注意她们,也没有人想到她们所具备的独特才能。但是,1861年咸丰皇帝去世之后,她们才有机会展示自己的能力,策划并发动了"辛酉政变",从而一手掌握了朝政大权。直到现在,慈禧太后仍然在垂帘听政。1875 年 1 月开始,直到以后的 20 年间,由前任皇帝的侄子继位称帝,而并不是两宫皇太后的亲生儿子,但是此刻的朝政大权却掌握在慈禧太后的手中。这说明,母性控制(maternal control)在中国是非常普遍的一种实际权力。

我们还应该注意到一点,不管是在中国还是在其他国家,弱者总是被强者控制着。中国的妇女被各种各样的戒律、习俗束缚着,丝毫没有发展的空间。她们没有资格接受教育,在社会上也没有任何地位,她们甚至只比仆人稍高一筹。但是,也有极少的妇女能够成为丈夫的领导者,让他们为自己服务。这种例子已经称不上独特了。实际上,中国妇女清楚地知道,嘴巴对她们来说是非常有用的;即使她们在其他方面力不从心,但有一点非常肯定,她们尖锐、犀利的言语是无与伦比的。只要亲耳聆听一番她们的咒骂,就能意识到那连续不断的骂语中所出现的词语是那么的生动、逼真;那个时候,就连周围的空气仿佛也在颤抖,天地仿佛也要塌陷一般。幸运的是,从她们口中说出的语言根本无法翻译成英文。只要你有机会亲身经历一次,就会相信,中国妇女是非常厉害的,她们有一种武器是任何男人都抵挡不住的;一旦遭遇这种武器,只会出现两种可能:第一,溜之大吉;第二,乖乖就范。遇到这种情形,他的同性邻居是绝对不会站出来帮忙的;相反,他们还会对他冷嘲热讽,之所以这样做,并不是出于对他的妻子的同情,而是认为他非常无能,以至于遭受妻子的压迫。也就是指,嘲笑他无法让妻子服从于他。

中国人的地域观念非常强烈,人与人之间的联系也非常紧密。所以,当他建立新的家庭的时候,他也只会将房子建在父母家附近。这样一来,就出现了一片奇特的景色,双亲房子的周围围绕着一组一组独立的家庭群落。另外,还有一个特殊的景致,整个村庄住着的几乎都是四世同堂或者五世同堂的大家族。像"史密斯村"(Smith ville)、"琼斯庄"(Jones ville), 说的更准确一些就是以姓氏命名的村庄,例如:"张家村"、"王家镇"、"李家庄"等等,在中国以这种方式命名的村庄不计其数,清朝帝国几乎选用的都是这类地名。并且,中国家庭实施的是财产公

典型的清代家庭合影。在中国传统文化中,人们很重视家庭观念,"宁受几世同堂累,不享独自生活闲"是数代人在一起生活的写照

有制,土地共同耕作制。当大家族中的男性家长去世之后,他的子孙们才能分得家产和土地。日常生活中,家庭内的全部成员都必须参加劳动;如果土地非常辽阔,像一个农场一样,那么家庭全体成员都必须日出而作,日落而息。在中国,经常可以看见妇女和男子在田间地头一起工作。有一天,我看见一位农夫和他的妻子,以及一头牛、一只猴子共同拉犁。

被人们不文明地称作"跑马地球的人"(the globe trotters),也就是指腰缠万贯、周游世界的人,他们虽然见识多,但是面对中国人的时候,他们仍然一脸茫然,在他们眼中中国人是永远无法解开的谜。中国人有着强烈的家庭观念,他们与整个家族密不可分。他们绝对不会独自享乐,游山玩水。除非必须为了公事或者私事外出以外,他们绝对不会离开家庭半步。在外出期间,不论离家多远,他们也会非常思念自己的家庭,而始终觉得自己是飘泊在外的异乡客。即使自己的家乡极度贫困,那仍然也是他们魂牵梦萦的故乡,并且一生都会把思念家乡当作自己的快乐。

如果不能彻底粉碎这种"天赋",中国人永远不会成为世界的殖民者。虽然,我们在各个国家都能发现中国人,例如,北美洲、南美洲、大洋洲、缅甸、泰国、东印度群岛、爪哇、日本等等,但是,他们都无法在这些地方成为永久的居留者。他们不是殖民者,只是短期的居留者。在这一方面,他们与成群结队的候鸟非常相似。这种候鸟在某一个地方生活着,等到无法再寻觅食物的时候,它们就会飞往另外一个异常遥远的地方孵育后代。大多数中国人总是在迫不得已的时刻,才会离开自己的家庭,去到另外一个地方过着他所认为的流亡生活。因此,在还没有出发之前,他们就已经想好了回家的计划。这些回家的计划,以及与它相关的各种理想,始终缠绕在他的心头,并且从来不会变化。假如我们做这样一项调查——对所有航行于中国和各国之间的客轮进行详细的统计,并且将这种统计持续若干年,我们将会惊讶地发现,先前离开中国的人们最终又都回到了大清帝国。他们就像那些候鸟一样,来来去去,但是始终百川归于大海,他们仍旧回到了生养自己的土地上。就连那些不幸客死他乡的中国人,也会在生前拜托他人,即使想尽千方百计也要将自己的尸骨带回家乡,埋葬在先人的墓侧。如果美国人能够准确地统计出 20 年前移美的中国人总数,然后再将这些数据与现在埋葬在美国的中国人数加以比较, 就会发现这一数字小得可怜。显然,将尸骨埋葬在美国土地上的中国人,几乎都是迷途的羔羊,他们贫困潦倒,已经没有亲人可以依靠。

中国人在商业领域是非常厉害的,他们善于精打细算,并且工于心计。中国人吃苦耐劳、忠信可靠,是一个非常优秀的民族;更重要的是,中国人非常热爱自己的国家(a lover of his home)。虽然有很多人都漂泊在世界各国,忍受着虐待、凌辱、饥饿与潦倒,但是,在他们心中有一个坚定的信念,那就是他回归故乡,与自己的家人安享晚年;还有非常重要的一点,当他们去世之后,要与自己的祖先归葬在一起。无论出于哪种状况,他们流浪到了国外,或者在国内的其他地方安了家,最终,他们都会实现自己回到故乡的愿望。与其说这是一种爱国主义精神,倒不如说是一种恋家情结。例如,有很多广东人去北京做生意,但是他们不会永远安居在北京,而是将北京视为异地,将自己视为流浪者。他们最终的事业和归宿,仍然在生他养他的那个小故乡。假如他们之中有人客死北京的话,而这个人不但没有留下一分一厘,又举目无亲,这时那些心地善良的人们就会想尽千方百计将他的尸骨运回家乡埋葬。清朝帝国内所有大的城市都设立了一种行会,也就是所谓的慈善机构,这种行会最重要的一个作用就是,将那些客死异乡的人送回老家安葬。旧金山设立了六个所谓的中国同乡会,它们其中一个宗旨就是,负责将客死美国的中国人送回家乡;对此,曾经出现过很多流言蜚语。一些在中国游历的外国人,偶尔会遇见人们将棺材绑在两根长长的杠子上;然后将杠子的两端分别绑在骡子的驮鞍上。棺材前端放着一个用柳条编织的笼子,笼子里是一只气宇轩昂的白色大公鸡。棺材里躺着的便是在他乡不幸身亡的人。就这样,棺材由骡子驮着,一路穿越着整个大清帝国的土地,直到将尸体送到目的地。那只白色的大公鸡也有特别的含义,在整个旅途中它指引着死者的灵魂与尸体不分离;这只公鸡,必须是纯白色的,不能有一丁点其他的颜色。据说,这只白色的大公鸡在笼子里不停地跳跃着、叫唤着,就说明它正在努力地完成着自己的使命。

中国人的乡土情结自产生以来,世世代代都在延续着这种情感,渐渐地变得越来越丰富,越来越强烈,对他们来说,这似乎已经成为一种信仰。最终,它被归结成一点,那就是回归故乡。生生死死,是所有中国人最神圣的追求。当然,这种现象与中国的"祖先崇拜"(worship of ancestors)有着密切的联系。

也许我们应该谴责中国人的这种乡土情结;同时我也必须承认,除了在中国,我从未看见还有哪个国家的人远涉重洋,只为将客死异乡的同胞尸体运回故乡埋葬。中国人的乡土情结让我想起了《圣经》前半部分所描述的美妙故事:亚伯拉罕(Abrabam)为妻子萨拉(Sarah)在希伯来购买了一块墓地,亚伯拉罕和以撒(Isaac)还有丽贝卡(Rebecca)去世之后,也都归葬在那里;雅各(Jacob)死后,约瑟夫(Joseph)和他的兄弟们将他的尸体从埃及运回了迦南,埋葬在列依(Leah)的身边。约瑟夫告诉自己的孩子,当他死后必须将自己的骨灰也埋葬在父母的墓边。这个愿望,直到他去世两个世纪后才得以实现。当我们了解这些,就会很轻易地尊重他们的这种感情了。这种乡土情结自形成以来,已经延续了数千年。

中国历代政府一直以奇特的方式运用着这种情感：如果有外国人想要成为中国的臣民，必须具备的条件之一就是，在中国拥有一块墓地用以死后埋葬。对墓地的所有权，成为在中国永久居住的最好证明。

几个世纪以来，中国历代政府还以其他方式影响着民众。它总是想把老百姓限制在某一个狭小的地方，它反对和抵制人们改变住所或者职业。《大清律例》中规定"世世代代，无改其术"，意思是所有人和家庭都必须安分守己地从事自己的职业，不得随意更换。对于这个已经足够安分的国家制定这样的条约，不得不让我们怀疑其是否明智。实际上，这一规定在今天已经变成一纸空文，但是它仍然对这个民族造成了双重影响。其一，百姓们将职业代代相传，不敢在生产过程中有任何改变和革新。这样一来，它在某种程度上限制了中国人的创造能力，以至于中国落后于其他国家；其二，它间接地将民众隔离开来，单一地从事着各自的劳动，即使彼此离的很近，但几乎从不往来。例如，一个人的生计是继承其父的衣钵，那么自然而然地也就从事家族留下的事业。他的生活都集中在那里，也就很难离开那个圈子，远走异乡。

有一天我向一位老人打听，我所在的地方离城还有多远。当时老人正倚在墙根晒太阳，那面土墙正好为他遮挡了冬日的寒风。老人回答不知道，这让我感到非常迷惑，甚至不相信自己的耳朵。接着，我问他是不是不是当地人，他回答我："是啊，我就住在那边。"我顺着他所指的方向看去，百步之内有一家看起来很不错的人家。"您在这里住了多久了？"我又问他。"一直住在这里，我已经78岁了。"他说。"您是真的不知道城里离这还有多远吗？"我实在不敢相信他的回答，继续追问起来。"不知道就是不知道。"他有些懊恼，"那个地方我从来没有去过。"他的回答引起了我的兴趣。"难道从您出生开始，就一直没有离开过这里吗？""就是没有去过！我的家在这里，去那里干什么？"老人非常激动地反驳道。后来我才知道，遇到老人的那个地方离城只有 10 英里。

还有一个例子，也向我们说明了禁止臣民变更职业，或者迁徙的规定所造成的固步自封、停滞不前的后果。当然，我们的措词也许并不完全正确。在中国，每一座大的城市里都有几家修表店；但是，中国并不生产钟表，钟表的进口量相对较小，所以拥有钟表的人也非常少。想必不明底细的游客应该很好奇修表店是如何招揽顾客的？他们还想了解，是谁教给他们修表的手艺的？其实答案非常简单，他们原本对这门手艺一窍不通，只是因为他们都是罗马天主教徒，因此从先辈那里继承了修表的职业。他们的先辈是两百年前来到中国传教的天主教门徒，正是传教士向他们的先辈们传授的那一点知识，让他们掌握了修理钟表的技术。

中国社会被"光宗耀祖、父母显荣"这一观念和要求深深地笼罩着。民众对此坚定不移，法律对此严格加强。如果有人忽略或者怠慢了这一观点，那么即使他逃脱应当承担的罪行，也会被人们驱逐出世俗的圈子。事实上，这种现象已经走到了极度不合理的地步，使之成为一种专制暴行。家庭中，孩子们绝对不能有独立的思想和行动；只有成年之后，他才能够独立使用自己的权利。中国家庭中最有趣的内容莫过于，晚辈对长辈的所表现出的极端的尊重和顺从。就连想象力丰富的小孩子，也不会对长辈说一些难以入耳、没有礼貌的话。例如，在日常生活中绝对不会出现"老家伙"、"老太婆"、"巡抚"这样的称呼，至少不会有人这样称呼自己的父母。在中国，老人是应该受到尊重的，年老对他们来说是一种荣誉的象征。即使是衣衫褴褛、肮脏不堪的女乞丐，只要她有满头的白发就会受到人们的尊敬；人们对她的称呼一律为"老太太"，其中包含被尊敬的意思。还有朝廷里的大臣们，他们已经白发苍苍，而且还有繁重的公务在身，但是他们仍然要腾出时间照顾自己老态龙钟、两眼昏花的母亲。俗话说，八十岁的老人好比顽童，也许他们正在遭受着返老还童的折磨：脾气暴躁、易怒、喜乐无常，脑子里装满了奇怪的念头。虽然身为大臣，但他们也是儿子，所以必须善待父母，要像父母照顾他们小时候一样无微不至。如果长寿是因为子女们的孝顺，那么，中国人的平均寿命应当比任何一个国家的人都要长久。

虽然我们很尊重中国人孝敬老年人的方式，并且明白这是中华民族历来的思想观念和风俗礼仪；但是，有的时候我们仍然为此感到困惑。在北京或者其他城市,经常会遇见这样的情景:在乐队和彩旗的指引下,一列由男人组成的队伍正行驶在大街小巷里;虽然有人在队伍中央抬着两口棺材,但是没有任何白色装饰表明正在举办丧事。欢快的音乐,以及每个成员脸上所洋溢的愉悦神情,都会让人怀疑这是为死者举办的最后的仪式吗?事实上,那两口棺材意味着儿子们的一片孝心。以上所描述的,正是他们一路炫耀着去往父母家中的景象。到达家中之后,儿子们首先会对父母说上一番体贴、关心的话语,接着恭敬地献上棺材。但是,父母往往都会表现得非常吃惊,只是他们仍然会非常得体地做出一番应答。对我们而言,收到这样一份礼物就好比在我们拜访朋友的时候,他猛地转头看时间一样,在暗示我们应该离开了。然而,中国的父母对此并不是十分敏感。他们不但会欣然地接受那口精雕细刻的棺材,还会觉得孩子非常孝顺,考虑得非常周详、尽忠尽孝了。大多数情况下,这两口棺材被置放在正房内,每天都会被仔细擦拭、精心看护,不让它们受到一丁点损害;而且,这也成为了他们向朋友炫耀的本钱。在中国,家里可以没有钢琴,但是不能没有一口百年之后用于容身的棺材。我们可以毫不夸张地说,这就是因为中国人非常好面子的原因。实际上,这种礼物包含了非常悲哀的一面,但是,他们对此却无动于衷。在他们眼里,这证明了孩子们对他们的恭敬与孝爱。对他们而言,收到棺材就意味着为百年之后的大事吃了一颗定心丸, 这说明孩子将会在那天为他们举行非常隆重的葬礼。

在此,我想提及一下与本章宗旨并不是非常有关的一点内容。之前已经说过,大多数中国人在身强力壮的时候,便会将棺材准备妥当,并将它仔细包存起来,以备不时之需。许多年前,我雇佣了一个没有孩子的寡妇,每个月给她四元的工钱,但是,她以最节俭的方式省下一部分钱,为自己准备了一副既没有花色,也没有上过油漆的薄棺材。棺材买来之后,却没有适合放置的地方。老太太有一个远房亲戚,这个亲戚住在城外几里远的地方,他说可以将棺材放在他的家里;老太太答应了。此后的三年里,每隔半年她就会不辞辛苦地骑着毛驴去亲戚家,只为了看望自己的棺材,想要亲眼见证是否保存完好。但是,有一天看完棺材回来之后,她心都碎了。她告诉我们一个非常悲哀的事情:因为亲戚急需用钱,就将那口棺材抵押给了当铺,结果当铺把它卖掉了。这件事情让老太太非常伤心,几乎痛不欲生。当她从打击中恢复之后,老太太又开始缩衣节食,准备再买一口棺材。但是,这个愿望她并没有实现,因为霍乱夺去了她的生命。我和朋友一起为老太太举办了一个隆重的葬礼,为她了却了未完成的心愿。

抱残守缺的生存方式

中国人几乎不会把时间浪费在娱乐方面。在中国,绝大多数人还都处于贫困阶段,生活对他们而言就是无休止地与饥饿抗争;年复一年,他们日出而作,日落而息,几乎没有节假日可言。一年之中,只有三个约定俗成的日子才可以用来休息;其中结婚和举办丧事是最让他们兴奋的日子。在这种场合里,除了可以享用一成不变的米饭、甘蓝菜、茶水和烟叶以外,偶尔还会有一两斤少得可怜的猪肉,这对于他们来说已经是不可多得的奢侈品了。一旦他们懈怠半日,这将意味着要挨饿半日;对他们来说,似乎没有机会参加社会娱乐活动,而且也没有足够的能力参与其中。中等阶层对此也是来去匆匆,但是相对而言他们更能自如地对待生活。大清帝国的官员们都有充足的时间用以娱乐,只有那些深受皇帝宠爱、信任的大臣整日操劳着沉重公务。有一次,我邀请朝廷内的一位大臣讲述他的日常工作情况,因为他经常说自己忙于公务,感到疲惫不堪。他说每天清晨

19世纪英国铜版画中的清朝婚嫁场面

59

两点就要动身去朝廷,因为他的工作时间是三点到下午六点;而且,如果有政事,皇帝总是在黎明之前召见于他;作为军机处的成员,每天六点到九点他还要处理政务;同时,他还身兼兵部尚书一职,因此九点到十一点他又要去处理兵部事务;另外,他还是督察院的官员,因此十一点到下午两点必须去那里露面;他还在总理衙门做事,每天下午两点到五点,有时候到六点,他还要去那里处理事务。

除此之外,这位大臣还经常执行一些特殊的使命。例如,接待皇帝的咨询顾问,处理各种本职以外的差事等等。很多事情都与他息息相关,他必须运筹帷幄,尽其所能地做好每件事情。他说,自己对家庭的关心少之又少,几乎从未与家人一起吃过饭;每天都是八点,或者更晚才能回家;他与家人之间只是存在名义上的关系,他说他对家庭事务的了解远比不上对皇宫事务的了解。只有饭馆与他的关系比较密切,因为处理政务之余,多数情况他都是在附近的饭馆就餐。六个月之后,与我谈话的这位大臣便去世了;说实在的,他的死可完全归结于繁重的朝政事务(对于此事,几年以前我曾在《青年伴侣》杂志上发表过一篇文章)。很多中国官员都是因为这个原因耗尽了自己的生命。事实上,没有任何办法能够改变他们的这种命运。因为对他们而言,皇帝的意愿就是悬挂于他们头颅之上的尚方宝剑,臣子们只能俯首听命,勉强支撑着整个局势,超负荷的重责压迫着他们的体力和脑力。直到有一天,体力与脑力的枯竭致使他们过早地进入了坟墓。显然,他们与休闲娱乐是毫无关系的。

与西方人有所不同,有关社会的问题,中国人是以另外一种独特的模式去思考的。他们的思想局限在老一套中,我们所谓的正常交往对他们而言却是非常荒唐的行为。这里所说的交往是指男女之间的相处模式。在中国,男女交往被当作最为严重的违背社会道德的行为,这种现象是绝对不允许出现的。大清帝国不会为了男子和女子像朋友一样交往或者娱乐,而组建社会活动和集会。如果中国的礼教不进行改革,那么这种有益于社会发展的男女交际活动永远不会存在。说得更明白一些,在中国,两性交往的原则,就是严格禁止以某种形式进行两性往来。这是非常严厉的一项原则,绝对不能违背,更不可能改变。

作为中国人,就算是老朋友,他们之间也从不会询问对方家中女士的生活状况,更不会以任何方式问及她们。对于中国男人而言,如果有人问他们"您的妻子最近还好吗?"这种礼貌的问候在其他国家是非常普遍的,但是在中国就会被当作对人格的侮辱。一旦出现这种情况,即使是交往多年的老朋友也会立刻反目成仇。那些从小一起长大的朋友,直到满头白发,他们所谈论的事情也只与自己的儿女或者其他事情相关,但是他们绝对不会谈论彼此家庭中的女性如何,就连家中八九岁的小女孩也是不能被提及的。在他们的谈话中,与这个最为忌讳的话题最接近的词语就是"您的家人",但是,这其中包含的含义是非常模糊的。下面这个例子,充分体现了中国男女社会交往的习俗。

北京于 1875 年 5 月得到消息:尊贵的清朝官员与一位美国女子喜结良缘。当时,那位官员还在美国,得知这个消息之后,正巧我与领事有事前往总理衙门进行交谈。途中,领事对我说,他想顺便就中美联姻这件事情向官员表示祝贺。我立刻提醒他,这个话题违背了中国的习俗,会引来误解的。来到总理衙门以后,按照以往的礼仪,首先我们与中国官员们正襟危坐;等到茶水端上来之后,便是例行公事般的一番客套;就在这时,出乎我意料的事情发生了,领事要求我对那位还在朝廷执政的恭亲王说以下这些话:"在过去这些年里,中美两国的关系得到了很好的发展,尤其近来优秀的中国官员与美国女子的联姻,将两国之间的关系推进了一大步。"我再次劝告领事这番话有可能招来非议,但是他仍然坚持己见,要求我照他说的去做;于是,我只好把这番话转述给恭亲王。当时我们全部围坐在一张圆桌旁边,除了恭亲王之外,还有内阁中其他六名成员。他们已经满头白发,都是让人肃然起敬的人物;我的话语落地之后,便是一片寂静,他们全部低头看着眼前的盘子,谁也没有说话;最后恭亲王抬头看着我,然后长长地叹了一口气说道:"今天的天气真是热的可怕!"我们的领事虽然满怀好意,但是却违背了大清帝国的风俗礼仪,所以只能得到这样的回应。

中国的风俗礼仪不但禁止男女共同参加社交活动,而且夫妻之间也不能同时在公共场合露面。当然也有个别情况出现,例如全家必须集体出游的时候,这一规定可以稍做调整。即使出现这种场面,家庭中的女性成员由专门的仆人照顾,男士必须尽可能地不与她们照面。在中国,夫妻感情是最招漠视的一种情感,并且还人为地为它设置了各种障碍。每一个人都清楚地知道这种感情是实实在在存在的,但是没有人敢主动谈论它,更不敢认可它。在中国,几乎看不见夫妻一起逛街的情景;即使偶尔出现,丈夫也不会与妻子并肩前行,而是跟在妻子的身后;在任何情况下,他都不会与妻子同坐一辆马车,假如他这样做了,他的名誉便会陷入不可挽回的局面。

我亲眼目睹过一场中国夫妻之间的争执,这让我清楚地认识到夫妻关系被漠视的程度。那场口角是由外国人和中国赶骡人一起演绎的。那几位外国人准备乘坐骡车一起外出旅游五天,其中一位想与妻子同坐一辆骡车,而且一辆车足够容纳两个人;但是车夫坚决不同意,并且拒绝上路。在他们看来,这种做法严重违背了中国的风俗习惯,这样一来,他们将在整个旅途中遭受别人的责骂。他们甚至还暗示那位外国人,这样做有损自己与妻子之间的名誉,就算他不在乎自己的名声,至少也要为妻子考虑;不论那位外国人怎样解释,还提出多加工钱,但是,车夫仍然坚定地拒绝了与他们同行。对车夫而言,钱是次要的,道德是最为重要的。最终,那位外国人无奈地放弃了自己的要求。

还有一件事情需要在此提及一下,因为在某种程度上它与上述所讲的事例相同;它充分地向我们展示了对于两性关系西方与中国最大的分歧;而且还说明了,如果做一些与中国人观念相反的事情将会给他们带来非常沉重的打击。中国留美学生事务所位于康涅狄格州的哈特福德市(Hartford),它的主要任务就是处理多年以前,由清政府公派美国留学生的有关事宜。这些年轻的留学生,有很多人都喜欢去教堂和主日学校。一天下午,一位留学生从教堂出来准备回学校,他是以美国人的方式出现的,也就是说,他的身边还有一位年轻的女子,恰巧这时碰见了留学事务所的一位长官(那位长官正乘车外出)。年轻的留学生礼貌地摘下帽子,向长官深深地鞠了一躬。那位保守的孔老夫子的徒弟,实在不

晚清留美幼童合影,他们是中国历史上最早的官派留学生

敢相信自己的眼睛,站在眼前的是由他掌管的毛孩儿,竟然在光天化日之下,与一位外国年轻女子一同招摇过市,而且这位女子既不是他的妹妹,也不是他的堂妹或者表妹!就这一件事情,足以说明了两位年轻人的品德有多么败坏,甚至不可救药!尤为可气的是,那位年轻人居然厚颜无耻到在他面前摘帽。仅仅摘帽这一举动就已经破坏了中国的礼数。最后,这件事情被报到了北京,北京方面与留学事务所的长官意见一致,认为留美的中国学生严重丧失了良好的道德修养,成为了无耻之徒。经过这件事情,再加上其他一些更为严重的事情,中国留美学生最终被全体撤回了。于是,一件十分有意义的事情就这样夭折了。

中国的妇女不但从事了很多种类繁杂的工作,而且还担负着很多社会义务;但是,总的来说这些事情全部局限在她们的认知范围之内。与世界各国的女士一样,她们也会刻意打扮自己,对服饰也特别着迷。虽然中国的妇女仍然采用剪刀剪裁布料(几个世纪以前她们就是这么做的),但是服装的样式和装饰品却经常在更新。她们几乎不会远离自己居住的地方去购买物品,一般都是在离家很近的幽僻地方购买所需之物。据说,她们不但会赌博而且还会在众人面前吸食鸦片。这种说法到底是真是假,我无法证明。然而,我很难想象,她们是如何在家里，或者傍晚聚在一起时打发时间的？她们能够想出什么方法来消磨时光呢？她们不需要劳动，因为家里有仆人照顾她们的衣食起居（在此谈论的都是中国上层社会的妇女），她们也不会写字看书，中国女子是不被允许读书的。她们有一个明显的特征来证明自己长期不劳动，那就是她们会让自己的指甲长得很长很长，然后在指甲上戴上名为"指甲箍"（nail sheaths）的用金子或者银子制成的饰物。指甲箍的形状很像妇女们穿针引线时所用的顶针，我的意思是，它们的大小刚好合适地套在手指上，其形状与指甲弯曲时的曲线相同。另外，指甲箍上还会装饰一些用细链串在一起的小铃铛，这一装饰明显地限制了妇女们的日常生活。她们不能像其他国家的妇女一样，手指灵巧地做一些可爱的小玩意儿，用以打发时间。

中国贫困阶层的妇女，她们的日常生活除了打理家庭杂务，就是穿衣吃饭了，根本没有心思去想别的事情。她们最喜欢做的事情，莫过于夏季的时候，三五成群地聚集在树荫底下；冬日的时候，靠在土墙边，一边谈论着邻居们的闲言碎语，一边晒着太阳。西方人眼中的社交聚会，对她们来说是根本不存在的。有这样一件事情，一位外国夫人邀请邻居家的妇女们与她一起消磨午后的时光。外国夫人用水果面包和茶水这些简单的东西招待她们，客人们来了之后，外国夫人便将那些食物放在了桌子上。女主人有事需要离开一会儿，便吩咐她们不要拘谨，随意享用点心和茶水；结果女主人回来之后，惊异地发现客人们四处散落开来，都在独自吃着食物。原来，客人们仔细数过桌上的面包数量之后，便每人分得一份，多出来的那一个，也以最精确的方式分割开来，各自悄悄地享受起来。

中国的农村，对于严格的两性之间的清规戒律似乎比较放松，甚至会在某种程

手戴"指甲箍"的清代贵妇。指甲箍也称"护指"，是清廷贵族最为显著的饰物之一

度上将其搁置一边。例如，村
民们会自愿筹集资金，请人
搭起简易的戏台唱戏。尤其
到了中秋和春节，村民们便
会请来流动戏班唱上一两天
戏。遇到这种情况，一家老
小，不论男女老幼都会一同
前往观看。只是，妇女和年轻
女子总会安静地坐在专门为
她们留出的位置，所以男女
接触的机会也是非常少有

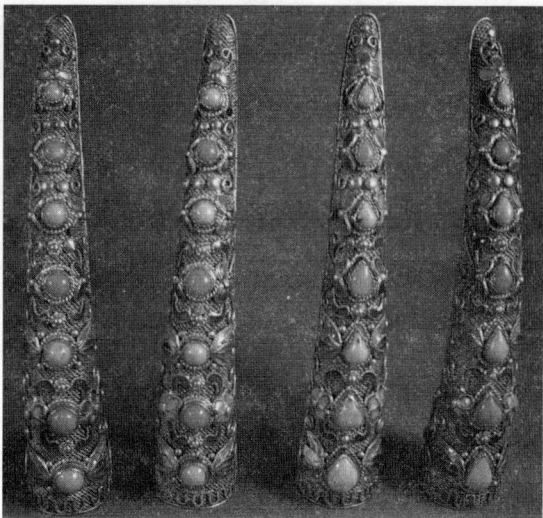

一套清代指甲箍。清代用金银做成指甲套，纹饰极为精美华丽，种类丰富

的。在一些比较大的城市，女子也可以去戏院看戏，但是她们必须坐在特别为她们设置的被严密遮挡的包厢里。这是一个永恒不变的规则。上文已经提到过，在农村，不论男女老少，都必须天亮就起床下地干活，直到黄昏来临才能收工回家。在这样的环境中，人与人之间的交往仍然被严格地控制着，就如同在环境相对宽松的城市一样。老妇女的眼睛总是非常敏锐，一起下地干活的时候，她们的目光总是聚集在那些年轻的女子和男人们的身上，她死死地盯着他们，以至于连随意交谈的机会都没有。

中国是一个两性划分很清楚的国家，以至于在我们看来充满乐趣的社交活动，在这个国家几乎是不存在的。那些活动和行为在中国人眼中是卑鄙无耻的。有这样一个记载，第一位踏上美国领土的清朝官员，被邀请参加一场特意为他举办的招待会，其中最主要的内容就是舞会。当人们成对起舞的时候，那位官员满脸诧异地望着舞池中满脸绯红、热情奔放的人。他们潇洒、奔放的舞姿与做工考究、昂贵典雅的服饰形成了鲜明的对比。清朝官员看了一阵之后，转头向一位朋友问道："他们为什么如此辛苦地做这件事情？不会请一些人代劳吗？"我无法考证这个故事的真实性，但是，我相信即便这不是真的，也发生过类似的事情。

因为它十分准确地证明了，中国人与西方人在社交活动中有着截然不同的观念。只有孔子与儒家门生的生活才是他们争相效仿的楷模。如何成为一位正人君子？最为重要的就是举止端正，自始至终都要表现出一副严肃高贵的样子。

在中国，快步行走也是不符合礼仪的，拔腿就跑更是与邪恶和堕落联系在一起的。对他们而言，一群男人在锃亮的地板上转圈，足以说明他们有些异常；而男人和女人紧紧地手拉着手，翩翩起舞，更是败坏道德的事情。对此，他们不但不能理解，而且还会极力批判。在中国人的观念里，女性是绝对不能参与娱乐的，更不能做剧烈的活动来消磨时间。

在很大程度上，中国的男士可以较为自由地相互拜访、交谈。但是，他们那固有的矫揉造作和繁文缛节（另外一章将会专门进论述）令人疲于应付、焦躁烦闷。主客之间必须经过琐碎的客套，这使得交谈少了一些真诚的意味，多了一些虚情假意的感觉；而且还让整个过程变得沉重不堪，几乎没有乐趣可言。例如，去拜访一位朋友，刚到他家门口，那位朋友就已经等候多时，准备亲自迎接了；而此时，必定会花上五分钟的时间用于有关谁先进门的问题。其实对于谁先跨进门槛，彼此心里非常清楚，但是在中国这个讲求礼仪的国家就必须要礼让一番。客人进门的时候，还要一而再再而三地与主人作揖，落座之后，就会立刻往客人面前放上一杯茶水；而且，在整个交谈过程中，客人必须掌握好分寸，观察主人的脸色行事。从拜访朋友所要进行的这些礼仪中，我们能够清楚地认识到，中国的社交活动，实际上已经变成了一种让人疲惫不堪的负担。

中国的士大夫大都藏有一定数量的精美书籍。这些藏书基本上都是古代作者的经典之作。这些文人、士大夫对于自己喜欢的文化具有极其浓厚的兴趣，当然也拥有非常渊博的知识，当他们谈论起这些时，那真是如数家珍、滔滔不绝，而且具有独到的见解。在这些人中间，还有很多人对中国古代的瓷器、玉器、钱币、绘画等方面有很深的造诣和研究。如果他们遇到与自己志同道合的人，则大喜过望，十分愿意将对方看成是知己、至交。当外国人和这些人谈论一些关于古玩、钱币等问题时，外国人则极其自然地发现自己变成了一名小学生，而他的教课先生就是这些中国人。中国绅士会非常自豪、毫无保留地向外国人展示自己对某一方面的精深研究成果，而且他们会十分耐心地向你讲解每一个细微的环节，这样一来，自己的学生就会因此大吃一惊，对先生则会极其景仰。

具有西方思想观念的人若想对中国人的某些方面有系统的了解，并且与之成为朋友的话，那么你首先就要到一些对中国有全面了解，而且拥有实际经验的人那里认真学习一番才行；反过来说，如果中国人希望和西方人建立一种良好的关系，那么他们也要通过这种方式。无论中国人还是西方人，任何一方都要设身处地地以一颗宽容的心对待另一方，处处为对方着想就是为自己方便。因为在教育体制及内容上，双方存在着很大的差异，从而导致双方的思维方式也迥然不同；当然，各自的价值观、取舍标准也就不同了。总之，在许许多多的事情上，每一方都会发现对方所表现出的愚昧与无知。所以，双方若要成为友好相处的朋友，则必须通过一种长期的相互接触、了解的过程。比如说，在一些逻辑思维正常，而且具有一定判断能力的人当中，我们很难找到哪个人不知道地球是圆的；当然，他理应知道这点。假如某位旅行者计划从纽约出发到北京去，那么无论他选择自东向西走，还是自西向东走，最终他一定会到达这个目的地。但是，就在这片广阔的土地上，真的有一部分人不明白这个道理。另外，人们绝对不相信，哪位被称为是目光敏锐、洞察秋毫的政治家，不仅不知道万有引力定律，而且还将日食和月食现象看作是天上的天狗在吃太阳或月亮。事实上，在历史上，真的存在这种情况，而且确有其人。还有一种现象也让我们迷惑不解，能够以优美雅致、行云流水般的著作被世人称道的中国堪称大师级的人物，竟然对我们认为的组成一个人最基本的教育框架的内容一无所知，这种人在中国可以说是比比皆是。

在中国，凡通过了某一级科举考试的文人，则被自动列入中国的士大夫阶层中。这些人特别喜欢且擅长辩论。由于他们拥有自己的逻辑思维，所以他们常常将自己的结论建立在就我们来看是极其怪异，甚至荒诞的理论基础上，他们会用自己敏捷的思路、犀利的目光，迅速抓住推理论证中的漏洞和弱点，然后针对这些不足展示自己的博学。但是,如果某个人运用了孔子著作中的某些论点说明问题,那么对方就会乖乖地屈服和让步,因为中国人将孔子看作是天上的神明。通常情况下,孔子的理论可以使双方争辩的结果至少达到自己满意的程度;而且他还具有无限的勇气,敢于直面自己的对手,甚至在紧要关头能够力挽狂澜、转败为胜。因为中国人常常在双方达成一致后,然后按照自己的观点对争辩的内容加以阐释,这样一来就可以使自己在与对手激烈的交锋中占上风。也正是因为这一点,我们与中国文人、士大夫们之间的争辩才有了特殊的意义。这种争辩不仅能够使我们了解他们的思维方式,而且还能清楚知道,在多大程度上,他们会以一种盲目的轻信来取代普遍公认的原则。

有一次,我同中国一位著名的学者就某一问题争论了好几个小时。当时,那位学者在朝廷里正担任要职。首先,他向我提出一个命题,即他认为,狐狸可以根据自己的喜好随意转变成人。虽然这个命题古怪滑稽,但是,经过几个小时的唇枪舌剑,我们发现自己根本不能驳倒对方的说法。可是过了一会儿,那位不仅是我的朋友,此刻还是我的对手突然说道:"我想有一件真人真事你是无法否定的,而且你对那件事的具体情况十分了解。"他笑着向我讲述这件事:"几年前的一天夜里,英国使馆里有一名士兵正准备上床睡觉,突然他听到院子里有声音,好像是狐狸的叫声,于是他重新穿好衣服,告诉妻子他要出去将那只狐狸打死,然后他端着枪出去了。过了一会儿,士兵的妻子听到了一声枪响,然后就安心地睡着了。第二天早上,当妻子醒来发现丈夫不在身边,她有些惊讶。几分钟后,另外两名士兵将她的丈夫的尸体抬了进来。据那两名士兵说,他们是在一丛月桂下发现尸体的,而且是一颗子弹射穿了他的脑袋使之死亡的。当时那杆枪还在他的身旁,而狐狸早已不知去向了。您看,"说到这里,我这位对手突然停下来,扬扬得意地看着我,同时还摆出一种胜利者的姿态说,"事实的真相不是很明显嘛,当时那名士兵正在月桂丛中追逐狐狸,正当他马上就可以抓到它的时候,狐狸灵机一动,瞬间变化成一个人,抢过士兵的枪,将他打死。然后狐狸立刻变回原形跑掉了。对于这件事,不知道您还有什么要争论的?"官员的脸上一直挂着惬意的笑，信心十足地等着我反驳他。于是我做出了回答——或者这是唯一的解释和答案。对于他所叙述的这件事，我承认是事实，而且我想每一个北京人都知道这件事。但是，对于他的那番结论，我却不敢苟同。因为他所说的狐狸变成人然后还开枪杀人绝不是事实，只是主观的猜测。对于这件事，我是这样认为的：当时那名士兵一定是手脚并用匍匐在月桂下，悄悄地、慢慢地接近狐狸。可是那名士兵忽略了一点，当他在地上爬行时，他的枪拖在身边，枪口正靠近且对着他的头部。就在他向前爬动时，碰巧一根树枝挂住了板机，于是"砰"的一声，子弹飞进了士兵的脑袋。这场争论就这样结束了，虽然双方都没有使对方信服。虽然在那件事情上，那位官员因为对自然知识有些匮乏，从而使其结论显得古怪离谱、滑稽可笑，但是在其他事情上，他仍然可以算得上是一位深谋远虑、胸襟开阔的朝廷重臣。

至于中国人的客厅和书房，通常情况下都被布置装饰得十分雅致、考究，而且古香古色，尽管从我们的观点看来，这种装饰未必方便实用。让我们延续前面提到过的关于中国家庭中女性"养在深闺人未识"的话题。我们可以注意到，如果访客要到某家拜访，那么在他走到书房或客厅门口时，就会刻意地咳嗽几声，表示有客来了。这样做的目的是使里面的女性在访客进屋前，有充足的时间回避。中国人常常将自己的儿子看作是一种骄傲和自豪，凡有客来访，主人的儿子都可以在场招呼。但是其父在将他们介绍给客人时，却常常用一种以讽刺、嘲笑、轻描淡写、恨铁不成钢的口气，说自己的儿子是如何的愚笨无知、孺子不可教之类的话。不过这种话却让对方感觉，那只是一张掩盖自豪和骄傲的面纱。若想赢得一位中国做人父者的好感，并且和他建立友好关系的办法，就是到他家去拜访他，然后当着他的面大加赞赏其儿子的优点。这是最万无一失的办法。

毋庸置疑，在中国，人与人、当地人与外国人之间的所有社交活动都严格地被限制在同性之间。无论从哪种角度来看，这都是令人感到十分遗憾的事。但是，如果东方的传统礼仪观念和社交规则能够在一定程度上发生改变，并且同西方一些习惯相衔接，那么这种状况或许会有所改观。然而，这种改变并不可能在一夜之间完成。任何形式的强迫或者生拉硬扯只会使之与本来愿望背道而驰。目前,在中国举行的一切国际性集会活动,从整体上来说都是单调乏味的,而且令人昏昏欲睡。其原因主要是因为它们缺少了一种只有女士们才能带来的温文尔雅、机智俏皮、和谐完美的气氛。对于这种现象,我们需要以一种巨大的耐心和富有哲理思辨的头脑去容忍它,或者换句话说,这样做的目的正是不希望一桌宴席最终不欢而散,并且避免那种极其滑稽可笑的现象,永恒不变地成为我们的宴会上的一道独特的"光彩"。

外国人在参加中国人为其举办的宴会上,总会发现自己完全处于被主人肆意摆布和支配的地位。由于中国饮食文化的丰富多彩,其中的每一道菜都各具特色,这与西方的饮食习惯完全不同。此外,主人与客人间的礼仪应答等方面也与西方的做法有许多差异。因此,这种宴会除了会使西方人疲于应付,而感到异常乏味之外,由于他们的种种滑稽表演也使得宴会变得妙趣横生。当然,这些西方客人在自己的国家通常也算得上是美食烹饪的高手,但在中国,面对这些用如此奇特的烹饪方式做出来的如此奇特的食物,以及用来食用这些食物的如此奇特的工具,他们便成了小学生。在中国人的宴席上,一位前来做客的美国人可能会因为手持筷

中式客厅布局,桌椅等家具的摆放是很有讲究的

70

子在盘子的周围夹住了一颗米粒而奋斗不已，同时也可能会因此而大出风头；然而他回到自己的国家，邀请先前的主人前来做客时，他很可能会看到这位客人在经历了无数次的刀叉试用的失败后，脸色阴郁地将刀叉扔在一边，而随心所欲地用起了大自然恩赐的工具——他的十根手指。于是，在一旁幸灾乐祸的美国人便得到了心理上的极大满足：因为他也终于有机会可以报复中国人了。

在招待外国宾客的时候，人们总能从中发现许多趣味，并领略其中的某种事物。我曾经有幸接待过一位朝鲜来的尊贵客人。他是朝鲜内阁的重要官员，每年带领使团来拜望中国的皇帝。此人气度不凡，有着极高的修养，一望便知非常精明强干，并以其渊博的才学受到人们的称赞与敬仰。就是这样一位德高望重的名人，生平第一次在我那儿看到了照相机，并由此获得了自己的首张照片。对这位朝鲜内阁高官而言，煤油灯绝对称得上是一件闻所未闻的稀罕之物；而他显然对灯中的煤油采自地下这一说法持怀疑态度。对于这样一个从未见过西方住宅的人，深入宅院的体会也就更无从谈起了。所以，当时在他眼里，我房中的一切陈设与安排都是那么的有吸引力。当他一下子坐到装有弹簧的沙发上时，吃惊得几乎灵魂脱窍，往日的威严早被震到九霄云外去了。在我为他及他的一位同事举办的一次宴会上，这两位可怜人只有在观察完餐桌上其他人的举动之后，才知道怎样使用刀叉去对付餐桌上的食物。宴会进行期间，这位尊贵的客人就本国人在宴会上的一种习惯做法向主人做了解释，并要求在此也能按照本国的风俗行事。我答应了他们的请求。他们的做法看上去倒也十分有趣，然而结果却出人意料，让人哭笑不得。他们是这样做的：每个人将贴身侍从带到宴会上，站在各自的身后。由于随身侍从不参加宴会上的活动，所以乍一看上去，他们的存在像是某种装饰点缀，或仅仅是主人用来显示其高贵头衔的标志而已。然而后来的事实证明这完全是错觉。跟随主人进入宴会并居于主人身后的侍从能捞到很大的油水。每当主人尽情享用过自己所喜爱的一道佳肴之后，就把将盘中所剩之物，或手中所余之物递过肩头，交给身后的侍从，让他们也享用一番。比如上来一盘炸鸡排，主人就会将自己啃得光秃秃的鸡肋递给身后的侍从。侍从啃完之后，再一本正经地将鸡骨头丢到地毯上。在我们看来,这十分有趣;然而我的地毯可倒了大霉。而报应也很快随之到来。金洪基(Chin Hong Chi)陛下将吃剩的一块肥厚的法式芦笋递给了他的侍从。在这之前,金洪基效仿其他先生们的做法对付了那根芦笋,效果还不错;然而等到了他侍从的手上,情况就发生了根本的变化。他的侍从英勇顽强地啃着那块神奇之物,结果弄得满脸花里胡哨,漆黑一片。这让我感到很内疚,因为是我导致了他大失东方人的礼仪风度。而当那位不幸的侍从离席时,一定会对外国人这该死的口味感到深恶痛绝——竟然把黄油浇在煮熟了的、像玉米秸一样的东西上,冒充美食让客人享用。并且他也可能惊异于外国人那硕大的嘴巴与锋利的牙齿——竟然可以对付如此坚硬、令人生畏的食物!

信仰下的天空

孔子怎样逐渐被认可,并最终成为某信仰体系的创立者的,这一点令很多普通的外国人感到难以理解,甚至有一些著书立说者在缺乏必要证据的情况下也人云亦云。孔子生前的著作很少,或者应该说根本没有写过可被称为信仰的内容;他所做的,只是极力称赞并主张维护某些社会规范与礼仪习俗——这一切在他出生之前的几千年间,就已非常普及。他教诲他的每一位门徒要按部就班地遵守这些规范与习俗。此外再没有别的什么了。一方面,他认为自己身肩恢复古代圣君的礼乐教化与文治武功的使命意义重大(且宣称这是自己最高的使命),另一方面他也表示,超自然的神力根本不存在。他从来没有向人们灌输个人有高出对家长与国君的责任和义务。在一次被问及有关神性的问题的时候,他回答,自己并不知晓什么神仙,只坚信完成对亲人与社会的责任与义务,才是一个人应该做的,而不是寄托于某种虚幻的神灵;在其他某个场合,有人问他对祭拜神鬼有什么看法时,他答道:"未知生,焉知死?"

可以说,孔子是一名伦理道德家、哲学家,而不是一名宗教领袖;是一位圣人,而不是一位信徒。他呕心沥血创立的一套伦理道德体系,经受了上千年的历史考验,对于中华民族的封闭保守这一特质的形成,不能不说功劳最大。然而孔子所主张的宗教般的说教,是否被人们奉若神明,人们所持有的不同态度,是否是孔子真正关心的东西,这都是值得怀疑的。倘若孔子确实热衷于此,那么他的精力就会放在国人宗教崇拜的悠久历史上,而不是研究它的实际功效。孔子学说的重点在于中庸之道,主张利用节制主义以维护正常的社会秩序。实际上,归根结底,这不过是一种较为低级的道德伦理规范。他从未越雷池一步,走向自己所宣扬的"己所不欲,勿施于人"的反面;他所主张的其他礼俗的宗旨或许也不过如此。同时他认为,应当以正派高雅的方式推行这些礼俗。

孔子生于公元前551年,死于公元前479年。直到两个半世纪之后,他智慧中的某些实用价值才被人们所领悟。就目前所能够掌握的历史资料与记录表明,第一位格外尊崇孔子的一国之君是汉朝的开国皇帝高祖。公元前200年左右,高祖亲率众臣来到孔子的陵墓前祭祀供奉,就从这时候起,孔子开始被奉为圣人。在相当于耶稣纪元的元年,朝廷终于下令建立专门的孔子庙纪念他。今天,中国已有上万座这种祭祀和朝拜孔子的庙宇。在每个中国人的意识中,孔子历来就是一位圣人。在帝国内,孔子说过的话形同法律。令人感到非常惊异的是,不管是皇亲国戚,还是贫民乞丐,对他的教诲都能娓娓道来。所以无论是在

孔子,春秋末期著名的思想家、政治家和教育家,儒家思想的创始人

讨论重大问题的国际会议上的唇枪舌战中,还是百姓劝人行善的日常言语中,都能听到中国人对孔子言论的引用。他的言论不仅能够平息街头的争执与邻里的不和,还成为国家制定重大方针政策的准绳。人们在某些情形下对孔子言论的引用,常会使人感到这位鼎鼎大名的学者像是一名头脑不太正常、滑稽可笑的家伙。或许人们所引用的片段同谈论的问题毫不相干,风马牛不相及,却可以起到关键性的影响。因为孔圣人是整个帝国中最伟大的仲裁者,是绝对的权威,是和平的使者。

打着孔子的招牌所建立起来的所谓宗教体系,是其后的弟子以及后继者抓住他著作中的某些含义不清的字句衍生而来的。儒教纯粹建立在物质世界的基

础之上。这一学说认为,世间万物都源于"第一元素(The first element),"是最基本的微生物(primary microbe)。这一元素运用自身的作用,产生了自然界中两股截然相反的力量,即阴性与阳性元素。随后阴阳会合,经过一连串的进化演变,最终生发出地球上所有的生命形式。就世界上是否存在造物主、上帝或鬼神这一问题,一位最著名的研究孔子的评论家说道:"根本还没有充足的证据可以证明上帝的存在。孔子决然地将这一问题抛在一边。"对魂灵永生或来世报应的说法,孔子的态度非常冷淡,根本未置一词。那些被奉若神明、精心阐释的儒学观念,无法引起聪明的宗教研究学者的兴趣,他们也不指望能从儒教的研究中获得多大的收益。从总体上而言,阐释儒教的那些论述不过是一些毫无章法、没有意义的字句重复而已;它没有明确的主题,也没有成形的思想。同时需要强调的一点是,这些毫无意义的阐释并非孔子本人的思想(因为他本人说的话很少,几乎没说过什么),而是其追随者或多或少凭借自己的理解与想象做出的推测与假想。要知道,这些追随者中,有的生活在离孔子数百甚至数千年之后的时代。

倘若按照中国人阐述的具体内容,外国人口中所说的孔子宗教(即儒教)能够被理解为"伊鲁米那提"(十八世纪的欧洲主张自然神论与共和主义的秘密宗教团体),因为它的内容与"伊鲁米那提"有很多相似点。对天地与祖先的崇拜,是它认为最重要的宗教仪式,此外对太阳与月亮的崇拜也必不可少。在相对的时间意义上,近代的"伊鲁米那提"所崇拜的内容加上对孔子的崇拜,便是中国的儒教。但是只有在职的或候补的各级官员以及文人学士才能够名正言顺地崇拜孔子。在规定日子,这一阶层的每一位成员都要到供奉着孔子的庙宇进香;而普遍盛行于民间各阶层的祭拜活动则是对天地的崇拜,不分男女老幼。拜天地也是婚礼仪式上最重要的内容,其他同等重要的场合也不例外。

中国的所有宗教建筑中,北京的天坛(the Temple of Heaven)是最精美绝伦、最令人叹为观止的。在那里,室内和室外分别有一座高高的祭坛。帝国内最辉煌、最隆重、令人难忘的仪式,就是皇帝在天坛每年两度举行的祭天与祈福活动。整个仪式的过程,每一件事情皇帝都要独立完成,不能由他人代劳。并且,早

天坛是明清两代皇帝祭祀天地之神和祈求五谷丰收的地方

在正式的仪式开始之前,皇帝必须暂时放下政务,到一座专门的宫殿里虔心沐浴斋戒。毋庸详述其中的内容,我们可以很有把握地说,不管是其整体的特点,还是具体的某个环节而言,这一仪式非常类似于《圣经》中的宗教仪式,然而其中有一项内容唯其独有:每一座祭坛的周围都环绕着一圈类似铁炉的东西,状如一只只巨型的篮子。每当将要举行冬季的祭祀活动时,皇帝便将前年处死的罪犯名字,连同具体罪行和案件的处理过程都一一写明之后,放入这些铁篮中烧掉。皇帝就是通过这种方式向上天报告他在这一年的政务的——特别是有关死刑执行的状况。

在这座皇家建筑中所举行的另一项独具特色的祈祷仪式同样值得一提。尽管帝国的臣民无论男女老幼都要敬天法祖,但在天坛这一大型露天广场所举行的神圣仪式,是不允许女性参加的。女性不仅被排除在所有形式的祈祷仪式之外,并且哪怕她们站在天坛附近,也被认为是对圣坛的亵渎与先祖的不敬。倘若看守天坛的卫兵手抱女婴在这座公园般精致的建筑外闲逛,将会受到严惩。

1879 年春,格兰特将军(General Grant)访问北京。有史以来,天坛首次对外国人开放——这是在中国人眼中，在中国的外国人所能享受到的最高级别的礼遇之一。有几位外国女士得知了天坛将对尊贵的美国客人开放的消息，于是伺机尾随将军一行溜进天坛内。她们觉得，守卫天坛的那些胆小无知的卫兵一定会以为她们是将军的人，因而肯定不敢阻拦。果然她们顺利进入坛内。鉴于格兰特将军参观天坛一事是由我向客人们传达的，因而我认为有责任在适当的场合，将这件小插曲向恭亲王做详细的解释，并对此深表歉意。出人意料的是，当我向恭亲王谈及此事时，他立即说道："我早就已经知道这件事儿了，您不必再提了。倘若传扬出去，那必会招来麻烦的。"

中国人对孔子的崇拜，充分说明了中国对教育与文化的尊崇与重视程度。在帝国内的所有城市与较大的村庄内，都有由文人组成的类似行会的组织。他们负责将书写着"敬惜字纸"的篓子放在街道及人们经常聚集的地方，用来装废弃的纸张。不管是印刷品还是手写的废纸，人们都不可随手乱丢，要将其集中在这些篓子里。有时候，他们还专门雇人背着篓子，手拿一根顶端镶着锋利铁钉的竹竿，走街串巷捡拾那些被人丢弃的废纸。隔上一定的时间，所有收集来的废纸便被集中到一块，在乐队的吹奏引领下，文人们郑重其事地将其运到孔子的庙

李鸿章与格兰特。1879 年，美国前总统格兰特访华时与李鸿章合影

宇中。孔庙最突出的一项特点就是建有一个专门的神龛,或者称为神炉。人们到庙里把废纸都放在神龛后,众人就异常虔诚地跪在地上祈祷着将这些废纸烧掉。对于这些受到良好教育的中国人而言,外国人对待废纸的毫无顾忌的态度简直是大逆不道。此外,再没有别的事情更使得他们对外来文化及其精髓持不屑的态度。他们很难相信,享有高素质文化修养的人会对他们学识本源的承载体持有如此不负责任的态度。

实事求是地说,中华大地上普遍存在祖宗崇拜的现象,社会的每一个角落都渗透了它的因子,影响着每一个中国人,当然,皈依基督教的教徒除外。在中国,这些"异教徒"遭受苛责辱骂,在一些极端的事例中,他们甚至面临着人身安全的威胁。因为他们不敬天,不法祖,不对祖先顶礼膜拜。我们发现,这一民族祖宗崇拜的历史和他们本民族的历史一样久远。这在中国人的国民性中,是最为源远流长、根深蒂固的宗教形式的内容。并且很显然,祖先崇拜这种错误的信仰将是中国人最后放弃的信仰内容。

人们对祖先崇拜的理论依据相互争论不休,莫衷一是。可无论最终的结果如何,事实上,维系着亿万中国人的这一信仰不外乎存在以下重要的涵义:活在世间的人,对死人的亡灵依然游荡于他们住所周围的这一说法深信不疑,并且相信这也是他们死后的情形;同样还坚信这些游魂拥有不可知的力量,能为他们的子孙造福。所以,一定要常常祭拜亡灵,以获得它们的青睐。一些十分迷信的人甚至相信,亡灵就是靠那些摆在坟头上的供品过活。没了这些供品,它们便无法活下来;人们还坚信,祭祀焚烧的纸钱会通过某种不可言说的神秘形式在阴间转换成硬通货,亡灵们依赖它维持日常的花销。毋庸置疑,尽管这都是迷信的观念和粗俗的做法,然而都确实存在着,并且受到广大民众的追捧,绝大多数中国人对此都严格遵守并乐此不疲。在人们的这些观念中,或许存在着一些孝敬祖先的想法,但其中包含更多的是一份敬畏之心,怀着急于同祖先的亡灵们友好相处、求福避祸的热切心态。他们坚信,逝去亲属的亡灵拥有无与伦比的魔力。

北京孔庙。始建于 1302 年,是元、明、清三朝祭祀孔子的场所

中国人的信仰存在着许多令人无法理解的东西。然而,祖先崇拜这一点却是明明白白的。它十分清楚地表明,中国人坚信人死后,存在着魂灵。这一观念可以解释中国人所做的许多其他的事情,并让人们相信,普遍存在的祖先崇拜是必然的需要,而非偶然的选择。这也对中国绝少有单身汉这一事实做出说明。因为中国男子必须结婚,以生育男孩来履行世代祭祀祖先的使命,以确保这一代人在世间与冥界永久的幸福。一个家庭可以没有女儿,但儿子却是必需的。这一情况主要出于两个方面的考虑。第一,尽管家庭中的每个成员都要参与祭祀祖先的活动,然而主持者必须是男性;第二,女儿嫁出去之后,就不再关心父母这边的家事,而是作为入门的媳妇,成为夫家的一员。以上这些事实对奔波于他乡或异国的中国人为何不在异地安家扎根做出了解释;同时也说明了客死他乡的中国人为什么会事先想尽办法要求别人将自己的尸骨运回故乡,安葬在祖坟旁边的原因。因为这样做就意味着他们执行了那套传统的礼教,其尸骨也将成为被祈福的一部分。倘若葬在异国他乡,脱离于肉体的魂灵便注定成为孤魂野鬼,在饥寒交迫中四处游荡。

在中国,祖先牌位是任何家庭都必需的摆设。从理论角度而言,每天,家庭成员都要跪在其面前叩头,以示敬畏。这种祖先牌位是由一块竖起的木板与一个木质的底座组成,通常漆成红色。木板上刻着祖先的名字及相关内容,字都漆成金色,显得非常神圣。牌位一般被置于一个很小的、经过雕饰的神龛里。每半年在祖坟上举行一次非常正式的祭祀活动。其隆重程度视举办者的财力而定。仪式举行的时候,首先除净坟墓周围的杂草,重新整修好坟的形状后,就在坟前设好桌案,放上供品。供品一般有各种肉类,常见的有猪肉和鸭子。此外还有米饭、糕点、酒及丝绸。丝绸是供祖先用来做衣服的;作为中国各种庆典祭祀中必不可少的东西,鞭炮便会在此时响声大作,声声不绝;还要焚烧大把的纸钱——它们就是借助火力而成为阴间的硬货币。

世界上再没有比中国人更节俭的民族了。当他们用丰盛的供品慰劳各位祖先的神灵,等他们充分享用其中的营养之后,活人们便会将这些"残羹剩水"全部装进自己的肚子里。实际上,祭祀祖先的这一天的确算得上是个盛大的节日。一些无法置办如此丰盛祭品的穷人家,以及一些吝于花钱的吝啬家庭,则会在去的时候,借用别人家的东西到祖坟上祭祀一番,回来时再归还这些东西。这并非道听途说,都是证据确凿的事实。还有一些人在祭祖的时候,会买来一些纸糊的、经过装饰的烤乳猪及烤鸭来以假乱真。在他们眼里,比起活人来,那些脱离肉体的鬼魂应该更容易糊弄过去。

要想正确认识和理解三大宗教在中国人心目中的地位,我们应该实事求是地接受以下的说法:除了皈依基督教的教徒外,数量庞大的中国人口大多是儒教的信徒。这也就表示,中国人将"儒教"这一名称赋予了一个并非由他们发明的宗教体系,所以这些人对此并不了解,因而也不具备发言权。他们所知道的只是对天地、祖先的崇拜,最多再加上学者们对孔圣人的崇拜,这就是儒教的全部——中国最原始的、信徒最多的、土生土长的中国宗教。而除此之外的两门宗教,在中国都是处于补充与辅助的地位。明确了这些事实之后,将会对读者正确理解中国的宗教大有帮助。

道教是否源于中国,尚有诸多争论。而多数的观点倾向于认为它并非中国的产物。道教的始创者是一名曾经游历过亚洲其他国家的中国人。他的全部学说无不反映着印度婆罗门教的教义。尽管他比孔子年长，却与孔子是同一个时代的人，且两人至少有过一次会面。"道教"这一教名，或"道"主义，其本身就已道出了这一信仰的实质。"道"是中国的一个汉字，本意是"道路"或"途径与方法"的意思。道教创始人宣称创立这一宗教是为了研究宇宙、人、万物与"道"之间所存在的联系，并对此做出合理的解释。我们从他的著作中选出了两段话，从中可以看出，他是如何轻而易举并且如此滑稽地阐释了自己的思想。或许这就是此种宗教所要求索的本义。第一句是"有形生于道，道生于物"；第二句是"道生一，一生二，二生三，三生万物。万物负阴而抱阳，冲气以为和"。

《孔子杏坛讲学图》，由明代画家吴彬所绘

从理论的角度来看，至少在其原始形态，道教并没有对盲目的偶像崇拜持肯定态度——它并不主张对有形之物的崇拜。但是现在，其中却充满了凡人能够想象到的五花八门的偶像形式。并且毫不夸张地说，新偶像的形式还在不断被创造出来。一开始，道教向人们宣扬苦行僧主义，认为研究和遵从纯粹的"道"是人们重要的责任和义务，并且对俗世的七情六欲要加以控制。而长时间以来，这种教义早已变得面目全非。

在此基础上，认知以下列举的事件意义重大：其一，中国官府正式将孔子立为全国崇拜的偶像，因而儒教得以成为正宗；其二，耶稣的诞生；其三，传入佛教。这三件事差不多在同一时期发生。在中国,传说大约在救世主耶稣临世之际,当时的中国皇帝做了一个梦。梦中有人屡次告诫他:不久,西方将会诞生一位大智大慧的圣人。建议他最好派遣使团,前往西方将这位圣人邀请到中国来。此外还有一则故事:五百年前,孔子说过一句非常神秘的话:"西方有圣人。"皇帝看到这句话之后,便真的派了一个使团前往西方求教。这第二个故事有一定的可信度:大约在基督诞生的同时,中国向西方派遣了一名使者,为的是寻求一种新的信仰。而使者最终游历到了印度,结果从那里请回了佛教。

遍布全国的佛教庙宇是中国各地非常显著的景点。在比较大的城市往往会有上百座佛寺,小城市也有几十座;而一个较大的镇最少也有两三座。正像失了丹麦王子,《哈姆雷特》一剧便会毫无意义一般,失了土地神的佛寺也因没有香火供奉,年久失修而最终破败。通常情况下,这些寺庙都是通过个人捐资集款而建,此后寺庙正常运行与维修的费用也是通过捐款的方式筹集的。迫于公众舆论的压力,乡镇中的每一位成员都会承担一份,尽管极不情愿;也有一些寺庙是通过每年财政拨款,或者是政府的资助来维持。那些国家资助建立的庙宇大都富丽堂皇,令人眩目——都是黄瓦盖顶,流光溢彩。在中国,黄色是皇帝专用的颜色,是至高无上的皇权的象征,普通百姓是不允许使用的。

除了那些能够称为礼拜释迦牟尼的正式庙宇外,我们还能够看到遍布中国乡村小镇的路边小庙。这些庙里或者供奉着释迦本人,或者供奉佛教万神殿里那些地位低微的小神。有一次,我曾游历山西省境内。在离佛教圣地五台山还有十多里远的地方,我曾看到一座非常寒酸的小神庙。庙是用泥土垒成的,如同狗窝一般大小,用以祭祀当地的"1249位无名的地上、天上和海里的众神灵"。真可谓是名副其实的神灵大杂烩。显然,中国的各路神仙都有供自己专门享用祭祀的庙宇。然而那些不愿触犯任何神灵的中国人却想到,无论如何,也应该供给那些为数众多、易被忽视的小神一席之地。因而他们便列出那些小神,为他们建立那些小庙将其供奉起来。尽管这一行动都很体贴周到,然而却荒诞不经,很难令人理解。

清末民初广州的一座寺庙

　　每个月的初一、十五,以及特定的节日,庙宇都会举行非常盛大的祈福活动。除此之外,一年到头,无论是白天还是黑夜,寺宇都向众人开放;不管何时,总有一位德高望重的僧人在现场主持祈福仪式。佛祖前的灯碗里浮着一根灯芯,发出的光极为幽暗微弱,然而全年却常明不灭。每次的祈福仪式只为一人举行。从来没有听说过同时为两人或更多人祈福的例子。一般的祈福仪式十分简单,几分钟之内便可完成。祈福者进入大门后,从僧人那里花几文钱买几炷香,由僧人将它们凑到佛灯前点燃,再递给祈福者。然后祈福者亲自将香插进如来佛像前的一张桌子上的铜制香炉中。这一过程完成后,祈祷者连续三次双膝跪在一个垫子上,面向佛祖叩头三次,同时,守在一旁的僧人为他击鼓或敲钟,以告知如来佛有香客光临。做完这一切后,整个祈祷仪式就完成了。香客起身后,该干吗还干吗去。这即是中国寺庙中的一般祈福过程。既简单又实惠,既不影响人们的日常生活,也不会让人觉得麻烦。在较为大型的庙宇中,通常会有很多资历深厚的僧人和新收的小和尚。这里的小和尚要像海轮上的水手一样轮着"值班";在一些特殊的日子,不分昼夜地为香客们主持祈福。作为中国社会里的一个较为特殊的群体,僧侣因其愚昧无知与不良行为而颇受世俗的非议。他们只能学到极其有限的宗教礼仪。往往只是一两句梵语而已。在通过别人反复的传诵之后,他们便掌握了。整天口中念念有词,翻来覆去地唠叨着。

森严的等级制度也存在于佛教僧侣之间。因为还未找到一个更为合适的称谓，我们姑且把佛教僧侣间级别最高的人士叫作住持。在此前提到的佛教圣地五台山，我就曾拜见了这样一名高僧。他面容亲和，举止从容，大约有70岁。因他是藏族人，所以汉语说得不是很流利，然而我们之间的沟通却十分顺利。他选泡上等的茶叶招待我，里面还加了盐和酥油（汉族人则没有这种饮茶习惯），而我觉得这种茶的味道好极了。那位老人十分健谈，滔滔不绝。除了中国，他对国外的事物一无所知。因而在我们的长谈中，他表现出了十分强烈的好奇心。从他那里我得知，大住持是由众高僧投票选举产生的，任期六年。他已连任三届。再过几个月，便开始下一届的选举。这位老人坦言自己这次并没有连任的把握。事实上，他早已厌倦了这一单调乏味的职务，自己已届花甲之年。并且还说，与住持这一职位所能收获的荣誉、报酬以及额外的一些好处相比，获取连任的代价实在太大了。

除去这种明确的僧侣等级制度外，还存在着一种近代所流行的活佛转世的说法，认为活佛即是佛祖本人的化身。尽管他并不参与实际的佛教组织及日常的事务管理，但身居最高尚、最神圣的地位。

在同基督教的比较与共存中，毫无疑问，佛教同样也吸收了外来的某些思想和观念，在佛教的词汇与用语中，这些思想和观念都得到了相应的体现。我们可以肯定的是，现在佛教所宣扬的某些重要思想，很难在其关于凡世生存与善恶因果轮回的原始理论中找到相关的依据。有关天堂与地狱、人格化的恶魔以及救苦救难的观世音等内容都是其早期理论中所不具

观世音菩萨像。在佛教中，观世音是慈悲和智慧的象征

备的。因而早期的佛教徒很难理解那个双脚踏住魔王的佛教徒所表达的含义;而且他们也不知道观世音——这位佛教的圣母,到底是何方神圣。

一名走在中国城市街道上的西方人,总会有种怪怪的感觉:正如同他所看到的美国城市中所闪烁的那些花花绿绿、令人头晕目眩的广告牌一般,中国城市的每一处角落也都贴满了各色各样的广告,除了那些先前贴有"禁止张贴"告示的墙面外。在那些吹得天花乱坠、神乎其神的庸医假药的小广告里,他会发现以下这些字样:"有求必应"、"精诚以求,必有所得"等等。起初刚看到时,他会想到,这些中国兄弟和热情如火、耽于幻想的美国人一样精于此道,擅长在犄角旮旯的地方招贴一些似乎是从《圣经》中摘抄出的内容作为自己的宣传语。事实上,这仅仅是一种佛寺的招牌形式罢了。其真实意图是为了这些祈祷者与香客钱袋里的东西。世间并不存在免费的祈祷,这条规则放之四海而皆准。所以,事实上,这些广告就是一种招揽生意的形式。

中国云游四海的游僧数量极其庞大,因而他们的存在也是合法的。国家允许云游僧人有权在其选择的庙宇化缘和住宿,而无须付费。大部分的云游僧人都是职业乞丐。为了加强自己的感染力以博取人们的怜悯,他们通常都谎称自己住在一个十分偏远的寺庙,故意将自己的身体弄得或惨不忍睹或残缺不全;或者挖空心思将自己那本已令人作呕的狰狞面目再次深化。我曾在街上遇到过这样一类人。

这位云游僧人极其真诚地告诉我,十年来他从来没有修剪过指甲。然而从表面来看,好像在比十个年头更漫长的时间里,他的这双手也从来没洗过。他的指甲大约有 8 英寸长,形同鸟爪一样弯曲着。突出的大拇指往外翻着,就像一个长长的拱形结构,一直延展到手背外面。通常他总是手掌朝上,稍稍合拢着,把手高高地托于胸前。这样一双手当然非常引人注目了。我向他表示,愿意出一笔适当的费用,请他将这独树一帜的指甲剪掉。然而他拒绝了,显得十分愤怒。除此之外,还有与佛教戒规大相径庭的是,他竟然留着很长的头发,并信誓旦旦地说,整整十年间,他没梳过一次头。从我的实际观察来看,这也不算太夸张。这位云游僧人最宝贵的谋生手段就是这头发和那指甲。

除了这种云游僧人外，另外存在的一类僧人也值得说一说。我们可以将他们称为"职业聚钱僧"（Professional money-getters）。他们并不属于任何庙宇，然而，当有某家寺院准备进行大规模的修缮或在某些紧急情况下急需大量善款的时候，他们便有事情做了。在北京，我曾经遇见过一位这样的僧人。从外表看，这位僧人的两颊似乎被穿了圆形的洞，相应位置的上下牙齿也都被拔掉了。一根像中指一样粗的铁棒从中间贯穿，露在外面的部分大约有 1 英寸长，铁棒两头松松垮垮地挂了一个半圆形的铁环，又绕过他的后脑勺，上面还挂了一根长长的铁链。当他走在大街上的时候，拖在其身后的铁链足有几英尺长。此外，他身上穿着百衲衣，这种衣服是由各式各样、奇形怪状的小块补丁连缀而成的，一般只有乞丐才会穿它。他就以这身打扮走街串巷，挨家挨户地请求人们施舍和募捐。这一切所得都用来修缮某所著名的寺院。那人长得满脸横肉，一看就知道是一个厚颜无耻的恶棍，根本不值得人们产生一丝一毫的怜悯同情。至于他脸上的铁棒、铁链，身上的破衣都只不过是他精心乔装的艺术效果，这本来就是他的拿手好戏；他甚至还能让鲜血通过双颊的洞口不断地流出来。每个月，他都能从雇用他的寺院那里获得固定的收入，并且还能按事先说好的价码，从他的募捐款中拿取回扣。

在此，还有另外一种为修缮寺庙而采取的募捐形式。在寺院前，安放一个只能容纳一人站立的如同箱子般的东西。里面站着一名僧人，他被紧紧地、十分稳妥地固定在其中，以这种奇特的方式乞讨——这又是另一种僧人，并且十分有名。等僧人在箱子里站好后，箱子的外面就会钉满锋利的大头钉。钉头穿透箱子，几乎能够碰触到僧人的身体，这样他就只能一动不动地站在里面，只有前臂与右手能够自由活动，用来拉动一根细绳敲击寺院里的大钟，以引起路人的注意，唤起人们的同情。箱子上的每一根钉子都标有价格，所有这些标价的总和就是募捐所需的钱数。处在僧人身体不同位置的钉子，标价都是不同的。处在眼睛及其他重要部位的钉子，标价自然要高些。寺庙之所以会用这种手段，是因为过往行人看到这样可怜的僧人如此献身,必定会大发慈悲地慷慨解囊的。而这些施主所要做的,就是按照钉子上面的价格,出钱买下这些紧紧包围着僧人的"钢针"。施主付钱后,守在一旁的专门负责的僧人就会把钉子拔下来,送给购买者保存,作为他们慈悲为怀的凭证。按道理来说,不管白天还是黑夜,箱子里的僧人都要待在那里,没有片刻喘息的机会,直至钉在箱子上的每一根钉子都被赎买和拔掉为止。

由于篇幅所限,在此我们只用一个事例来讲述佛教怎样要求信徒忍受磨难,并"自寻"苦难。在一个尘土飞扬、异常酷热的午后,我正坐在北京西南部的一家街边茶馆里乘凉。不远处走来一个男的和一个女的。他们走路的方式非常怪异,身后也被弄起滚滚的尘土。那名男子从站立的地方向前迈出一大步,对距离做了估测后,就跪在地上磕头;再将脚伸到磕头时前额所接触的地面;然后抬起另一只脚再向前迈出一大步,再估测距离,再磕一个响头——他就一直这样走着,就像中国人所说的,一步三叩头。每当他跪倒在地磕头三次时,我就不由地想起在童年时期看到的那种一伸一曲的尺蠖。我好奇地向那名男子询问这样做的原因。他告诉我,一年前,他唯一的儿子生了重病。他向佛祖许了一个愿。倘若大慈大悲的如来佛能让儿子好起来,他就以上述的方式从家乡到五台山去朝圣还愿,随后再以同样的方式返回。算起来,这一过程大概也有几千里的路程,像这样一步三叩首地"量"下去,一天最多也只能前进5公里。当时那名男子已经有78岁的高

清代佛经手抄本

龄,看起来风尘仆仆,精疲力尽。照这种情况看,这位风烛残年的老人显然不能在有生之年实现还愿的诺言了。他的额头已经磕出了如同鸡蛋大的肿块。在我向他建议不要再做这种无意义的朝圣举动时,他明显吃了一惊,随后表现得异常愤怒。结果他还是拖着疲惫的身躯继续他的还愿行动。我目送着他们的背影,直到最后消失于地平线上。

中国的男性在春风得意时,很少会想到什么宗教;而一旦陷入困境、大难临头时,又会寻求宗教的庇护。这一点和他们的西方兄弟十分相像。所以,绝大多数笃信佛教的信徒都是妇女和儿童。即便男人们把佛教当作一种附带的信仰,在惯性上他们仍然不会遵守其中最重要的信条与观念。比如,佛教严禁食肉和杀生。如何检验普通的佛教徒是否虔诚?这里有一个众所周知,又有些令人感到反胃的检验方式:倘若是一名真正的佛教徒,他就不会捻死身上的虱子。但是,即便连续在中国游历好几天,你也很难找到一个拒绝吃肉的中国人。中国的老百姓不是因为遵守佛法而不吃肉,事实上是因为穷得吃不上肉;他们之所以很少喝酒也是同样的缘故。假如我们再检验一番“不打诳语”这条戒律,就会发现:在中国,没有一个人是真正的佛教徒。

然而,从另一面看,我们会惊讶地发现,当灾难降临时,这一信仰会以其神奇的力量将中国人吸引过来。那些叱咤风云的人物在不得志的时候,也会屈驾就尊,拜倒在如来佛的脚下,引入那些让人威风扫地、滑稽可笑的佛教道场的把戏。他们往往会花费大量的财物,以谋求佛祖的庇护,趋吉避凶,享受尘世间的好处。曾发生过这样一类事情:一位在欧洲十分有名的清朝官员,因为某种原因被皇帝革了职(为了叙述方便,我们暂且隐去其姓名)。他动用了全部的关系,试探了各种渠道,千方百计以求恢复原职,到头来仍然是一场空。无奈之下,他花费了整整一年的时间,走访了北京周边不计其数的大小寺庙,耗费了大部分的积蓄以求扭转不幸的命运。他每走访一座庙宇所使用的参拜方式都是以上提到的“一步三叩头”。

中华民族具有高度的智慧,同时也有着相当强烈的功利主义观念。中国人绝不会轻信现代道教中所包含的那些玄而又玄、荒唐可笑的不实内容。而佛教在某种层面上抓住了东方人的弱点，所以对中国人而言，与佛教的吸引力比起来，道教显然要逊色得多。也正是因为如此，佛教才得以在中华大地上风行。

尽管中国的皇帝事实上充当了儒教的最高教主，并要求所有在职的、候补的官员统统尊奉孔老夫子，然而在政策上，政府仍然营造了比较宽松的宗教环境。在对待佛教与道教的问题上，皇帝首先做出了表率，常常捐款捐资以示爱护。因而实际上，数量庞大的佛、道两教的信徒们是由皇帝出资供养的，也是他多年维持着寺庙的生存；并且皇帝本人还偶尔大驾光临一两所寺院或道观，但是以保护者与捐资者的身份，而非虔诚的教徒。只有在天坛祭祀或孔子的牌位前，他才会跪其双膝，三拜九叩。在如来佛的面前，他只微微躬身示意；在看到道观的那些数量众多、纷然杂陈，令他眼花缭乱的众偶像的时候，他也还是对众神之首微微躬身示意。

神鬼横行的精神世界

　　如果有人想找到一个可以很好地探究迷信给人类带来的种种影响和结果的地方，与其他国家相比，中国则是最恰当的选择。这个民族的思维结构和精神状态似乎完全被迷信的观念浸泡着。在每一个中国人的日常生活中，迷信已经占据了相当重要的位置。无论工作还是娱乐，迷信都制约着人们的计划。它可以使人们美梦成真，也可以使之成为泡影；它能带给人们万贯家私，同时也能让人倾家荡产、身无分文。迷信还影响着男女间的姻缘，它不仅决定了哪两个人可以结成连理，而且举行婚礼的日子还要根据迷信来定。有时，人们在无法将事情处理好的情况下，就会迷信地认为这必将影响一家之父与孩子们的关系，甚至可以使其阳寿大减而失去生命。而当一个人死后，其后人在为他选择墓地的位置、出殡的时间以及入葬的方式上都少不了迷信。中国社会的各个阶层都弥漫着迷信的气味，无论最高统治者还是低级平民。人们生活中的每一件事都受它的影响和支配，甚至人们的一言一行。事实上，迷信歪曲了人们的正常理智和思维，它反复于严密的逻辑之间，挑拨离间、颠倒是非。它不单单在个人家庭中潜藏着巨大的影响力，而且在国家重大的事务中，例如有关国家繁荣昌盛（我们且不说有关帝国生死存亡的事情）的问题，也往往是由迷信掌控的。我们可以轻易地找到很多可供查证的事实。比如说，一个在中国居住、头脑灵活的外国人一旦同中国人混熟了，那么不久后他就会感到，迷信在这个帝国中就像天空中布满的蜘蛛网一样。他整日都被困在这些蛛网里，跌来撞去，虽然有时他会感到一丝乐趣，但是多数情况下还是会感到非常烦恼、无所适从。可是对于中国人来说，那些迷信观念绝不是蜘蛛吐出的丝，而是坚不可摧的钢线。

　　我们在上一章提到的儒教或道教的所有形式和内容中都不存在中国迷信

的元素。很明显，迷信与宗教信仰毫无瓜葛。但是，如果迷信没有对中国人的生活产生如此巨大的影响，并发挥着决定性的作用，那么或许有人会说，迷信根源于宗教，就像雾源于水一样。事实上，迷信的力量是广泛而持久的，同时它还是主动的；而宗教却是被动的、消极的。与虚假的伪宗教相比，无论从内容还是形式上来说，迷信都与之截然不同。迷信属于一种扑朔迷离、神秘莫测、支离破碎，并且无法描述的信仰。它就像是人们在完成一个超自然的宗教体系创作后，手里所剩的残余，但事实上，这些残余要比那个体系本身更具强大的潜能和影响力。当中国人看到一尊被打得粉碎的如来佛的泥塑像时，他可以无动于衷，甚至得意扬扬，但是，当他要出门远行之前，一定要请教星术方士指定某个黄道吉日，方可实施。他可以肆无忌惮地破口大骂道教体系中的各路神灵，甚至骂到他们的祖宗八辈，但是他们却没有勇气允许邻居在其附近某个地方垒起一个低矮的烟囱。

在中国形形色色的迷信形式中，从某种程度上说有一大类具有地形学的特点。它所涉及的内容与地理位置有着很大的联系，因此中国人将这类迷信观点称为"风水"。值得庆运的是，在英语中我们找不到哪个词汇能代替这一术语。假设英语中真的有这个术语，那么我们也成了迷信者了。从字面意思上说，"风水"即"风和水"，但按我们的理解，其真实的含义或许是这样的：在中国，任何地方都有其独特的神秘力量和影响力，人们习惯于将这种神秘的力量看作是自古以来就存在的。因此，对某一地形地貌或者周围环境做出丝毫的修饰变动，都会对那些神秘的力量产生作用和影响。这种作用和影响有时是良性的，有时是恶性的，但是人们常常认为它是恶性的，并且带来灾难。

这种风水所具备的神秘力量有时可以与某个人非常友好，但同时它又可能对另一个人产生反感。因此，一个人可以在某个具体的地点盖房子、做生意，这些不仅不会受到风水的干涉，而且它还会支持、保护这个人类朋友。这样一来，这个人便会财源广进、万事顺利。可是，在同一个地点，如果有另一个人也盖上了相同的房子、做相同的生意，那么他就可能招致大祸临头。因为这里的风水并没有和他产生友谊。最终,他的儿子会死得不明不白,他的生意会每况愈下。他会收到凶鬼恶魔对他的诅咒,然后遭受灭顶之灾。但是换个角度来说,假如第二个中国人不建造与第一个人相同的房子,或者不改变房子的样式而改变它的用途,那么这个地方的风水之神就会既往不咎,对他不闻不问了。

据说人们可以在某个地点放心大胆地开设肉市,但是,如果人们在这个地方卖干货或五金器具,那么这里的神灵就会闹得人不得安生。再举个例子:如果布朗将自己的母亲葬在某个地方,他的母亲可能在那安息。其魂灵会待在棺材里既不出来打扰别人,自己也不会受他人的干扰。但是,如果另一个人,比如说史密斯也将母亲葬在这个地方,那么这位老太太就可能在那里饱受煎熬,她的鬼魂会整日折磨着史密斯。或者还有另外一种可能,两个人的母亲都在那里安息,但是如果某一天,相邻的琼做了件令其中任何一位老太太愤怒的事,那么她的鬼魂就会从坟墓里跑出来,闹得人心惶惶,整个地方都不安宁。这样一来人们不得不采取某些措施,让她的鬼魂得到慰藉从而回到坟墓里,被打扰的风水也就重新平静下来了。

几年前,几名朝廷的高级官员联名上书,请求皇帝下诏禁止在距皇陵120十里左右的地方开采煤炭和挖掘铁矿。如果在那里开地采矿,则会惊动最近去世的皇后,让她不得安息。同样,也是在几年前,福建总督郑重其事地上书,请求皇帝阻止某些外国人在福州城内的一个山坡上建楼房。他的理由是,据说福州城下潜伏着一条巨龙,整座城市都是建立在这条巨龙身上的。而外国人要建楼的地方,恰巧接近于龙的动脉和静脉。所以,假设楼房真的建起来了,那么其重量将阻碍龙身的血液循环,从而危及城市。

光绪皇帝之前的同治帝死于1875年1月,但是他下葬的时候已经是第二年的10月了。之所以这么晚下葬,是因为在此之前没有找到哪个地方既能安葬他的遗骸,又不破坏风水。为了使风水平衡,清朝特别选定了两处皇家陵园。一处位于北京城东面约100里地远的地方,另一处则位于北京城西相同距离远的地方。当历代皇帝驾崩后,则轮流葬在这两处墓地。因为同治帝的父亲咸丰皇帝葬在东陵,那么按照规定,年幼的同治帝便要葬在西陵。但是,根据朝廷里的风水术士观测占卜的结果来看,无论将同治帝葬在西陵的哪个地方,都会给国家带来巨大的灾难。所以,没有人同意将同治帝葬在西陵,而是要另择他处。由此在长达数月的调查取证之后,朝廷上出现了反反复复很多级别、各个部门的商讨争论,以及对新继位皇帝无数次的质询和答辩。经过这样旷日持久的折腾,九个月后终于决定,同治皇帝坚决不能葬在他理应归宿的西陵。但是通过采取某些带有调和、抚慰色彩的防范措施之后,同治帝被深深地埋葬在东陵了。两害相权取其轻,同治归葬的问题总算是圆满解决了。而在此之前,这件事是整个帝国最引人注目、街头巷尾谈论的热门话题,也是御前会议上无数次讨论的中心议题。这件事前前后后共耗费了高达 250000 元的资金。而花费的这些钱仅仅是为了确定这么一小块放置一个腐化、堕落、毫无作为的年轻人的臭皮囊的地方,让他永远消失在我们的视线中。

同治皇帝,名爱新觉罗·载淳,是清朝第十位皇帝,也是清朝十二帝中最短命的一位,驾崩时年仅 19 岁

与世界上的其他地方一样,在中国,我们也能够看到一些玩世不恭、搬弄是非、趁火打劫的家伙。同时还有一些人喜欢出没于茶坊酒肆和一些公众集聚的地方,在那里大肆散布某事不宜这样、某事不宜那样的言论,并且郑重其事地声称,这些结论都是星术方士、风水先生们经过神秘抽签、集体讨论总结出来的。可笑的是这类人却在选择一块皇家墓地的问题上没有发挥什么作用。当然只要有利可图,他们也会乐此不疲地在某些问题上多多制造困难和麻烦,

使问题旷日持久、悬而不决。因此如果他们痛快地解决一个问题，那简直就是异想天开。所以我们没有理由完全相信这些。如果我们在中华帝国境内对那些装了死人，但还没有入土的棺材做一个统计的话，其数目一定会让我们瞠目结舌。我们发现，这种棺材大多寄存在寺庙里，还有一些则被存放在死者家中的某个偏僻的屋子里或作坊中，还有的则常年停放在露天，当然棺材上一般都会覆盖一些草垫子。在这些久久不下葬的棺材中，有些是因为家人有钱却没有充分的时间安排讲究、铺张的葬礼；有些是由于家人有时间但是没有钱去举办铺张、隆重的葬礼。但是在绝大多数情况下，棺材不下葬的原因是因为风水。在这个国家里，任何一个家庭都有这方面的亲身体验。我们在前一章中说道，由于宗教的原因，死去的人一定要归葬在自己先祖的墓地。当然，在他有生之年也一定要请教几位风水先生有关具体墓址的选择和举办丧事的各种细节。但是，在一般情况下，风水先生总是会指出神灵对这个不高兴，对那个如何反感。因而新的问题出现了，即通过哪种方式、采取什么样的措施，将墓地周围的环境和地形地貌重新整理、改变，从而消弭神灵的不满情绪。通常情况下，这种问题可以很容易地被解决。例如，在墓地四周的某一点栽上一棵树，或者将周围的一丛灌木拔掉，或者把附近的一块石头搬走等。这些举动看上去不仅令人发笑，而且也是毫无意义的。但是许多情况下，神灵们也是顽固得不好打发的。所以死人的归葬问题便被搁置一边，一拖就是几个月，甚至数年。而在这段时期里，如果某个中国人耐不住性子，敢冒风水之大不韪，将死者埋掉，那么这个人真可以称得上是一位有勇气的中国人了。当然我们应该指出，死人的延期入葬并不会对活着的人的健康有什么危害。因为当死人入殓后，棺材则被封得密密实实，与外界完全隔绝。

毋容置疑，在中国这个庞大的星术方士、风水先生阶层中，也存在一些贪得无厌、巧取豪夺、游手好闲的人。在这片土地上，不仅有以行医为幌子的江湖骗子，还有声名狼藉、徒手游说的骗子，但是这些都是例外，并不是普遍现象。虽然风水属于一种幻想或错觉，但是它却可以支配整个中华民族，使他们服服帖帖。那些精于此道、以此为生，并形成了一个庞大而又特殊的阶层的星术方士、风水先生们,和那些请他们阐释、解决自己解不开的疙瘩的人们一样,都属于风水迷信的殉葬品。这里我们再说一说有关同治皇帝归葬的问题。前面我们说过,同治皇帝理应葬在西陵,但是因为风水的原因最终下葬在东陵。虽然当时朝廷中许多颇有才干的官员对此事忧心重重,疑窦丛生,但是没有一个人有勇气站出来就此事进一言、发一语。而在随后的几年里,饥馑连绵、洪水泛滥,以及其他天灾人祸不断发生时,大臣中便有人大胆地向皇帝上书,提出那些灾祸都是因为冒犯和破坏了风水所招致的,是上天对同治皇帝不正确的归葬所降下的惩罚。

如果我们将风水这种可以称作"地理迷信"的东西对这个民族的心态所产生的各种影响写出来,那必将是一本厚厚的大书。对于风水,中国的法律承认它具有合法性。比如,如果甲能够在法官面前自圆其说地声称乙因为做了某件事而破坏了他家的风水,或者使他的生意受损,那么甲就有权利到衙门控告乙,并且可以向对方要求赔偿费。即使俯瞰甲的房子的一截烟囱或一扇窗户,都能成为甲控告乙的合法且有效的理由,而且这种案子立即会被受理。在中国,这种诉讼案件的比重是很大的。举个例子来说,几年前,清朝的一位户部尚书,同时也是个较有名气的诗人,就断然拒绝一位著名的美国人在他房子附近垒任何烟囱。因为这样会破坏尚书家的风水。这位美国人是尚书的邻居,也在朝廷里效劳。平日里,他们的关系还是不错的。但是尚书仍然不允许他垒烟囱。于是那位可怜的美国人在寒冷的冬季因为房子里的暖气供应不足,而不得不抱着木炭火盆取暖,身上时刻都穿着厚厚的棉衣。后来,北京要建一座与供暖设施相配套的高烟囱,还是因为破坏风水,而使周围三四里地的大部分居民都搬迁到其他地方去了。而没有迁走的人则迫使烟囱降低原来的设计高度,从而使供暖设施只发挥了一半的效能。在中国,教堂的塔楼和其高高的尖顶即便没有给建造者带来某些麻烦或危险,它们也一定不会被人们当作吉祥之物。因为在中国人眼中,那些建筑物明显地破坏了当地的风水,真是后患无穷啊。人们相信风水必然会以某种超自然的神力报复那些破坏它的人。

对于风水给接受它的人带来的一些影响,我们无法做出精确的估量和全面的认识。但是,我们还可以看到一些显而易见的影响。例如,有时风水使人处处窒碍,动辄得咎。但这仅仅只是其某些方面的影响;另外,它不仅可以使人变成彪悍狂热的信徒,还能把人变成畏首畏尾的懦夫。再也没有什么东西能够如同胆怯懦弱更让人痛苦和绝望了。它就像人们面对的一种无形的、无法捉摸的却又在冥冥中进行着的危险,使人无法对付,同时又摆脱不掉。我们很容易想象,这种盘根错节、富于变化的迷信体制必然会阻止一个正常社会生活秩序的建立、进步和发展。它会把所有的事物搞得一塌糊涂,最终停滞不前。但是,中国人具备卓越的适应能力,当他们面对困难和麻烦时,则会表现出非凡的韧性和耐力。他们能够圆滑地避开困难,但是当他们实在躲不过去的时候,他们则大方地做出一些让步和妥协,这一点每个中国人都做得很好。当然,中国人具有冷静的头脑、善良的秉性和务实的眼光。如果没有这些特点,那么在这个庞大的迷信帝国中,人们也许早就变成了失去理智、神经错乱的疯子了。

在慰藉、安抚神灵方面,中国人有大量形形色色、各种各样的方法。这些方法能够促使神灵发挥出对人类有利的作用,从而让人们逢凶化吉、万事顺利。那些所谓的预言、占卜者只不过是一些能掐会算、预知凶险的算命先生。他们不仅可以预知某件事情的吉凶情况,而且还能够事先给人们提供逢凶化吉的灵丹妙方。当你走在中国城市的街道上时,你常常会发现,街道对面的墙上嵌着一块方方正正的大石头,上面一般刻有四个字:"泰山灵石"或"南岳神石"。这一点很容易理解。中国著名的神山圣地就包括东岳泰山和南岳衡山。因此,人们没有什么成本地从这些山上采集石头,然后把它们切割成正方形。刻完字后,再把它们镶嵌到墙里,这样一来,它们就具备了镇妖压邪的力量,从而造福一方。通常情况下,这种石头都被砌在位于某条街道尽头的建筑物的墙面上。这种做法的理论依据是,当走在这些街道上的凶神恶煞们看到石头及其上面的字时,便会马上来个九十度左转弯或右转弯,继续前行。但是如果没有这些神奇的石头,那么凶神恶煞则会轻松地穿墙而过,兴风作浪,给居民带来灾难。还有一种可以获得好运、发财致富的方法,既方便又花不了很多钱。这就是在一张红纸上写下祝福的话语,例如"祝愿对面的人得福"("出门见喜"),或者是"祝愿对面的人发财"("出门发财"),然后将这张红纸贴在主人家门上或办公处对面的墙壁上。纸上清楚的内容正是张贴人求福避祸的真实想法。

为了永远镇住那些妖风邪气,中国各个地区的人还建造了很多宝塔,这也成为全国各地区的一种特殊标志。中国人深信,奇数可以带来幸运与吉祥,所以他们所建宝塔的层数无一例外都是单数。如图所示,玉泉山上的宝塔便是如此,同时,因为它的壮观优美,堪称为中国众塔中的佼佼者。这座宝塔就建造在北京西郊,大约 8 英里处的颐和园内的山巅之上。

为了达到彻底的趋吉避凶,人们在建造宝塔的同时还在一些特定的地点建造小神龛。在中国城市的许多屋顶上,都有这类的建筑物。这些神龛的体积很小,甚至与麻雀窝一样大。实际上,这个小神龛的作用就是保护风水不受冲击和干扰。另外,人们还按照朝廷的旨意,在一些河岸边建造一些比"麻雀窝"要精致、做作和高级的建筑物,这是用来慰藉当地的神灵——水龙。因为人们认为,如果冷落了"水龙",那么它就会一怒之下,翻江倒海,把河堤冲毁,让平地变成汪洋。

在中国,除了所谓的风水迷信,还有无数种形形色色的超自然的神力威慑着中国人,使人们心惊胆战,唯命是从。比如,中国人认为一年之中有许多黄道吉日和不祥时辰。如果某人欲购买一块田地,那么他必然会在一个他认为是吉祥的日子里完成那笔交易;如果某人要乔迁新居,那么他会为了全家的平安而选定一个黄道吉日搬家;商人若要在新的地方发展生意,他开业那天一定是个好日子;如果是新官上任,那么他也一定会在一个黄道吉日接受官印;举行婚礼或葬礼的日期也无外乎是大家认定的吉祥日子。那么人们在为某件要办的事情选定一个好日子时,都要请教算命先生为自己掐算。当虔诚的人给出一些数字和日期后,算命先生便以此为根据,念念有词地说上几句。经过一番魔术般的程序后,算命先生就宣布出了一个黄道吉日。在决定一个人与另一个人是否能结成连理时,算命先生则发挥了必不可少的作用。他的手里会拿着两张纸条,上面分别写着两个欲婚配的人的姓名,以及他们的生辰八字。仅仅根据这些因素,算命先生就可以推算出这两个人是否是天生一对。如果算命先生的结论是否定的,那么这两个人的爱情就会立即化为泡影,随风而逝。因为他们知道算命先生的结论就是圣旨,就是天意,不容一丝怀疑和争辩,也没有商量的余地。因此,任何一位中国人都不会违背天意而行。同时,由于这两个人并没有许下什么山盟海誓,所以取消婚约也是易如反掌的事情,没有丝毫的柔肠寸断和难舍难分。

还有一种迷信叫泥土占卜。由于篇幅有限,在这里我们就不做详细论述了,实际上也没有必要对它进行详细论述。但是顺便说一下,一个多世纪前,欧洲也盛行着一种能够解释和预测人的天数命运的占卜活动。它与中国人的泥土占卜十分相似,就这一点甚至可以同归一族。但是亚洲人与欧洲人之间并没有因袭对方。也许亚洲人的泥土占卜与欧洲人的天数预测同出一源,抑或是两者的出奇相似体现了天下一致而百虑、同归而殊途的特点。

当中国人遭受天灾人祸、落魄失意的时候便依赖于迷信使自己解脱,由此也就创造发明了他们独特的迷信思想观念。据说,名义上的基督徒的宗教感情意识也同样是在这一境况下衍化发展的。举个例子来说,现在,北京城外几英里处至今还保存着蒙古人当时建筑的一堵古老的城墙,城墙的下面有一个早已荒弃的狐狸洞。每到干旱时期,男女老幼成千上万地涌向那个狐狸洞,在那里焚香祷告,祈求

清代街边的算命摊位。中国古代以算卦来占卜吉凶,算命成为民间预测未知命运的一种迷信形式

狐仙早日降下甘霖。事实上，这些人祷告的只是一个空空如也的洞，里面连狐狸的影子都看不到。毫无疑问，早前住在这个洞里的狐狸的祖宗们一定是误解了那些虔诚、善良的参拜祈祷者的本意——它们或许认为那些参拜祈祷者到那里来的目的是为了血水、生命，而不是什么雨水。所以，在不知几代之前，老狐狸们就已经逃之夭夭了。

上面这个故事大概会被一些旅行家看作是关于狐仙鬼怪的传说，或者是被一些人认为是荒诞不经的痴人说梦，然而它的确是不争的事实。每当干旱缺雨时期，即使朝廷也会做出十分荒谬可笑的事情。因此，平民百姓大量涌向狐狸洞口，祷告求雨的举动也就没什么奇怪的了。当旱灾到来时，皇帝的第一个措施就是降旨禁止宰牛。对于这种做法，至今我都没有找到合理的解释。或许它与下面的事实有一些联系，就是在天坛的祭坛求雨时，小牛是首选的祭品，从而使牛带上了一丝神圣的色彩。但是如果这个措施实施后还没有降水，那么皇帝就会亲自走上天坛的祭坛，在那里，皇帝不仅代表他自己还代表着整个国家，向苍天献祭并祈求降雨。若及时雨仍然未降，那么皇帝会反反复复地进行这种祭祀活动。最终，如果皇帝的这番举动、努力均不发挥作用的话，那么他不得不采取一些极端的措施：在北京西南几百里的地方有一座寺庙，几百年前，在它的院子里的一口井中，有人发现了一块铁，相传这块铁是从天上掉下来的。从此，这块铁便成为了神圣的带有灵性的宝贝被供奉在寺庙里。皇帝多次求雨失败后，便派皇子率领一班人马大张旗鼓地来到这座寺庙，从僧人手里接过那块锈迹斑斑的铁，带回京城。然后在京城的某座寺庙里举行一场盛大庄重的交接仪式，于是这块神奇的铁块便暂时存放在那里。皇帝事先会选定一个黄道吉日，当那一天到来的时候，他便会亲自到那座寺庙里，郑重其事地屈膝跪伏在那块冷冰的铁面前，祈求它大显神威，速速降雨，以解百姓之苦。

在皇帝看来，那些使他充满敬畏且不得不皈依的围绕在中国人周围的神灵，其实常常并不是由他主持塑造成形，然后供奉到寺庙里的。但他的确偶尔也会发现一些天然形成的神奇怪异的东西。在这种情况下，皇帝会立刻跑去对它进行隆重的祭祀、抚慰，祈求它降福人间。下面就有一个这样的例子。山西省中部偏南的地方有一个灵石县，县城里有一座灵石庙。这座庙的面积不大，但却保存得十分完好，而且环境优美。庙里有几个僧人，个个面色红润、身体健康。很明显，这些人不是穷和尚，并且衣食条件都很好。我在1874年有幸参观了灵石庙，当时我在那里看到了那块神奇的"灵石"。它在那里被几代人顶礼膜拜——这块石头不仅拥有一座专门为自己修建的神庙和几个为自己服务的忠实仆人，而且朝廷还特意以它的名字命名了一座县城以及周边地区。这块石头是深黑色的，直径约有4~5英尺，它的外部轮廓并不规则，近似于一个球形。经过几个世纪的人的抚摸亲吻，其通体已经变得十分光滑、亮泽。关于这块石头的异常神奇之处和与人为善的特征，一位接待我的僧人曾详细地向我讲述过。他的话似乎真的使我相信，眼前的这块石头是一切善行的源泉。它既是一颗包治百病的灵丹妙药，又是一个慰藉所有痛苦、忧伤的温馨港湾。在石头旁边，还有一把锤子，假如谁要是怀疑石头的神力，那么他可以拿起锤子敲一下石头。最终，我坦诚地向在那位僧人吐露了自己对这块石头所具有神力的怀疑，于是他信心十足地将锤子递给我，请我敲打一下，看看这块神奇的石头会有什么反应。当我接过锤子，猛击过去时，真的听到了一阵如同铃铛发出的清脆悦耳的声音。这位僧人很得意，自认为是胜利了。但是通过这一击以及这种回应使我更加相信自己的判断，这块被他们当神灵般供奉的石头即使不是陨石，也一定是当地盛产的一种品质优良的铁矿石标本。

在中国，即使是一棵枯藤老树，也常常被人们认为是某种神秘力量的化身。在这类树木的前面，人们通常会设一个祭坛，而且将当地人敬献的各种供物挂在树身和树枝上。这些供物大多是一块块写在木条上的对某棵树所具备的奇异力量的赞扬之词，或者是一些希望得到它的赐福的人的奉承内容。1874年，当我进行一次长途游历时，就看到过很多类似这样好的事情。距离山西省省会约5英里的一块麦田边，有一颗满身疤瘤、饱经沧桑的老刺槐，它的树龄一看就有几百年了。可是，当地人却坚信这棵树的历史可以上溯到尧舜时期，换句话说，它已经存活了四千多年的时间。人们虔诚、严肃地传颂着这棵老树的各种神奇之处，渐渐地，它成为了远近闻名的神树。这种知名度不仅仅因为它的神秘性，而且还因为它是大清帝国中最古老、最引人注目的一棵树。曾几何时，人们世世代代对它顶礼膜拜。那次，当我有幸亲眼目睹它的风采时，我看到它的身上已经缀满了大大小小、横七竖八的匾。匾上写的有"感谢赐福"、"感谢妙手回春"，或者"有求必应"之类的话。据说，这棵树最能治疗各种眼疾。远远看去，我发现这棵古树就像一个衣衫褴褛的乞丐，除了匾，它的身上还挂满了布条。人们特意在一块布条上画上了两只眼睛。这一景观是那些听闻此树的神奇力量，远道而来的朝圣者独家炮制的。因为他们相信自己的视力在朝拜后一定会大为改观。他们将一块布条的一端固定在树上，另一端则在风中摇曳，呼啦作响。

在中国，还存在许多其他既荒诞古怪又颇有趣味、花样繁多的迷信活动，它们甚至渗透到了所有普通人的一切事情上。与上面提到的那些迷信活动相比，这些已经是小巫见大巫了。举个例子来说，任何女性，无论在什么情况下，都不能靠近正在打的水井边。在打井人铲起第一锹土之前，他们就在其周围挂起一面小红旗，用它来告诫所有的女性，远离这个地方。虽然我绞尽脑汁地想其中的原因，但是我还是不理解他们这样做有什么道理。再比如，在中国，你如果要赴宴，无论宴席多么隆重、盛大、费时费力，自始至终中国人都不允许将桌子上任何人的盘子换掉。我曾加过这样的一个宴会，当时共上了78道菜，整个宴会约耗时12个小时，其间没有一个人的盘子被更换过。还有一次，我在北京一家当时最高档的饭馆做客。做东的不仅是朝廷上的高级官员，而且也是我最亲密的朋友。席间他对我说："我们彼此曾多次被对方邀请，因此非常了解各自的风俗习惯。我曾观察了一下，在外国人包括您所举办的宴会上，每上完一道菜，客人面前的盘子都要被撤下去，然后换上一个整洁干净的。当然，我想您也一定发现我们中国的宴席上从来没有撤换盘子的习惯。那么您知道其中的原因吗？"以前，我常常认为这是中国人缺乏卫生意识，但是出于礼貌，我并没有这样说，只是回答说不知道。这位中国朋友好像明白了我的心思，继续说道："或许您将这件事看成是不讲卫生,但实际上并非如此。因为我们这里流传着一个特别古老的迷信,它表现为'换餐具死媳妇'。"这种说法应用到宴席上,中国人则认为把盘子换了,媳妇的命也就保不住了。以上仅仅是中国人不胜枚举的迷信中的几个小事例罢了。

在为中国各种盛行的迷信做出概括和描述时,假如我们将其黑暗、愚昧的部分省略掉,那真是太不公正和欠准确了。也就是说,我们应该大胆地将这些迷信所导致的野蛮残酷和失去人性的种种行为揭发出来。在前面的章节中,我们就中国人所表现出来的对家庭成员的慈爱关系进行了论述。而这种关系已经达到了一定程度,已经被普遍推广到即使是有一点血缘关系的所有人之间。另一方面,中国人的这种家族血缘之爱好像走到了一种极端,他们引以为荣。所以,他们在辱骂自己的敌人时,最常用的尖刻恶毒的话语就是指责他们缺乏这种血缘宗族的爱。但是,只要有一丝的可能性,他们都不会让一位亲属在床上长时间安详地闭上眼睛,无论他是至亲还是远房。在中国,当一位病人奄奄一息,行将离去时,人们有一个习惯性的做法,那就是将他从床上转移到地上的一块木板上。所以,只要病人表现出一丝临终时的迹象,其他人便万般小心地完成这个转移活动,但这是一个非同异常的时刻,通常人们都是手忙脚乱、仓促行事的。最终,不是加速了病人的死亡,就是使他更加痛苦。这种结果便是迷信导致的。中国人深信,假如一个人死在了床上,那么这张床就永远被他的鬼魂所占据了,因而这张床甚至整个屋子都不能再供活人居住了。若来不及将病人转移到木板上他就死去了,那么事后一定要把他生前躺过的那张床烧掉,然后将屋子重新粉刷一遍才能住人。

从我们认识中国人的那一天起,他们好像就背负了杀害婴儿、虐害儿童的罪名。所有长期在中国居住,并拥有正常思维的外国人都会清楚地认为,中国的弃婴现象实在是太普遍了。但是,一些对这个问题颇有研究的权威人士却非常严肃地否认了这种现象的存在。S•威尔斯•威廉博士是当今一位治学严谨、资格颇深的权威学者,他在谈到这个问题时,列举了中国南方的弃婴事实。他说:"针对广东省进行的调查研究表明,在这一地区,基本看不到被遗弃的婴儿,并且公众舆论也丝毫不赞成或支持这种做法,虽然法律上就这种现象提出一些相应的惩罚措施。"根据上面所说的这种情况,其中并没有提到或证明中国的北方地区没有弃婴现象。

招魂——人刚断气时要迅速把游离的灵魂招回

可是,只要住在中国的外国人注意观察,我想他不久就会发现一个令他毛骨悚然的事实。首先他会在街道上看见许多正在玩耍嬉闹的不同年龄的儿童,然后通过中国人的生活方式,及其为数不多、技术不高的医生的状况,他会感受到中国儿童的死亡率远高于西方任何一个城市的儿童的死亡率。从而问题出现了:在中国,他从来没有看到过为儿童举行的葬礼。也许他对这个问题百思不得其解,或许他还会向当地的朋友请教,可是他得不到令人满意的回答,因为中国人认为,探讨这种话题不仅是不礼貌的,而且还会给人带来霉运、晦气。于是,某天清晨,当他走在大街上时,他得到了令他恐惧的答案。他看到了一辆运尸车,上面装满了儿童的尸体,两头老牛正拉着这辆车穿过街道。大车前面竖着的一个令人害怕的,也表明其使命和身份的幌子。一次,我竟然在一辆这样的车里发现了将近100名儿童的尸体,他们像垃圾一样被人们扔进车厢,而且大部分尸体都是赤身裸体,有几个还是用麦秸包裹着的,偶尔会有一两个尸体是装在薄薄的棺材里的。每天晚上,运尸车都会穿梭于大街小巷,将那些可怜的小尸体捡拾起来。其中一些不是被狗啃得断肢残臂,就是面目全非、血肉模糊。这些小尸体就像木头一样被扔进车里,然后运到城外,丢弃在一个大土坑里,最后只是在上面盖上一层生石灰和泥土。毋庸置疑,用虐害婴孩的理论来解释这种无法用语言形容的丑恶习俗实在是再恰当不过了。

但是,对于中国北方地区来说,那些不幸儿并不完全是有意被虐害的牺牲品,而是至今为止,人类所发现的最残忍、最令人发指的迷信的殉葬者。在中国,如果孩子生病了,他的父母则会倾其所有、尽其所能地四处寻医问药救治自己的孩子,这一点同西方人的做法一样。但是,当一切处方手段都宣告无效,孩子面临死亡时,其父母则会立刻转变观念,将这个可怜的孩子的衣服统统剥去,然后把他放到院子里的泥地或砖地上。孩子就这样躺在那里,其父母只是静静地观察最终结果。如果孩子通过了这种非人的考验,那么就证明他是父母亲生的骨肉——实际上,在这种情况下活下来的孩子没有几个;如果孩子不幸死掉了,那么他则不是其父母的孩子,而是被人看作是一个变化成人形的妖魔鬼怪,之所以降临到这个家里只是兴风作浪,给家人带来灾难。由于这样原因,越来越多的孩子被抛弃到大街上,任凭前面提到的运尸车拉走。死去的孩子没有一个人会被自己的父母埋葬家祖的墓地里。如果那样做的话,就预示着这个孩子得到了其父母的承认。但是,对于一个有些头脑的中国人来说,他怎么会接受一个妖魔鬼怪成为自己家族的一员呢?这不仅体现了中国人的理论特征,也是他们喋喋不休的根据。那辆运尸车以及车上满载的"货物",正是这一理论所导致的令人惊恐的结局。很明显,那种将孩子扔到地上接受考验的治疗方法夺去了无数孩子的生命,但是,如果将这些可怜的孩子安置在另外一处较好的环境下,可能还会转危为安,重获新生。所以,在很大程度上,我们可以用一种叫故意虐害儿童的罪行来论处因为这种迷信而导致的恶果。

上面提到的这个理论通行于中国社会的每个阶层。朝廷中的军事长官九门提督是一位有勇有谋的人物。有一次他向皇帝告假,说要暂时休假几天,然后得到了恩准。在他复任前的一天下午,他来拜访我。我吃惊地看着他那面黄肌瘦的憔悴样子,急切地问他是否身体有些不适。他是这样回答我的:"不,我自己没有什么病,但是我遇到了极大的不幸。我结婚很多年了,虽然有几个孝顺的女儿,但是您知道我们中国人是多么渴望有一个儿子啊！我想您也能记得三年前,我有了一个儿子时是多么的快乐、自豪。但是,就在两个月前的一天,我的宝贝儿子突然病了。我赶紧把当地的名医都请到家里给他看病,可是病情仍不见好转,而且情况越来越糟,最后,大约两周之前,我做出了一个孤注一掷的尝试,破例请来了一名外国医生。您可以想象,当时的我是多么渴望这位外国医生能够挽救我孩子的性命啊。但是他看过之后,只是摇了摇头,表示爱莫能助。就在上周的某一天晚上,我不得不狠心地将儿子的尸体扔到了大门外。"

就我个人所经历的而言,有一件事使我感触颇深。中国一所教堂的守门人的孙子生病了,这个守门人便将这件事告诉给了一位年轻的外国教士的夫人。后来,在一个星期日的早上,这位妇人比往日提早来到教堂,就是为了在礼拜仪式前看望一下那个守门人的孙子。可是,她发现守门人家里的门虽然没锁,可开不开,门里好像有什么东西挡着,但是她还是使出全身的力量把门推开了。进门一看,一个一丝不挂的小孩正躺在地上——仍然挡着门。这个孩子正是她要看望的。当时,这个生病的孩子的父母、祖父、祖母都远远地、呆呆地坐在屋子的另一端。他们虽然满心悲痛,可是没有一个人愿意为这个奄奄一息的孩子做些什么。当时已经是十一月下旬了,刺骨的寒风正从那纸糊的窗户缝里一阵一阵地吹进来,而且屋子里没有生火。看到这种情形,年轻的妇人不禁惊叫一声,立刻将自己身上的披肩扯了下来,裹在了那个可怜的孩子身上,然后试图让那个浑身冰冷、几乎断气了的孩子暖和过来。她让孩子的父亲取来一盆热水,然后把火生上,忙活了一阵,那个孩子真的醒过来了,而且好像有了一丝生气。紧接着,那位妇人还嘱咐孩子的家长,千万要把这个孩子好好地包裹在披肩里,并且不要让他远离火炉边。当那位妇人将一切都安排好,确保孩子没有生命危险之后,才离开屋子走进教堂。但是,一个小时过后,她又一次来到守门人的家。当她试图把门推开时,情况同上次一样,她感觉门里面似乎有什么东西挡着——很可惜,这次她来晚了,那个可怜的孩子已经夭折了。原来,当那位妇人离开守门人的家,向教堂走去的时候,孩子身上的披肩就被人剥掉扔在了地上,然后将他继续放在地上,以考验他是父母的亲生骨肉,还是一个魔鬼。最终,妇人抱着孩子的尸体,努力地劝说其父母,甚至逼迫他们把孩子葬到他们家族的墓地里,可是他们仅同意将孩子装殓进一口薄棺材里,然后在黄昏时分运出城,随便埋在什么地方。

据我了解,那个孩子是家里的独生子,而且他的父母和祖父母都是虔诚的基督徒,多年来一直谨小慎微地遵奉基督教的箴言和戒律。但是就他们在对待自己孩子的这件事上,他们根本不配做基督徒。通过以上种种事例,我只想说明,中国人的心已经被这种可怕的迷信紧紧地钳制住了。

辫子中的笑声泪影

东、西方人种最显著的外表差异就是头发。东方人的发质大多是粗壮、乌黑的，而且较直；西方人则普遍拥有一头柔软、光滑、略有些卷曲且色彩斑斓的头发。当然，在欧美一些地区，有些人的头发也长得像乌鸦毛一样黑，但是这毕竟占少数。在我居住东方的很多年里，我真的从未见过哪个纯粹的中国人，或者日本人、朝鲜人、蒙古人、马来西亚人，抑或是印度人的头发除了黑色，还有其他什么颜色的。当然，那些饱经沧桑岁月使人两鬓斑白的不属于讨论范围。还有一种情况也应另当别论，那就是患有白化病的人。通常患此病者的眼睛是粉红色的，而头发就是雪白的。

除了头发，东、西方人种之间另一个显著的差别就是他们面部毛发的生长情况。对于一个东方人来说，无论他怎样细心培育、精心梳理和护养，仍然长不出茂盛的胡须。我们在中国或者东方的其他国家里，偶尔能够见到几个下巴或上唇上长着为数不多的胡须的人。通常见到的都是一些光秃秃、一毛不生的人；而有时还会看到一些两颊或下巴上长有一两颗黑痣的人，这些黑痣上面都会钻出三四根长长的粗毛。拥有这样几根毛发的人会引以为豪，而且这种人的身上总会带一把特制的、专门梳理这几根毛发的小梳子。没事时拿出来梳梳，以保持整洁。于是，那几根毛发得到了无微不至、小心翼翼的照顾。正因为它们的稀少，才显得特别珍贵：因为它是男子汉的象征。

外国人的胡须则属于一种美的标志。东方的中国兄弟们不免对此有些嫉妒和欣羡。但是他们不欣赏西方人头发的颜色，而且坚信自己的那头光滑润泽、笔直的辫子比西方人那短短的、杂草般的头发美丽得多。中国人会众口一词地说西方人的鼻子又大又难看，而且西方人苍白的面容也不怎么好看。另外，中国人

107

也看不惯西方人的蓝色眼睛，以及他们有棱角的脸庞和眼睛深陷在眼眶中的角度。中国人甚至很不友善地将西方人的耳朵同他们国家的驴的耳朵同日而语。但是，一旦谈起有关胡须的问题，中国人则显得有些羞愧，甘拜下风了。在这一点上，中国人认为西方人的确是受到了上帝的垂青。

多数中国人认为，在西方，长胡须已经不再是男人的专利了，女人也同样拥有这种权利。1874年秋季，我深入中国内地，进行了长达几个月的游历。我所经过的地区是其他外国人没有到过的地方。当时还有两个男性美国朋友与我同行。其中一位名叫托马斯，他是一个身材短小且单薄的人，但是单从男子汉的特征来看，他却是完美的：他有一双充满男子汉魅力、炯炯有神、洞察一切的眼睛，胸前飘洒着一片浓密的大胡子。令我们感到吃惊的是，这位朋友竟然成为了那些极其讨厌的中国人的误解和谈论的对象，因为在我们的旅途中，每到之处，当地人都把他当作是一个女性，而且还是我的夫人。在我看来，这种荒诞的错误是无法解释的。虽然托马斯矮小、瘦弱了些，但是除此之外我真不知道他身上还有什么地方与女性相似。我们来到一个大约有10万人口的城市时，几乎被全城的人围观，他们用异样的眼光看着我们这些异域来客。当我们走在街道上时，我还听到了两位看上去还算朴实的居民的谈话。阿山指着站在我身边的同伴说："那一定是个女人。""怎么可能？"另一位立刻反驳道，"你没看见他的大胡子吗？""哼！"阿山不屑地说，"说你是少见多怪吧。在他们那种国家里，女人和男人一样都长着很长的胡子。"听到这话，无奈的托马斯不禁发出了一声长长的惊叹。面对自己身边这位博学的人，他真是佩服得五体投地。

如果说胡须是西方人的显著特征，那么中国人的著名特点就是蓄长辫子，而且它还是中国男人成年的标志。中国的小孩从摇篮时期到童年时期，头上不是被剃得光溜溜的，像个弹珠，就是在这里或那里留下圆圆的一圈头发，看上去就像打了一块补丁。那一小撮头发便像杂草一样自由地在那里生长。当这撮头发长长了，大人们就把它扎成一根一根的小辫。这样一来，好像头部的血液供应得特别充足一样，因为供应过剩而生根发芽，长出了五六根羊角小辫子。

当孩子长到了 13、14 岁时，大人们才将他的小辫子剪掉，郑重其事地给他扎起标志其已经成年了的长辫子。

虽然中国成年男子的标志是长辫子，但是它并不是中国人发明的，而是源自异族的舶来品。与清朝帝国的其他风尚相比，它是基本上接近于近代的革新创造。鞑靼人或蒙古人首创了辫子。大约在 300 年前，作为异族的清朝统治者，才将它渐渐推广到中国。在这里，我们不妨提一句，蓄辫子或许是汉族人从满族人那里接受到的

清代男子剃发的场景。清朝统一中国后，凭借政权的力量，使满族"剃发留辫"的风俗变成满汉民族共同的风气

唯一一件新生事物。因为清朝之前，中国人同西方人一样，根本不蓄辫子。当清朝的建立者登上皇位一统天下时，他便颁布了一道谕旨，下令所有忠臣良民都要把自己前额的头发剃光，保留后面的头发，并把它扎成一条长辫子。这道谕旨立即在全国引起了轰动，其中还包括一些反对意见。因为汉族人认为，把辫子扎起来就意味着身份和地位的堕落与丧失，而且还是一种向异族的暴君屈服投降的标志。因此，很多地区相继发生了骚乱和暴动，一时间形势变得十分危急，人心惶惶，不知何时停止。好像只有经过一场持久的、盛大的血腥屠杀，才能使蓄辫子这种新风尚推广开来。

但是，清朝的那位统治者却不慌不忙地用自己的精明和机智，将这件棘手的问题成功地处理掉了。由此，他也赢得了中国上下几千年来独一无二的最英明的帝王称号。面对当时的混乱情况，他并没有威逼利诱，也没有采取什么高压

109

政策,他只是镇定自若地将人们的反抗置之度外,而继续颁布了一道法令。这道法令规定,任何罪犯都不准蓄辫子,并且命令各地官员马上将全部罪犯的辫子剪下来,而且还禁止罪犯剃头发。通过这种方式,皇帝希望百姓明白,把前额剃光蓄起辫子事实上是受尊重的标志。因此,这位皇帝的臣民们便趋之若鹜地接受了这种新潮的发型。此时接受的心情和当初坚决反对的程度是一样的,坚定不移地接受了它。另外,这位满族皇帝进一步发挥自己皇帝的特权,通过中国人古老而强烈的伦理孝道思想,规定他的子民,如果某个人的父亲或母亲去世了,那么他必须将头发蓄起来,而且要把头发披散在脑后不能梳理,以此作为一种服丧尽孝的标志。因此,一个正在服丧的孝顺儿子将在 100 天之内不得整理他的头发,即使看上去他蓬头垢面、邋邋醒龊。

到了今天,中国人已经将自己的辫子与迷信扯上关系了。每天,中国的成年男子都会无微不至地梳理、打扮它。有时会在上面添加一些马鬃或丝线,以便使它看上去更粗壮、修长;有时人们还喜欢把它盘在头上,然后再戴上一顶干净的帽子,从而使它一尘不染。渐渐地,辫子被大众看作是一个人的尊严与荣誉的标志。中国的儿童渴望自己能够早日得到它,这一点就像美国的孩子希望自己能够早日穿上带兜的裤子一样。如果自己的辫子被别人扯了一下,那便是奇耻大辱;如果把别人的辫子剪掉就是犯上作乱,会受到法律的制裁。

东方人对自己的衣着打扮和一

留长辫的清代男子侧像。清代男性留辫子的现象一直是西方人极为感兴趣的话题

言一行都是十分讲究的。中国人在对待辫子方面的礼仪规范上也同样严格和挑剔。如果谁的辫子没绑紧,那么他必然会被人们视为一个粗野的无赖。所以,任何人的辫子都要绑得整洁紧凑,并且在辫子的末端扎上一条黑色丝带。但是,如果某人正在服丧,那么他必须扎一条白色的——因为在中国,白色多用于哀悼服丧等时期;如果某人正走在尘土飞扬的道路上,那么他就会立刻把辫子盘绕起来,担心落上灰尘。但是,如果路上正巧碰上朋友或熟人,那么他必须在认出对方并且向对方打招呼前,把辫子放下来,让它笔直地垂到背后,以此表示自己并非是一个无赖。像这样的风俗还有,比如说,任何仆人无论在什么样的情况下,都不能在盘起辫子的时候出现在其男主人或女主人面前。因为,如果仆人那样做了,他就像是一个只穿了半截衣服外出的人,这是一种严重的不尊敬他人的行为。

既然中国人将他们的辫子当作国粹来看待,并且又有浓厚的迷信思想保护着,那么我们不难相信,每年,当一些地区爆发所谓的"剪辫子"风波时,人们为什么会群情骚动和人心惶惶了。一般情况下,谁都不知道"剪辫子"是从什么时候开始的,也不知道这里面的原因,以及它最终是如何收场的。这种风波总是无声无息地来,又无声无息地去,就像美国西部草原上的旋风,让人摸不清头脑。但是,事实表明,这种风波大多是由一些心怀鬼胎却有教养的中国人,为了发泄他们对外国人的憎恨而在一边煽动的。在这种情况下,那些中国人当然会精心策划,将怀疑的矛头指向外国人,并且诬陷他们是这种风波的发起者。最近几年里,由于中国人的这种荒唐的诬陷,不禁使那些安分守己的外国人屡次感到害怕,他们感觉自己如履薄水,深处危险之中。

在这种"剪辫子"的风波中,无论哪个阶层,无论贤愚,无论男女老幼,人们都因为兴奋或恐惧而失去了往日的理智。在这个时期里,社会上会出现大量各种各样的、神乎其神的谣言和传说,而且没有人对此产生过怀疑。下面我要列举出一些我亲耳听到的事情。第一件事是,传说有一个中国人,当他走在大街上时,突然发现自己的辫子掉了,转眼间就消失得无影无踪,而且当时他的身边一个人都没有；第二件事，传说，当一个中国人正抬起手要把自己的辫子绾起来的时候，发现头上的辫子已经不存在了；第三件事，传说一个中国人突然感觉自己后脑勺有一阵冷气，然后他发现，自己的辫子竟然和头分家了；第四件事，传说一个人在大街上无缘无故地跟着另一个人走了；第五件事，传说一个中国人看了一眼外国小孩，而当那个孩子死死地瞪着这位中国人时，中国人立刻发现自己的辫子不见了，只闻到一股头发被烧焦的味道。

上面这几件事就是在人心惶惶、群情骚动时期，社会上普遍流传的一些典型的怪人怪事。虽然它们奇怪并且不可理喻，但是中国人却对此坚信不疑。那时，如果有人想同某个中国人就此怪事争论一番，试图用正常人的理智去解释那些谣传的话，那必然是徒劳无功的。例如，你想向中国人解释，在这个世界上只有人才能够用手拿起剪刀或者其他锋利的工具将辫子剪下来或者割掉，我敢说没有一个人会相信你的这种说法。但是毋容置疑的是，中国人对鬼神和奇方异术倒是非常迷信的。通过上面的这些事例我们可以看出，在很大程度上，正是这种迷信使他们对奇异的"剪辫子"事件深信不疑。的确，在那种时期里，人们几乎丧失了理智，甚至达到了发狂的状态，聪明的外国人是不会在这种情况下与任何中国人进行争论的，哪怕是自己最熟悉的朋友或者仆人也不能这样做。此时我们最需要做的就是沉默，沉默是金，说话是银，闭紧嘴巴才是上上策。因为谁都不敢保证，在这种时候如果就此问题说错了某句话，是否会受到怀疑，或者惹来杀身之祸。

从常理上讲，当中国某地区刮起这种"精神台风"时，当地的官员绝不会坐视不理，而是积极地采取一些必要的措施，以平息骚动、安抚人心，恢复社会秩序。但他们的做法总是背道而驰。因为在面对一切与鬼神迷信有关的问题时，这些官员们丝毫不比他们的百姓开明多少。当"剪辫子"风波发起于青萍之末时，北京的行政长官便会发布很多通告。我就曾见过十多张这种通告，这也是我一生中见到的唯一一种特殊的通告。从总体上说，政府发布通告的目的是希望平息人心的混乱，但是就其上面的内容来看，则是对这种骚动气势的助长，因为它加重了人们的不安情绪。例如大部分通告的开头都这样写着：目前是异常危险、出乱子的时候，大家都要老老实实地待在家里，关起门来管好自己就行了。接着，便是建议大家不要接触陌生人，无论什么时候，都不能轻易把门打开；无论在什么情况下，只要天黑了就不要出门，而且一定要看管好自己的小孩。还有一些通告在最后为百姓提供了几点万能的保护措施，其中一点就是如何保护好自己的辫子，使之丝毫不损的方法。这种方法措施基本上都是简单易行的。例如一张通告上说，将红、黄两种颜色的丝线与头发编在一起；另一张通告上说，人们应该服某一种药；还有的通告上说，将这种药分成两部分，一部分吃进肚子里，另一部分则要扔进厨房的炉火中烧掉。

1877 年 1 月，顺天府尹就保护辫子的问题发布了一个方法，至今我还清清楚楚地记得上面的内容。他提出，将一个交织的汉字图形，也就是把某三个汉字按一定方式连结地写在一起，然后在三张大小固定、特制的正方形黄裱纸上，用墨汁将其形状写出来，然后将其中的一张烧掉，小心地把纸灰收集起来，浸在一杯茶水中喝掉；再把第二张纸绑进自己的辫子里；最后，把第三张纸贴在大门朝外的一面的正中央。这样一来，府尹便信誓旦旦地对他的百姓们保证说：现在大家可以安心了，那些日夜四处游荡的魔鬼幽灵不会再缠着我们了。因为当地人一直都认为那些魔鬼幽灵会时刻找机会抢夺他们的辫子。顺天府尹的这种方法被人们称作是"神通广大，无懈可击的辫子保护法"。

还有一点应该说明的是，在众多关于"剪辫子"的骚动中，我们找不到丝毫实质性的证据证实哪个中国人的头发受到了伤害。当"剪辫子"风波骤起时，人们因为种种奇异的神鬼传说而六神无主，把自己深深地陷入了一片混乱之中，甚至那些商铺也关门大吉了。没有人能够找出或者发现谁的辫子被活生生地剪掉了。人们以一种谨小慎微的口气和紧张恐惧的面孔向其他人述说着社会上广为流传的神鬼故事，可是，根本就没有谁亲眼目睹过故事中的人或事，事实上，述说这些捕风捉影的故事的人也只不过是痴人说梦而已。其实，在一切"剪辫子"风波中，我从未碰到过哪个中国人说，他曾亲眼目睹另一个中国人的身上发生了上面提到的种种怪事。归根结底,任何一个传闻故事都只不过是道听途说、以讹传讹、无中生有的产物;而且,每次爆发的风波或骚乱都是受一种迷信般令人恐惧的,又无法解释且异常危险的流行病的影响。

1877 年,北京出现了这种流行病,其程度已经达到了无法控制的局面。于是,顺天府尹发布了前面提到的那些通告以及解决问题的方法。不久后的某一天早上,我被人叫醒,说有一位美国传教士要见我。这位传教士是专程赶来向我报告一件事情的。他说前一天夜里,在他负责管辖的一所教堂里,当一名中国男子在那里睡觉时,其辫子突然消失了。这位传教士很有心,他深知当时的时局十分紧张,如果这件事传扬出去,那么一小时之内,无数疯狂、咆哮的暴民就会蜂拥而至,将教堂捣毁,甚至会出现流血事件。经过慎重仔细的考虑,传教士亲自将这名中国男子锁在了自己的房里,等天蒙蒙亮时,他就急忙赶到了我这里,希望得到一些建议和帮助。当我大致了解了整个过程之后,我便立刻给京城的九门提督写了封信,并派人送去。我在信中说当天晚些时候要和他会面,虽然在信中我没有说明会面的理由,但目的很明确:有必要的话,请他务必派一队人马保护教堂以及教徒们的安全。做完这种准备后,我就动身前往那所教堂做进一步的调查了。

结果发现这是一件真实的"剪辫子"事件。除了我曾见到过的根据法律规定剥夺罪犯拥有辫子的权利的情况外,这件事对我来说倒是绝无仅有的。那位被剪辫子的中国人从乡下来到北京的目的是想学习基督教。出于好心,传教士允许他和另外两名当地的基督徒暂时住在教堂后面的一间小房子里。因为他不是当地人,所以最初我认为——至少有可能是被一些心怀鬼胎的中国人派到这所教堂,以对基督教感兴趣的名义博得信任后,伺机将自己的辫子剪掉,从而引发一场反抗外国人的风波。可是,当我详细认真地盘问了这个中国人后,我发现他在讲话时很诚恳且直截了当,而且他的话没有丝毫的破绽。因此,我否定了自己最初的猜测。出事的前一天晚上,那位乡下人在九点之前就睡觉了。不久,和他住在同一个房间的那两人也睡觉了。可是,就在第二天凌晨两点时，那位乡下人突然睁开眼睛，感觉头上有些不对劲，抬手一摸，辫子竟然没有了。这下可把他吓坏了，他开始大叫，把同屋的那两个人也惊醒了。在他们得知这件事后，三个人目瞪口呆、颤抖地坐在一起，只点亮了一根蜡烛。直到天微微亮时，他们中的一个人才突然想到去找传教士。但是就在他出门的时候，在院子里的雪地上发现那条丢失的辫子。很明显，这条辫子是被人剪掉后扔到那里的。

以上便是这件事情的大致经过，它使我感到非常迷惑。当然有些情况是毋容置疑的，例如，乡下人和另外两个人在同一间屋子里过了一整夜，而且那两个人对于乡下人的这些描述也表示同意。另外，发现辫子的那个院子的周围都是高高的围墙，对于人来说是根本无法攀越的，并且前一天晚上屋子的门窗都关得很紧。这样一来，一旦有人企图进入房间，必然会惊动里面的人。可是辫子真的被剪掉了，而且它现在就握在我的手里，这是不争的事实。看得出来，辫子是被一把十分锋利的剪刀，在距离头部很近的地方——大约 1 英寸左右的地方——只剪了一下便剪下来了。那是一条异常粗壮的辫子，如果没有锋利的剪刀再加上有力的手腕，而且在不惊动受害人的情况下将辫子剪下来，显然是无法办到的事情。

我又盘问了几个小时，仍然没有什么新的突破。于是，我继续重复提问前面提到过的一些问题：

"当你们睡觉时，屋子里除了你们三个人还有别人吗？"

"就我们三个人。"

"那么在你们睡觉前有谁来过你们这儿吗？"

其中一个人回答"没有"。但是，另一个人想了一会儿，说："有人来过。昨天下午，阿山（在此我们隐去其真实姓名）到我们这来了，可是他在我们睡觉前就走了啊。"

"那么他到这儿来都做了什么？"

"他将外国人的一些报纸装订成了一本书。"

"他都用了哪些工具？"

"有麻线、一根针,还有一把剪刀。"

"那么在这间屋子里,最近是否有谁使用过另一把剪刀吗?"

"没有。最近没有人在这里使用过剪刀,我们这儿也没有其他剪刀。

"阿山走的时候把他的那把剪刀带走了吗?"

"是的。"

在我的穷追不舍下,终于又发现了一些情况:在那个乡下人上床睡觉且睡熟的时候,阿山根本就没有离开这间房子,他就一直坐在旁边订书。他所坐的位置距离乡下人的头很近,而距离另外两个人却较远一些。当时那两个人坐在桌子的另一边埋头读着什么东西。在这种情形下,阿山甚至不用挪动身子就可以神不知鬼不觉地抓住乡下人的辫子,然后用自己的剪刀把它剪下来,这是多么简单的事情啊。即使在最关键的时刻,那两个人中的某个人正巧抬头看一眼的话,也丝毫不会发现,因为在受害人的旁边有一张比他的头高出许多的桌子,正好能够遮挡住阿山。

我是通过一个朋友知道阿山这个人的,因为他曾在我的朋友手下做事。我知道他是一个年轻却无恶不作的恶棍无赖。虽然他的相貌俊朗,但却十分凶恶。所以毫无疑问,剪辫子的人一定是他。我想只有他才能清楚地解释整件事情的来龙去脉。于是,我请传教士立刻将阿山找来见我,但先不要告诉他找他来的原因。当时,阿山正在一个教会机构所属的印刷厂工作。不久,阿山就出现在了我的面前。他一副烂漫天真的样子微笑着同我寒暄了几句,然后镇静地站在那儿等着我说下文。我毫无掩饰、直截了当地问他,前天晚上为什么要剪掉那位乡下人的辫子。听到这话,阿山坚决地否认,而且对于这件事还表现出一副相当吃惊的样子,反问我,是谁犯下了这个罪过。当然,他承认自己在前一天过去那间屋子,并且带去了一把剪刀,正巧就坐在我们前面提到过的地方。在我的盘问下,他承认当天他带来的那些装订成本子的纸张都是他从印刷偷厂出来的。他还说,偷些白纸只是鸡毛蒜皮的小事,可是把中国人那神圣的辫子剪掉可是罪大恶极,会受到惩罚的。因此,他才不会犯傻做这种事呢。

就这样,他反复地回答着我的问题。虽然经过了一个多小时的折腾,但是我仍然没有找到他的一丝破绽。他这个人对奉承规劝、甜言蜜语没有任何感觉,根本就不会落入圈套。举个例子来说,我曾语气平稳地对他说:"我知道你做这种事不是故意要制造麻烦或伤害谁,只是出于一时孩子般的冲动;当你看到一条辫子从床边垂下来时,感觉很好玩,于是就忍不住要和那个人开个玩笑。"就在这时,他突然打断我更正地说,他是一个中国人,他很清楚摆弄别人的辫子——哪怕是出于一种无意识的玩耍——意味着什么。至于把别人的辫子剪掉,那绝对不是无意识的摆弄,而是相当严重的事情。我又对他说,假如他能实话实说,我敢保证不会让他有任何危险。但是对于他,这种保证也是毫无意义的。他说:"我不能承认我没做过的事情。"

这就是我和阿山的谈话内容,显然,我的那种简单的方法是失败了,而且根本没有触及到问题的实质。但是,对于那张天真无邪的孩子般的脸和那冷静、沉稳的目光,以及坚定、明确的话语是无法用语言形容的。总之,我找不出半点指控阿山犯罪的事实依据。假如阿山就是那个剪辫子的凶手,那么所有的中国人似乎都是凶手。因为他的表现是那么的天衣无缝。我有一个朋友因为善于侦破中国的各类窃贼案件而著名。有一次,他说他的秘诀就是在犯罪嫌疑人毫无准备的情况下,突然问一些为什么,在什么时候,偷了什么东西的问题,然后仔细观察嫌疑人那一瞬间喉咙部位的动作。如果他是罪犯,那么他在回话前必然会先咽下一口唾沫。

可是,当我盘问阿山问题时,他连眼睛都没眨一下,更别提什么咽唾沫了。

最终,我变得筋疲力尽,彻底丧失了信心和耐心。但仍然相信阿山就是那个剪辫子的人。于是我对他说:"很好。尽管你否认了自己的行为,但是我深信你就是我要找的那个罪犯。其实今天请你来并不是要给你找麻烦,而是想帮助你把这件事解决掉。因为我不想看到你受罚;就像我多次向你保证的那样,我希望能为你做点什么,因为你的确是有罪的,你就是那个剪掉别人辫子的人。对于现在这种骚动时期,其实你比我更清楚,即使对一个找不到半点怀疑依据的人,你们的父母官也会有些相应的处理办法。那个乡下人的辫子就是昨晚被人用剪刀剪下来的,而当时你正好在那个屋子里,而且只有你拿了一把剪刀。你也承认整个晚上你都拿着那把剪刀。既然你不愿意承认,那我只好把你交给你们的政府,让他们为你解决这件事吧。但是我想,你一旦到了那儿,无论你有罪还是无辜都要听从他们的裁决,因为这是他们的职责。"

我的这番话仍然没有对他产生影响,于是,我转身吩咐身边的一个仆人,让他带着我的名片到附近的警察局,请局长立刻派两名警察到这里来。听到这话,阿山依旧满不在乎地站在那儿。直到我的仆人抬脚向门外迈的时候,他的态度闪电般地发生了变化,说:"不必去警察局了。您说的没错,我是在那个乡下人睡熟后剪掉他的辫子的人。您的推测完全正确,我在走出那间屋子回家时,把他的辫子扔到了雪地上。我这样做的目的只是为了吓唬、折磨一下那个乡下人,因为他的确是个乡下佬。"

我们知道,一旦这个鲁莽的小伙子落到了官府的手里,那他必然没有好结果。于是我和教士商量,决定这件事就不惊动官府了,但是我还必需找一个借口,来解释在此之前我为什么要求同九门提督会面。传教士负责在一个小时之内,将阿山送出城,同时让那个可怜的乡下人在白天的时候先单独待在一间屋子里,等到晚上,再由两个胆大心细的中国人护送他回家,然后给他们一些礼物压压惊。我的这项计划最终取得了圆满成功,没有暴露半点风声。

通过这件事的尾声部分,我们不难看出中国的上层官员是如何对待"剪辫子"的违法行为的。就在这件事结束后的一周,有一天,恭亲王率领他的几位内阁大员来到领事馆,向我们恭贺新年。谈话过程中,恭亲王突然问我那天遇到了什么事,为什么二话不说就要和他会面,然后又撤回了请求。我想他们大概费了好大劲儿才为我找到提督,通知他我要与他约见,但是紧接着又收到我取消约见的信。所以,在我回答恭亲王这个问题时,我将阿山剪辫子的事情告诉了他,并且强调说,阿山只是一时冲动才做出这种荒唐事的,还是放他一马吧。可是恭亲王却不这样认为,他的表情突然变得异常激动。他说当阿山剪掉别人辫子时,就应该意识到自己这样做的后果：他必然是要被砍头的。恭亲王一再要求我告诉他阿山的真名实姓以及他现在的藏身之处。但是幸运的是，当时我已经不记得阿山的真名叫什么了，更忘了他被送到了哪里。因此，官府因为没有跟踪捉拿的依据而不再追究这件事了。毫无疑问，如果当时我把阿山真的送进官府，那么他此刻或许已经在人间消失了。

衙门内外的公正

在一座衙门的中央大厅里,有一个低矮的、约 10 平方英尺的木制架子,上面还铺着一张红色的毛毡。毛毡上,摆了一张桌子和一把威风凛凛、引人注目的太师椅,这两样东西都被漆成了红色。桌面上放着文房四宝,墙上挂有鞭子、竹板,以及其他各种刑具。架子的另一边还有一面铜锣、一面钟鼓,当然还有用来敲击它们的木锤。

一个原始的中国法庭就是由这些东西组成的。这种法庭的历史同中华帝国的历史一样源远流长。虽然大部分案件都是在高墙深院的大牢里审理的,甚至还有一些案件是通过幕后操控而私自了结的,但是从理论上来说,上一段的描述才是中国真正的法庭。任何人都可以进到这种法庭里观看法官是如何审判犯人的,所以说,这种法庭对老天爷也是开放的。如果哪个中国人要控告另一个人,那么无论白天还是黑夜,他可以随时击鼓鸣冤。当法官大人听到鼓声后——按照法律规定——他必须马上穿好官服,来到前台,正襟危坐在太师椅上,时刻做好面对任何原告或被告的准备。在使他们不受任何恐吓、挟制,法官大人在公正廉洁——不偏袒任何一方,不收取任何费用和报酬的条件下,认真听取原告和被告的申诉,然后根据案件的实际情况做出最公正的判决。中国流传着这样一种说法:"正义才是常胜将军。"中国法庭在处理案件上的方式正体现了这种说法。因此,从理论上来说,中国法庭的特点就是效率高、花费低,而且值得人们信赖。

世界上,中国的司法制度的历史似乎是最古老悠久的,而且这种制度在长达几个世纪以来都没有发生重大的改变。虽然这种体制的内容比较简单,但是我们有充分的证据表明它是维护那些希望通过司法制度得到帮助的人,无论原告还是被告,无论人们控告的是官府的不公正还是其他人的敲诈勒索。案件的

清朝公堂内之县令、衙役、官差及罪犯,旁坐者为主控官

审理都是在无数个监督和预防机制的影响下进行的。举个例子来说,假如人们对法官的判处不服,那么他可以向上一级法庭申诉,有些案件甚至可以直接由皇帝亲自审理。早期的大清帝国,还制定了一套特殊的司法制度。这是为了保护那些最贫穷、无依无靠的人们所制定的。对于这类人的上诉和案件的审理,各地官府不得巧立名目,向他们收取任何形式的费用。甚至那些穷困潦倒、衣衫褴褛的乞丐,只要他们根据规定的司法程序进行申述,从理论上来说,他们的案子一定会送到皇帝的手上。

对于上面提到的这种法庭,或者说是一种司法制度,无论从它的组织机构还是权限范围上看,都表现得很奇特。其中最主要的机构就是都察院,也就是朝廷设立的一个负责查办各类案件的一个部门。其实它还有另一个名字叫"监察部",这个名称将其职责更明确地表达出来了。所有督察官们都有权听取一切与司法案件有关的情况,而且,当他们听取当事人的申诉时,坚决不能收取任何不合理的费用或报酬,同时,他们还要观察、监督、弹劾各级各部门官员的行为和表现。任何人,无论是位极人臣的大官,还是小小的七品县令,都要接受督察院官员的严格监督。甚至皇帝都时刻会受到他们的弹劾和指责。举个例子来说,当光绪皇帝参加前任皇帝同治帝的葬礼时,途中遇到一位督察官员,双膝跪地,高举一份奏章,里面的内容是抗议和反对光绪帝继位,阻止他一揽朝权。为了表示自己的忠心和一腔热血,这位臣子竟然在光绪帝面前拔剑自刎。当时,光绪仅仅是一个刚满三岁的小孩。再如1871年,北京某位督察官为了一件事情和恭亲王闹翻了,因为他公然表示对恭亲王的反对和不满,使恭亲王处在一种焦头烂额的局面里。因此,恭亲王向我发誓说,如此自找麻烦地去管制一个小小地方官,倒不如收回成命、撒手不管,随他去吧。

说到中国的法律,其历史可以追溯到两千多年前,从那时起,法律条文常常被修改和增删。就像我们在前面章节中指出的,从整体上来说,清朝的法律中包含了无穷的智慧,温和且人道。它能够根据各种不同情况,具体而详细地制定出了五花八门、不同程度的惩罚措施。

比如说,中国这个时期的法律规定,对于多次犯罪的人来说要予以加倍且严厉的惩罚,这一点与我们国家的法律很相似;再如,法律规定对于那些犯罪情节不严重的人来说,他可以交纳一笔罚金就此了结。这样一来,如果某个罪犯被判打一百大板,那么他只要交纳五斤银子就可以免除皮肉之苦。还有其他条例的温和程度已经超出了我们的想象。例如,《大清律例》上规定,如果被判死刑的罪犯的父母或祖父母都年事已高且弱不禁风,

光绪皇帝,名爱新觉罗·载湉,是清朝第十一位皇帝,也是清朝第一位非皇子而继承大统的皇帝

常年卧病不起，或者其子女为独生子，一旦将他处死便无人照料的，遇到这种案件，任何人都不能擅自处理，而是要禀告皇上，由他亲自定夺。对于那些被判处鞭打惩罚的妇女们，她们有权利在被处罚时穿好内衣。而且，在执行叛国罪或起义造反的罪刑的时，法律规定凡七岁以下的儿童和九十岁以上的老人都不许围观。清朝的法律里还有很多奇特、有趣的条款。比如说，如果某位天文学家被判处流放，那么他的罪行可以用一百大板来减免；但是如果这位天文学家犯的是令无数人发指的罪行，那就不能减免。至于天文学家为什么会受到这种青睐，我们也很困惑。再如，如果一位远离家乡的男子不顾父母在家乡早已为他确定的终身大事，而与另外一名女子私订终身，那么他必须放弃自己所追求的女子而遵从父母之命，与那位没见过面的女子结婚。关于婚姻，中国的条款中还规定，地方官员不得与他所管治的百姓家的女儿结婚；除了同一亲族血缘关系的人在几代之内禁止通婚，甚至是同一姓氏的两个人也绝对不可以结婚，如果事前有了婚约，则必须解除，而且聘礼必须没收充公。从表面上看，这些条款好像并不会给他们带来实际麻烦。可是，我们知道，在四亿中国人里几乎只有 408 个姓氏，因此，与在婚姻方面同姓氏没有丝毫限制的其他国家相比，中国的这种法律条文对男女婚姻方面必然会产生一些影响。当然，在这方面，清朝法律的另一条规定却是值得世界上的其他民族效仿的，它甚至可以刻进石碑永世保存和流传。其内容大体是，当男女双方要确定婚姻关系时，他们必须向对方的家人清楚地说明自己所选择的伴侣的情况，例如是"毫无缺陷、身体健康、年龄相当"。如果双方对这几点有什么隐瞒或欺骗的话，那么他们必然会受到十分严厉的惩罚。

从整体上来说，在中国这种如此温和而又不悖常理的司法制度背后，加上一套针对滥用职权和不公正的相当成熟且完备的预防机制，可以说，它能够使作奸犯科的人无一漏网，并且使清白无辜的人不受冤枉。但是，从中国法庭的实际操作而言，贪污贿赂、敲诈勒索、徇私舞弊、残害忠良、颠倒黑白等现象不但是无法避免的，而且渐渐地成为了一种司空见惯的现象，即使中国的司法制度十

清代官员公堂审案的情景

分精确严密，甚至是无与伦比的。在中国的法庭上，既没有陪审团，也不存在律师。对于案子的最终判定通常不是根据法律条文的规定来判定的，而往往是参照以前与之相类似的案子而得出结论的。所以，这种做法便导致了许多非正式的吃法庭的食客。通常这种人被称为是"求证者"。虽然这种人没有公认的地位，而且上层官员常常严厉地谴责他们，甚至皇帝都亲自下令禁止地方官员雇佣这类人。可是这些措施都是无用的，这种"求证者"并不会因此而消失，他们依然出没于这个帝国的各个角落，并且安居乐业。一旦出现哪个具体的案子需要判决裁定时，这种人便如鱼得水，有了用武之地。他们从不计其数的档案卷宗中查找出一个与此相同或类似的案例，然后作为法官审理新案件的判定指导和样板。我们可以清楚地看到，"求证者"可以随心所欲地从那些浩如烟海的，甚至可以追溯到洪荒远古的历史记录中，找到一个自己想要的案例。正因如此，贪污行贿、敲诈勒索等情况屡屡发生。无论被告人是清白的还是罪孽滔天，他都会拜访那些"求证者"。而且，只要被告人慷慨地向那些"求证者"献上一笔丰厚的见面礼，那么"求证者"就会格外照顾他。在此我们有必要补充一句，那些贪婪残忍的求证者的唯一收入就是打官司的人送来的贿赂。尽管如此，每个求证者几乎都是脑满肠肥，富得不得了。如此，我们看到了真相，这个故事也就结束了。据说，中国的官员并不会直接收受贿赂，他们常常是私下里通过法庭所雇佣的那些食客，以某种做生意的方式获得贿赂。

中国的皇帝赋予了官员相当大的处事自由，他们可以不受法律约束而采用种种手段只为获取当事人或者证人的口供。其实这种做法毫无益处。在中国的法庭我们几乎看不到谁会立誓；即使有人立誓，他也不会得到别人的信任。在西方，证人如果做了伪证，那么他便视为犯罪，但是在中国却没有这种说法。中国人的理论根据是，如果有人存心要撒谎，那么任何誓言也不能使他说真话。事实上，中国的判官根本不在意双方当事人或者证人讲的是不是实情。他们获得真凭实据的方式是，首先，单独审问每一个当事人，然后对当事人进行反复、详细、煞费苦心的追查和盘问，从而验证他们的口供中是否存在矛盾和冲突。但是这样做常常会出现当事人的口供中互相矛盾的现象。在这种情况下，由于双方的各执一词和互相冲突，他们便会被带上法庭当场对质。在法庭上，每个人要当着对方的面重复自己的证词。这时，堂上的判官就会仔细地观察研究每个人的表情和他们的一言一行，通过他们的表现来判定谁说的是真话，谁在撒谎。对此，中国的官员们都是精于此道的高手。

如果上面提到的这些招数不灵时，判官则有权下令严刑拷打那个被怀疑是说假话的人，这样一来可以使他们从实招供。有时，判官会在审问的过程中突然暂停，下令用杖条抽打被审问人的嘴巴，直到把他的嘴打得鲜血淋漓。然后判官就会警告他，如若再不招供，后面还有更严厉的皮肉之苦等着他呢，于是继续审问。另外，判官不仅有权命令证人在一条铁链子上跪上几个小时，而且他还可以下令将证人的双手拴住将其吊起来，甚至有权把证人长时间地禁锢起来，不给他吃喝。虽然法律禁止官员在证人身上使用更加严厉的摧残和折磨，但是在个别案件中，他们仍然使用。对于一个被指控有罪的人，对他采取种种措施的目的只是为了让其招供画押。可以说，官员们为达目的，有时甚至使用了一些无法形容的极端恐怖的酷刑。一些无辜的人常常因为忍受不了这种折磨而屈打成招，只为了从那种无法忍受的残酷折磨中求得一丝生还的机会。有一次,我见过三个被指控偷了东西的中国人,他们就是在下面这种方式下屈打成招的:他们的手都反背在身后,被一根结实的绳子绑得紧紧的,然后一根长长的绳子的一端与捆绑处相连,而另一端则拴在大树枝上。就这样,三个人被腾空吊起,在光芒四射的毒日头下,暴晒了三个多小时。当他们被放下来的时候,已经是不醒人事了。他们的肩关节处变得青肿烂紫,好像是脱臼了。又被折腾一番后,这三个人醒了过来,但是他们仍然不认罪。可是,当判官下令让他们再感受一次这样的折磨时,他们立刻坚决地认了罪。我们没有必要再多列举这样的例子说明,在清朝的法律上,这种残忍的折磨是被严格禁止的;同时,我们也没有必要指出,当下级官吏向上级汇报案件的审理情况时,即便他们是通过上述的酷刑使犯人招供的,他们也绝对不会把这种判案手段向上级汇报的。

当然,这种凄惨恐怖的判案手段并不是所有官员都采用的,这些景象只是一个特例。大多数官吏还是比较公正且富有人情味的,虽然在他们的队伍中存在一些愚昧无知、眼光短浅,且信奉迷信的人。对于他们在判案过程中常常使用的那些陈旧且荒唐的手段和方法,无论从内容还是形式上看,都与两个世纪前,欧洲法庭上通行的做法异曲同工。虽然它们很可笑,可是我们并没因此感到奇怪。当他们检查被害人的尸体,或者审问杀人犯时,他们所采用的方法更加荒唐可笑。举个例子来说,如果将嫌疑犯带到受害者的尸体面前,让他摸一下尸体。据说,如果这名嫌疑犯就是凶手,那么受害者尸体上的伤口就会瞬间重新流出血来;如果某人被怀疑是被药毒死的,那么验尸官就会拿一根银针扎进受害者的尸体,据说,如果银针探到了毒药,那么它在拨出来之后就会变成绿色;另外,如果被害人被怀疑是毒药致死的,那么验尸官还要仔细地检查死者的骨头,据说,如果死者的骨头颜色呈现出上述类似的异常,那么说明死者真的是死于致命的毒药。

中国的司法制度,与其整个政治体制一样,都是建立在浓厚的封建宗法思想基础上的。从理论上来说,各级地方官员是他们所治理地区的百姓的衣食父母,对于这一点他们时刻不忘。所以,这些父母官在审案过程中总是反复调查、千方百计、苦口婆心地规劝告诫那些证人或主犯,让他们认罪伏法。对此我们并不感到奇怪,他们通常会采取劝诱、恳求、威胁的手段,甚至搬出孔子的话晓之以理、动之以情地导引一个不好对付的硬骨头;他们会讯问证人或主犯一些风马牛不相及和无关痛痒的问题,甚至向他保证他会受到慈父般的体谅和照顾。在整个过程中,这些父母官总是用他们那敏锐的眼睛,随时捕捉证人或主犯的任何细微的表情、举动,好像自己发现了什么蛛丝马迹一样。这种颠三倒四、语无伦次的审问,只为了一个目的——找出真相。

有一次,我非常荣幸地坐在了一位中国官员的身边,观看他是如何审讯被指控聚众攻击一名美国公民的 7 个犯罪嫌疑人。他们仅仅是挖煤的矿工。他们企图用沾满煤粉矿尘的小垫子打那位美国人,而那些小垫子原本是当他们从矿井下向上扛煤块时,同来垫肩膀的。可以说,那些沾满了煤粉矿尘的垫子同沙袋一样危险,仅仅一个小垫子,就可以要了那位美国人的命。情况很清楚,这几位矿工是无法逃脱责任的。案件发生在城市中心的一个广场,当时正值中午。如果需要证人,则能找来 100 个。当问过每一个被指控人的姓名之后,那位令人心生敬意、满脸慈祥,经历了 70 年风雨,在官场上摸爬滚打的官员,突然转脸看着其中一人,用一种亲切的语气问道:

“现在你把整件事情都说出来吧,你为什么要打美国人?”

“老爷,我根本没有打他啊,”那人回答道,“当时我并不在场。而且,我是一个只知道干活的老实人。我可以向您一千次、一万次地保证,我确实没有动那美国人一个指头。”

“是的!这一点我们都知道,”那位官员说,“像你这种大清的顺民,连小孩子都不会伤害的。但是,究竟是什么驱使你去伤害美国人的?难道你没听过孔子说的那句,四海之内皆兄弟吗?你为什么要伤害自己的兄弟呢?当然,我们知道你真的没做这种事。案发当时,你或许正躺在床上,或者睡得正香。尽管如此,我们还是可以肯定地说你做了这种事。如果你能够及早坦白,那么我们就能省去许多麻烦。当然,我们十分清楚其实你并不想伤害谁,你只是和他开了一个小小的玩笑。也许你在街上听到有人散布谣言说,假如谁敢惊吓一名外国鬼子,或者把他痛打一顿,那么他就会远离这个小镇,永不回来,所以你很想尝试一下。的确,当时你并不在场,但是你还是打了那个美国人。现在,你把头抬起来,看着坐在我身边的这位先生。他是专程从千里迢迢的北京来到这里,就是为了这件案子。他是美利坚合众国驻我国的一名官员,现在我要完全按照他的意思惩罚你。对于这件事的整个过程他早已了解。快告诉我你的名字,然后请求我把你抓起来。但是,我想你能够从这位美国官员的脸上看出,他是一位心地善良、脾气随和的人。赶快告诉我们实情,只有这样他才不会找你的麻烦,而且还会放了你。这位官员现在还有其他事情要处理,需要马上赶回北京。他曾许诺我,如果我们今天把这件事处理完,那么明天他会邀请我吃饭。我想你也不希望因为自己的事而耽误人家,是不是?他对这件事已经了如指掌了,不要把他惹恼了,赶快坦白交待。"

就这样,我身边的那位老先生喋喋不休、东拉西扯、没完没了地反复盘问、观察,大约用了一个多小时。但是那位被指控打人的矿工却瞅准了机会,一遍又一遍地说自己是清白的。可是他的语调变得越来越低,底气也渐渐弱了。最终,他招架不住了,说:"但我只是打了他一下,并不像他们那样很起劲儿地打他。"突然,那位老官员像闪电般迅速地反驳他:"这么说你真的动手打那个美国人了,对吗?好的,现在把实情告诉我们。"于是这个人耷拉着头,像调皮的学生用针扎老师的椅子被捉住一样。他胆怯地说:"好吧,如果要交待,那我就交待好了。我想大概是我带头打的那个美国人的。"

"这就对了,"老官员说,"我们早就知道是你干的。当然坦白交待总是对的。"说完,他便转向我,问道,"您说我应该如何惩罚他呢?"我告诉他了一种比较适当的处罚办法,他同意了,然后立刻向那名矿工宣布。紧接着,其他犯人也纷纷承认自己的罪行,这件案子审理得很顺利,后来只用了不到 10 分钟的时间就审理完了。

　　如果美国监狱改革协会(Prison Reform Society)的成员有机会看到大清帝国的监狱的话,那么毋庸置疑,即使他看到中国情形最好的监狱也会使他感到震惊的。他一定会瞠目结舌,傻呆呆地说不出话来。大清帝国的监狱大多是令人作呕、阴森恐怖的地牢。那里发生过不计其数的野蛮、残酷的事情,根本就不是语言能够形容的。但是,对于这种监狱,我们必须说明两点。首先,在各地设立这种监狱的目的,是为了使当地乡村中那些低级的流氓无赖、鸡鸣狗盗、易于作奸犯科的人感到恐惧,使这种监狱起到一定的震慑作用。所以,一旦谁有幸成为地牢里的客人,那么他必然会在这里尝尽苦头。因此,无论谁,只要他对中国穷苦百姓的日常生活有些了解,同时又知道这种监狱对百姓的确起到某种震慑、约束的作用,那么很快他就会明白,大清帝国的监狱就是阴曹地府。其实,如果我们将美利坚合众国中设施条件最差的监狱搬到大清帝国的土地上,我想在这一地区享受蹲监狱"权利"的人们至少有一半会急不可待地再制造一些犯罪行为,从而可以获得一个居住在单身牢房的"权利";而且当这种人住进去后,他们便开始绞尽脑汁地想办法加重自己的罪行,从而获得长期居住在这里的"特权"。

　　第二点我们要明确的是,在中国,监禁罪犯其实并不属于法律所规定的处

清朝末年外国人拍摄的行刑场面

罚措施。监狱仅仅是用来暂时扣押证人和被指控犯罪的人,以及正在接受审判的罪犯等,这些人都在等待着自己应得的惩罚。在大清帝国的法庭上,并不存在将某某人判处多长时间监禁的说法。这种情况使中国监狱内部存在的种种惨无人道、可耻的做法更加不可饶恕。因为他们使无数清白的人含冤,永世不见天日,甚至最终含冤而死,成为冤魂。而且,在这些"死亡之屋"(house of death)中,我们可以找到所有我们能想到的恐怖、残忍和虐待的现象。曾经有一位北京人在某监狱大门上写了两个汉字"地狱"。但是,与监狱内部的实际情景相比,这两个字所表达的内容仍然有些温和、苍白。

清朝的法律中规定了五种合法的处罚方法。它们是:笞刑(flogging)、戴枷锁(wearing the"kang")、烙刑(branding)、流放(banishment),以及死刑(death)。在这五种刑罚中,我们需要详细介绍一下的就是第二种刑罚。根据大清刑律的规定,枷是一种由一块近似正方形的干木头做成的刑具,它长约 3 英尺,2.9 英尺宽,通常情况下重 35 斤。但是依据犯罪的轻重程度,它还可以被加重,有时可以加到 125 斤重。这种刑具是由两部分组成的。其一边是用铰链接合在一起,而另一边有一把锁。中间部分被挖成了一个圆形,一般与人的脖子粗细相同。现在我们对它的用法已经很明确了。一旦要用上它时,先将它打开,将上面的圆洞同犯人的脖子的粗细校正一下,然后就可以合上锁好。戴上这种刑具后,再将两张纸条

19 世纪英国铜版画描绘的清代杖刑场面。杖刑、枷刑都是清代刑罚中最为常用的手段

130

各贴在犯人的脸上。其中一张纸是用来写犯人的姓名、年龄,以及家庭住址;另一张纸条则要写上犯人的罪名,以及记录他被这种有损身心健康的"项圈"折磨的天数。犯人一旦把它戴上,就要日日夜夜与它相伴,直到规定的日期到来,才能将它取下来。戴上这种刑具后,犯人的手是摸不到自己的嘴巴的,因此吃饭的时候必须要别人喂。白天,犯人要被人牵着穿过大街小巷;晚上,他便被锁在监牢里。因为他没有办法躺下,所以他只能直挺挺地蹲、坐或站着睡觉。

中国的法律中,有三种执行死刑的方法。其中一种被人们认为是最体面的死法就是绞刑,其次是斩首,最后一种也是最严厉、残忍的一种,就是凌迟处死。凌迟处死这种处罚只适用于叛国贼,或者是中国人思想意识里被认为是万罪之首的人,即那些违反了家常伦理孝道的人。例如,将自己的父母或者祖父母残害致死的人,都要受到这种刑罚。执行绞刑的方法是,先将一根绳子松弛地套在犯人的脖子上,然后从犯人的脑后处伸进一根长棒子,紧接着刽子手便开始拧动这根棒子,直到犯人断气为止。斩首的过程则很简单,刽子手只要握住一把两个柄的沉甸甸的大刀,向跪在地上的犯人的脖子后面猛砍一刀,咕噜一声人头落地就算了事了。当然,在此之前,犯人的双手要反绑在身后,头向前伸。

孔夫子曾说过:身体发肤,受之父母。所以任何人都有一项重要的责任,那就是在死的时候保持四肢完好、五官不损, 就像刚出生时那样去向祖先们报到。 由此,那些被判斩首的罪犯的朋友常常会花费巨大数额的钱财买通关节,希望在埋葬犯人之前,将他的头缝到其脖子上,使其尸首两全。一般情况下,这种特权是可以获得的,但有一个条件——罪犯的头必须翻转过来缝在尸体上,也就是让他的脸向下,面对着后背。在此,我们顺便说一句,正是因为有了孔老夫子的这一教条,才使大多数中国人宁愿一死了之,也不愿意通过外科手术将身体里的任何部分去掉来保命。

某些高级官员有时会得到一种特殊的恩赐, 特别是对那些皇亲国戚而言。但是,这种恩赐只有当他们被判死刑时,才能得到,那就是自杀。因为大清帝国将自杀看作比死在刽子手之下等其他方式都要体面。如果某位重要的人物犯了死罪,那么他就会收到一只异常精美的盒子,而且还用皇帝专用的黄色丝绸包裹着。当他打开盒子时,里面放着的通常是一根整洁的白丝细绳。这是一道无声且严厉的命令:收到这根细绳的人必须用它来结束自己的生命。如果他在 24 小时之内没有根据这份礼物所暗示的方式去做,那么他的生命将由刽子手结束。

当一名外国人观看了中国法庭审理案件的全过程之后,他首先会这样认为,中国法庭审理案件的方式与外国的方式截然不同。在这里,唯一一位坐着的,而且是高高地坐在堂上的是审判官,其他官员以及旁听者和观众都要站在各自的位置上。而犯人和证人必须双手触地,跪在中央。只要审理没有结束,他们则要在法庭上一直保持这种姿势。这种规则有时会使人感到尴尬、不愉快,但是它又是一场很有趣的争论。

1873 年冬天,在北京居住的两名美国人同中国一位包工头发生了争执。这位包工头曾与那两个美国人签订了一份合同,将一座楼房承包给他们建造。但是包工头在最初赚了一笔巨额收入后,竟然违反合同上的规定,要停止施工。经过美国驻华使馆同总理衙门进行交涉,将这件事交给总理衙门中的一名官员和我共同处理。当我们将那名包工头和另外两名美国人传来后,一个异常棘手的问题出现了。那就是在这个法庭上,双方当事人究竟是站着呢,还是坐着,或者是跪着?因为当时没有就此做出什么正规程序的安排,所以,我主张让他们都坐着。可是,我的这个提议却将我身边的那名中国同事吓得魂不附体。他说他要求中国的包工头跪在地上,而且明确指出,在法庭上,双方当事人都是平等的,所以那两名美国人也必须跪在地上。这位中国同事的心情我是完全理解的。因为在他看来,如果让原告和被告都大摇大摆、神气活现地坐在公堂上受审,那他们岂不是和自己没什么区别了?这样一来也就没有什么法庭尊严可谈了。然后他又说,如果他允许那名中国包工头坐在法庭上,那么别人将会嘲笑和鄙视他,他也就会告老还乡了。但是,如果真的允许那两位美国人坐在法庭上受审,那么他将不接手这个案子。其实他的这种想法令我感到好笑。他竟然想让那两位自由的美国公民在中国的法庭上长时间地跪着。那两名美国人的年纪比我要大得多,并且其中一位已经是满头银发的老者了。假如我劝说他们按照中国官员的那种乖戾、荒唐的要求去做,那真是滑天下之大稽。但是,我发现如果详细地回复中国同事的这种意见并不是一件容易的事,可是最终我还是向他说明了我的观点,即中国的这种习惯在我们美国根本就不存在。在我们的国家里,即使罪犯是一个十恶不赦的罪犯,他最多也是站立着,而不是下跪。同时我还指出,他的这种要求有辱人格,没有丝毫商量的余地。

经过长时间激烈的争论,我们双方达成了一种共识,也就是各自按照本国通行的做法处理当事人在公堂上的受审状态。也就是说,那位中国官员要求包工头跪在地上,我则要求自己的同胞站在公堂上。这样一来,我们听取了案件的整个过程,最终圆满地了结了案子。

1877 年,福州地区也发生了一起与之相类似的案子,但这起案子比前者严重得多。我又一次勉为其难地接受了任务,与该省的按察使共同审问一大批牵涉一起受贿案件的中国人。当审问即将结束的时候,根据案情的发展,我们必须让另外一位中国人出庭做证。当时,这个人正在美国驻华领事馆中担任一项职务,而且还有一份来自华盛顿美国国务卿签发的任命书。在这种特殊的情况下,假如没有我们的许可,这名中国人是不受中国法律约束的。而且,当时有权传唤他的人只有我一个。在按察使的请求下,我同意传唤这名中国人出庭做证,但是我提出了一个前提条件,那就是要把他当作一名真正的美国人来看待。得到确切的肯定答复之后,第二天,这位证人出现了。

当他刚走进法庭时,那位按察使便大喊一声:"跪下!"

"对不起,"我说,"我们事先说好了,这位证人是不能在法庭上下跪的。"

"我才不管这些呢,"按察使回答,"他既然是中国人,就必须按中国的法律办。跪下!"

"您要是这样说,那您就违反了自己的承诺,"我气愤地说,"证人是不能跪的。

"跪下!"按察使仍然坚持着。

"不能跪,站起来!"我大声地说。

"你给我跪下！"按察使愤怒地又大喝了一声。

"离开这里。"我快速地对证人说。

那位受到惊吓、不知所措的证人听了我的话，小跑着逃出了法庭。然后，我和那位按察使开始了一场唇枪舌剑的争吵。最终，按察使向我道了歉，我重新将证人召了回来，让他站着接受审问。

我们还可以通过一起案件，看到中国法庭上存在的许多极端的不公正和残酷野蛮的行为。在这起案子中，其中被判有罪的是一名中国的商人和美国领事馆的一名翻译。事实上，那名商人根本没有接受审判。而是早早地四处活动，根据自己的如意算盘将各个关节的官员买通，与他们勾结，配合默契。所以，当官府审理这起案子时，那名商人竟然神气活现地出现在法庭上，并且成为了按察使的亲密朋友和心腹。那名翻译则是土生土长的中国人，但是他加入了大不列颠臣民的队伍。所以，他不仅不受美国法律的约束，同时也不必为中国的法律付出任何代价。最终，他只是被解除了职务，除此之外，一根毫毛都没有掉。

当地的30名愚昧无知的渔民就是这件案子的唯一无辜受害者。至少根据证据来看，他们并没有触犯任何法律。当时正值八月份，热浪袭人。福州城里霍乱横行，到处都有死尸，臭气熏天。尽管如此，那些渔民仍然被送进了阴森恐怖，条件恶劣到无法形容的监狱里。在那里，他们遭受着各种折磨、毒打、忍饥挨饿。就这样，几个月后，他们才被带上法庭。从他们的外表上看，他们个个饱受了致命的摧残，其情况真是惨不忍睹。其实，这30个人当中仅有23个人还剩下一口气，能够坚持到法庭上做证；另外7个人早已经死在了监狱里。其中一个渔民是被四名狱卒像木头一样抬上法庭的。进来后，那个人努力支撑着身体，要跪在那里，可是他已经奄奄一息了，不久便倒在了地上。最终，法官不得不让他四肢着地，仰面朝天，彻底躺在那里受审。这个人一次只能说出一两句话，其声音极其微弱，根本听不清他讲了什么。

在审问过程中，我发现那个人颤抖的手总在自己胸前破烂不堪的衣服里摸索着什么。过了一会儿，我看到他从里面摸出了一张折叠着的纸，然后紧紧地把它攥在手里，但是我仍然能够从他的指缝中看到纸的一角。这时，按察使的仆役好似猛虎般一跃而起，向那个人手里的纸条扑去，但是他还是晚了一步。因为我早就悄悄告诉我的仆人，时刻关注这位可怜的渔民的一举一动，所以，我的仆人眼疾手快，最先抢下了那张纸条。原来那张纸条上的内容是向我请求帮助和保护，并且上面详细记述了 30 名渔民所遭受的骇人听闻的摧残和折磨，以及由此引发了 7 条人命案，这 7 个人都是含冤而死的，在他们任何一个人身上都找不到指控或证明他们犯罪的事实。但是，在这起案子中，只要当事人是中国人，我就变得无能为力了。我只能充满憎恶而又恐惧地看着正义被一点一滴地亵渎。中国的官员们会因为我们的任何干涉而感到不满和怨恨，这样一来，那些可怜的渔民必然会受到更加严厉的报复。可以说，多年来，我在中国的法庭上亲眼目睹了各种各样的事情和状况，但是上面提到的这起案件的审理方式，是我见过的最惨无人道、鲜廉寡耻、令人发指的野蛮行为。

在中国的司法程序中存在这样一条古老的规定，尽管它已经不适应现在的法律要求了，但是我们也可以提一下。这条规定乍看之下似乎很滑稽，但是仔细想想，其中蕴含着无穷的智慧和道理，而且很有趣味性。它的内容大致是，无论什么时候，当双方当事人对簿公堂时，判官在听取他们的陈述，或者在判官审问任何一方之前，他必须先下令绝对公正地将当事人各"打三十小竹板子"。这样做就是为了警告他们，不要冒冒失失、慌慌张张、随随便便地跑公堂上来打官司。除非是什么天塌地陷、非同小可的大事，一般小事就不要惊动青天大老爷。

官本位的思想

如果哪位学者对中国的百姓与地方官员之间的关系进行研究的话，那么他肯定会发现这种关系非常特别，既盘根错节又引人入胜。因为在这种关系中有着许多明显而让人感到惊讶的矛盾和相互的抵触，它确实是能够表现中国民情的一个新的、迥异于其他民族的方面。比如说，在做生意上，即便是普通的中国商人，世界上没有其他任何一个民族的人能够比他们更谨小慎微、精打细算和无懈可击。他们对自己的生意洞若观火、一清二楚，算计得毫厘不爽。他们会为了一分钱的百分之一而脸红脖子粗地和一位同行争吵上半天，但是却是年复一年、自觉自愿、兴高采烈地向官府交纳一打以上名目繁多的苛捐杂税，其实他们是心如明镜，每个项目中所交的捐税都远远超过了法律所规定的数额，可他们还是一样不落地交纳；他们对官府的其他贪污腐败、践踏正义的事情可以一声不吭（更不要说反抗了）、置若罔闻地默默忍受，而当他的邻人或者毕生至交在某件琐碎的小事上忽视了礼节，他们就认为那伤害了自己的脸面和尊严，于是亲人反目、故交成仇的一幕便开始了。我曾见过的两兄弟，他们有一次仅仅是因为年幼的没有称年长的"尊兄"，而是直呼其名，年长的那位便因此怒气冲天；于是二人吵得昏天暗地，不可开交。实际上两人都是在官府的残酷压榨和剥削下生活的，但他们对此却没有表示任何的不满。鉴于以上中国民众的独特性格，我们当然能说他们愚昧无知，或者说是他们漠不关心自己的权利，并把这个作为对他们的一种解释和理解。事实上，中国的民众绝非是感觉迟钝、大大咧咧、呆头呆脑，或者缺乏活力，就像有人所宣称的那样。确实，他们在谈及皇帝时，总是使用非常压抑、恭恭敬敬的口气。但是，当他们在谈论和表达对地方官员的看法和意见的时候，就没有像对皇帝那样的恭敬神情和谨慎言语了，他们会很自由大胆地指责和批评地方官。这是因为他们明白，地方官也都是人，都是从普通百姓中走出来的，本质上是和老百姓没有什么区别的。所以他们并不是很看重来自于地方官的褒扬或者训斥，完全没把它当一回事的。除此之外，他们还非常喜欢给别人起绰号，恰如其分地奉送给每人一个或者几个绰号，即使级别最高的元老重臣也往往未能幸免，得到了几个这样特别的"昵称"。例如，冷嘲热讽地称恭亲王为"领班头子六"（Head Clerk Number 6），由于他位列朝廷重臣之首，同时又是先帝的第六子；他还被称为"鬼子六"（Devil Number 6），因为人们认为他对外国人很友好，而"鬼子"（Devil）正是中国老百姓对外国人的通用称号。实际上，内阁中有一位成员人们从来不直呼他的尊姓大名或者官衔，而是一律以"尺蠖"来代替，那种我们非常熟悉的能一屈一伸的虫子。还有一次，军机处的一位大臣在和我谈起皇帝时，称他为"我们的老板"（Our Boss）。

清朝官员的会客厅

中国人的头脑中虽然是有很多的迷信观念，有许多独特的习尚和爱好，但是从本质上来讲，这个民族是非常务实的。他们绝少追求或者沉溺于精神生活。

清代官员出巡时前呼后拥的随从队伍

他们和哲学家一样头脑冷静,而不是整天幻想的感情用事者。他们极少走上一条望不见边际和尽头的道路,对他们来讲,上不着天下不着地是无法理解的。毋庸置疑,中国人性格的这一特点与他们那沉默不语、极力忍受着不公正待遇的做法之间是有着深刻的联系的。对于一般不伤筋动骨的敲诈勒索,他们是不会起来反抗的,除非使他们深信反抗能给他们带来真正的实惠。根据他们的判断,如果竭尽全力地来维护某种权力会非常不划算的,尤其当可能会损害他们的商业利益时,那么无论你是如何地劝说和请求,他们都会漠然置之,泰山崩于前而不变色。通过自己的经验和观察,他们心里明白,积极起劲儿地与地方官府做对是要付出代价的,一般是没有什么好结果的。因此,他们宁愿选择清清楚楚、明明白白地忍受那些敲诈勒索、腐败堕落的行为,而不愿去做那些没有什么把握的事情,更不愿意去摸老虎屁股或捅马蜂窝。

在说到中国的官民关系的时候,还有一个非常重要并值得引起我们重视的因素。这就是,中国各级官员的俸禄在表面上是严重不足的。朝廷所规定的能够发给他们的所谓劳动补偿薪水,用来支付给他们所雇佣的幕僚、走卒、仆役等下属人员的工钱都是远远不够的, 而官员如果没有这些人为他们鞍前马后地服务,他们还真是难以应付。如果我们比较这个,来想象一下华盛顿高贵的美国国务卿要把他每个月的薪酬用来作为支付他管家的费用;同时再考虑一下我们设立在欧洲各个国家的外交机构中,绝少或者说是几乎没有哪一个领事馆的首席外交官用他的薪水就能够在一处像样的地方租一套像样的房子。如果能够明白以上的事实,我们就能够理解和体会,中国的各级官员们在这方面的确有难言之隐,很不容易。清朝政府已经看到了这种情况,每年从"反敲诈基金"(antiextortion fund)中抽出一些作为补贴拨给每位官员。在许多情况下这种补贴的数额是官员正式俸禄的 20~25 倍,但即使加上这一数额也往往让官员们难以维持比较体面的生活,他们仍然寒酸异常。

以上所述的事实是尽人皆知的,没有人会提出反对意见。正是从这一事实中出现了一个被广泛认同的做法。这就是,每一位官员都有权从他替百姓所做的服务项目中,收取相当数额的特别劳务费。所以,如果是办一个案子,那么他有权收取双方当事人的钱财作为报酬;如果是收取皇粮国税,那么他会"吃"下一笔回扣并且是心安理得、理直气壮。他所管辖区域内的平民百姓才是真正养活和支持着他的。在大清帝国的各个地区这个做法都得到了合法的承认,对此人们一般没有不满和怨言。除非是某些官员过于贪心,榨取得太多,或者某些官员巧立名目、胡乱收取服务费、漫天要价而激起民愤,如果是这种情况的话那又另当别论。在西方人看来,这一制度的种种危害和弊端是一目了然的,既清楚明白又切实存在,无需加任何注解和评论。但是,中国人却没有看出这种做法正变成了贪赃枉法、腐化堕落的敲门砖和通行证,反而深信不疑、誓死不二地为它进行辩护和支持其存在,认为那是既合情又合理的,就像是做生意一样。

看起来这一制度正在经历着针对中国的各级官员（从最底层的官员一直到皇帝身边的信臣）的一种变革。中国的一位非常著名的官员,他曾多年代表清朝政府常驻外国,并且凭借着出众的才能赢得了外国人的尊重。有一次他告诉我,当他从国外回到北京,第一次去拜见某位王公的时候,他的仆人要带上一份 100 两银子的礼物。在得到王公的接见之前,他必须先将这些银子递给把门的官员,这样他才能够得以通行,这只是第一次而已;如果他

清代官员出行时的马车队

第二次或者第三次要再次拜见那位王公,见面礼照样还是要交,只是这以后的每次只交 50 两银子就行了。那位官员还对我解释说,官员拜访皇室成员时,这样的礼物是必须要交纳的,至于礼物的轻重,是按照官员的官衔等级来严格规定的。第一次他交纳 100 两银子,正是按照他的官衔所规定的数额。这里还有另外一个例子。有一次,一名官员从某一职务离职之后,向内侍要求按照常规去晋见皇帝。但是他们告诉他,像他这样去拜见皇帝的话,一般是需要敬献 5000 两银子的。那位官员对这一数目感到非常犹豫不决,闷闷不乐,提出只交一半,但是被拒绝了。所以,他也就不得不放弃了要拜见皇帝的想法。虽然他心里非常明白对于他来说这意味着什么——朝廷委任他以新职务的希望就化作了泡影,即便是这样,他还是选择那样做,因为他是一位严于律己、两袖清风的国家公仆(事实上在中国这样的官员不乏其人),他既没有也根本无法弄到数额那样大的一笔银子。还有一次偶然的机会,北京一位非常有名的珠宝商人向我展示了摆放在他店里的 100 只像绸缎般鲜亮光滑、色彩绚丽、十分精美的盘子。每只盘子都分成 10 个大小均等的空格,正好容下一块 10 两重的银锭。珠宝商说,他正在做准备,一旦接到某位高级官员的通知,他就马上将银子装进盘子封存好。那是某位高级官员向一位皇子所送的既高雅又体面的礼物——一万两银子。

应当看到的是,这种奉送和收受礼金的制度也并不是绝对的百害无一利。它实际上在对维护社会的秩序和稳定起着非常重要的作用。清朝的法律虽然没有明文规定可以对某种犯罪的惩罚以罚款取代,然而它却又允许当事人来交纳一定数额的银子来替代某些很轻微的处罚。这就实际上使得在大量案件的处理中,只让违法乱纪、为非作歹者尽其所能交纳一笔钱财,便悄悄把案子完结。虽然有些时候这类银两被花费在一些刻不容缓的公益事业上,但在多数情况之下它们根本不可能被上交国库。每当某些官员玩忽职守、发生渎职行为从而激起百姓的不满和抗议的时候,便到了这些钱财大施身手的时候。因为,上级官员对下级官员的渎职行为都有被普遍认同的程度不等的各种处罚(即交罚金)。一旦发生了问题,下级官员便赶紧送银子给上级,以便破财消灾、息事宁人。因此，下级官吏所收取的罚金，其中相当大的一部分是要用来打点讨好他的上一级官员，而上一级的官员又要讨好更上一级的官员，他们也要交罚金给更上一级，一环扣一环。所以，这类罚金可谓是用途多多。

因此，无论如何来评说这种罚金送礼制度的抽象意义和根据，我们不能否认的是，它所造成的直接后果，便是促使那些有权能够征收罚金而同时自己又要向上级交纳罚金的人，必然时刻谨小慎微地来努力维持安定的社会秩序，尽量不要出什么差错；同时，他在榨取百姓钱财的时候，也一定要适可而止，尽量不要激起民愤。如果地方官员能够理解——事实上他们心里很清楚，他们的巧取豪夺如若是被捅到了上司那里，那么上司（比如某省的总督或者巡抚）一定会马上下令，要求和他共同"瓜分"所得的钱财。如果这种情况真的发生了（事实上有很多），地方官便糊涂了，他还不如普通老百姓精明：因为与其榨取某个数额的钱财，然后被迫分给上司一半或者被夺去一大半，倒不如少敲诈一点来全部收入自己的囊中。与此雷同的是，官员的任何玩忽职守如果已经是严重到引起民众的抱怨和不满，那么他肯定是要为此而付出代价的，哪怕这种抱怨和不满不足挂齿或者根本就是证据不充分。下面列举的一个很简单的例子恰好能说明这一点。

有一次，我在美国领事馆旁边的一个巡捕局报告了一件偷窃案。大致情况是这样子的，领事馆雇了一个中国人做抄写员，后来一个小偷偷走了这位抄写员的房子里面作为装饰摆设的一些银质器具，总共不超过 12 或者 15 美元。在听了我的叙述之后，巡捕官拍着胸口指天誓日地对我允诺，一定会将窃贼捉拿归案。但是在过了一个月之后，又有一位不速之客竟然溜进了我的房间，拿了比上次多得多的财物溜之大吉。这次我又找到了那位巡捕，并决定制造点压力给他。我警告他，如果再不认真调查此案，我将上报到京城的九门提督那里。这一招还真是奏效。在盗窃案发生一天还没过完的时候，他果真抓获了窃贼，失物也一件不少地物归原主了。又过了几周，那位巡捕要求面见我，我答应了，刚进门他就把上一次小偷在抄写员的房子里偷走的装饰银具放在桌子上。我看了一下，一样不落。惊讶之余，我向他表示了感谢，于是就有了以下的对话：

"为了找回这些东西我费了很大工夫，花了一大笔冤枉钱。如果您在上报到九门提督（军事总督）那里之前就警告我的话，我或许早就替您找回这些东西，也不必多花那么多的冤枉钱。"

"可是我并未向提督申报此事。"

"您一定对他说起过，因为他非常了解此事。"

"的确是没说过。我在提督面前从未就此事或者其他事情说过您的坏话。我只是警告过您，如果您不尽快缉拿进入我房间的小偷，我将报告九门提督。而您的做法让我非常满意，抄写员房间丢失的也不是什么非常贵重的东西，故而我将不再追究此事了。事实上，我已经是将其忘记了。"

"难道您从未对九门提督提起过您被窃的事吗？"

"我只是间接地提到过。对于您抓获的另外一个小偷，我自然是到提督那里去了多次，是和提督商量怎样来对他进行处罚。谈话中，我向提督赞扬了您那神速而又令人满意的办事效率。坦白来说，我告诉他对此我的确又惊又喜。还告诉他，因为此前有一个很小的案子，我委托您办理的时候，您虽然打下了包票，却

19世纪英国铜版画中描绘的达官贵人出访时的情景

根本没有结果。"

"这就是了。有一天提督大人召见我,首先告诉我,您非常满意我办的事;然后语气一变,逼我交代第一个案子是怎么回事,随后罚了我 1000 两银子。并且警告我,如果在一月之内我未能将前次失窃物找回来还给您,他还要罚我 1000 两银子,同时还要撤我的职。您现在再无须到处奔走、四处抱怨了,以后也不会有贼再来打扰贵领事馆了。"结果还真的如他所说。

就从以上所说内容来看,我们或许会惊讶地发现,世界上很少有国家能像中国那样,拥有这样完整的一套统治管理体系。在这一体系中,防范和限制不公正的压迫以及各种滥用权力等等的措施都显得相当严密,充满了智慧,的确是其他国家难以匹敌的。有着各种保护百姓不受官府欺凌压榨的法规和章程,巨细靡遗,多如牛毛,面面俱到。在此体系基础上建立的政府应该说是理想的政府。因为各级官员都处在普遍的监督之下,他们要忠实地依照各种规定来履行自己的职责,任何不接受监督的约束行为都被看作是无效和非法。除此之外,前文中我们还提到过中国的监察制度。这一制度对公众的利益行使独立的监察权力,不受外界因素的影响。依照规定,监察官们要时时刻刻密切观察每位官员的一举一动,不管他的官衔职位有多么高,都必须在这种监督下工作。而且,在这种体系之下,即便是最卑微低贱的人,也可以不受要挟、分文不花地将自己的冤屈达于天听——直接请求皇帝主持正义。

其他诸多任命官员以及规范其行为的规章制度有必要在这里叙述一下。因为不仅我们发现这些规章制度中彰显了睿智,而且清朝中央政府也已发现这些规章制度的制定对于防止种种社会弊病很有效果。比如,不得在自己出生的省份担任官职,同时自己的任何亲戚不得在其手下担任某一职务,即便是最卑微的一级也不行,不得在自己治下娶妻纳妾。同时,同胞兄弟所生的儿子(堂兄或者表兄弟)也不能在同一个省内任职。一旦有上述情况发生,那么依照这条规定,一般在一年之内便一定将他们调开。上述几条规定的用意十分明确,就是要防止裙带关系所产生的任人唯亲、有失公允的现象。另外一条中国人非常重视的原则就是规定官吏在同一地区的任职必须是三年以内。三年任期届满之后，官员要迁往他处，不得留在原地。依照其上届任职的政绩和表现，他们或者要晋级高升，或者要贬谪留用。只有在非常特殊的情况下，例如是由于百姓的全民挽留，官员才会在原任地连任一届。但是整体看来，三年一届然后再易地为官的规定还是得到了严格的执行。这么做的目的同样也十分明确，就是为了防止和消除官员与某些当地人关系过于密切，或者与他们沆瀣一气、荼毒生灵，以至于使官府丧失了应有的管理职能，从而使政府的形象受到损害。

有关大清帝国的捐官鬻爵以及官吏们步入仕途后种种荒唐离奇的行为，在很多书中已经详尽描述过了。有关这方面内容的许多非常有趣但未必确切的奇闻轶事也在到处流传。我本人相信，那些传说和其中的观点是没有准确的事实依据的。那些只是由于人们对于清朝泾渭分明、迥然不同的两类荣誉产生混淆之后，所出现的自然避免不了的结论，而那两种荣誉本来都是人们所争先恐后、极力追求的东西。毋庸置疑，在财政比较紧张的非常时期，朝廷会大量出卖一些官方的荣誉，这些头衔的标志是在顶子上佩戴一些珠子。对于一些相似的荣誉，皇帝还经常授给那些古道热肠、急公好义的个人，比如授予那些捐资筑桥修路、加固堤坝以及在其他方面贡献突出的人。在这类荣誉中虽然含有某些法定的特权，但绝不表明你就此可以去做官。我认识很多拥有这种官方头衔的中国人，但他们都不是正式的朝廷官员。此外，我在做了大量的调查访问之后，既没有发现，也没有听说过哪一位拥有这种官方荣誉的中国人，他能因为这个做到了村保以上的官职。在中国，用金钱购买的只能是挂名的头衔和荣誉称号。但是，要想步入官场完全取决于国家主持和控制的科举考试。可是，如果我们说某人成功地过五关、斩六将通过科举之后，金钱没有为他铺平了升迁的道路，那也是不准确的。

公众舆论在规范各级官员行为方面是起着极为重要的作用。任何人如若忽视了这一点，使百姓的感情受到了伤害或者激起了民愤，那么迟早有一天，他一定要倒霉。清朝的地方官一般有三种职责要履行。他要负责保一方平安，维护社

19世纪英国铜版画中描绘的清代官员开设家宴的情景

会秩序；还要负责收取或者主持减免朝廷所规定的此地的捐税，此外他还要保证百姓对他没有怨言，彼此相处和睦。如果以上三点都能做到，那么他便是天高任鸟飞，海阔凭鱼跃。在自己的地盘之上，他可以天马行空，纵横驰骋。只要不出差错，不激起百姓的不满，没有虐政，那么就不会有人来对他理民治政的具体方式进行干涉过问。从百姓这里来说，他们对于地方官所应该拥有的职责和权限比我们所预想得还要明了得多。就像我们在前面所说的那样，他们能够容忍地方官在一定程度上越出严格的法律条文来行事。但是与此同时，当地方官的行为过于过分的时候，他们又会马上做出反应。在某位地方官三年任期届满，面临新的奖惩升降问题之际，如果是政绩不佳的一份档案材料就会让他的前程因此而断送。这样，严于律己、洁身自好就被中国人看作是防范限制地方官滥权和越权的一件法宝。

在大清帝国的各个地方，还存在着一个连外国人都非常熟悉的"士大夫乡绅阶层"（literati）。这一阶层的人都是在他们那里受过一定教育的读书人，他们大都读完了读书人所必读的内容，并且已经通过了一两级通向仕途的科举考试。假如将这一类人用西方社会的各阶层来比较的话，他们和我们西方国家不在政府中任职的大学毕业生非常相似，只是有一个不同的地方，那就是西方人读书未必是为了做官,而所有那些东方的莘莘学子孜孜汲汲,穷经皓首追求学问的明确目的,就是为了入仕。他们视做官为朝思暮想的终生职业。在科举制度下,他们所有的人也并不是没有步入仕途的可能。每一个人都有可能是将来超群绝伦、直上青云者。

就像我们所预料的那样,这一阶层在每个社区中都是极具影响力的人物。他们有着某些法定的特权和豁免权。督抚以下的任何地方官都无法干涉他们的这些特权,更不能裁减或者取消这些特权。因此在某种意义上说,这一阶层独立于地方官府之外,不受其约束。他们很是看轻从事体力劳动和经商者,认为那是非常不体面的事情。只有在被逼无奈的情况下,他们才会拉下颜面去为衣食而四处奔走。因此,一般说来,这一阶层都是一些悠然自得、自在逍遥之士。他们的时间和精力都很充裕,整天研究琢磨将来该投到谁的门下,跟随谁的步伐,走哪条路子。同时,由于他们将自己看作是统治阶层的一部分,所以他们在品评地方官的时候一般都比较适度温和,不会走极端。然而,他们对于公众舆论却是有着决定性的导向作用。他们组成了一个非官方却又是被特别认可的"陪审团",随叫随到。清朝中央政府通过一系列的监察制度来和这一阶层保持着密切的联系。一般说来,朝廷十分看重他们的建议和意见,大多采纳。因为清廷意识到这些人的意见往往是民意的指向标,政府也深知民意不可违。

我们可以看出,这一阶层在整个社会生活中起到了缓冲和调控作用,对于那些生性残暴、本性贪婪的地方官有着重大的影响。首先,这一乡绅士大夫阶层自认为是社会中的统治阶层,他们中有很多人都在期望着有一天也能谋取一官半职。所以,他们在对贪官污吏进行评判的时候往往羞羞答答、避重就轻,"犹抱琵琶半遮面";而在另一方面,这一阶层的家人、亲戚或者朋友却往往又是避免不了苛捐暴政,他们对于这些人的申诉又不能完全置若罔闻或者无动于衷。所以,这类人有时也会怒不可遏,仗义执言;对于地方官来说,他也不能过于放肆,因为他要取得乡绅士大夫阶层的道义支持,来维系自己的权威。所以我们说,无论是在大清帝国的什么地方,士大夫阶层都在社会生活中起到调节器、平衡摆的作用。

从乡绅士大夫阶层在官民之间起到的作用来看，我们不得不承认他们的介入对于形成好人政府有着非常重要的意义，其价值不可小视。但是在另一方面，我们认为他们在其他一些问题上也起到了作用。而这些作用却是负面的影响，给国家带来了极大的危害，导致大量对外赔款的产生，并且不只一次将国家推到了战争的边缘。中国的士大夫乡绅阶层素以维护传统的道德教化、古老的风尚遗俗和天朝体制为己任。他们每人都把自己看作是孔夫子再造，是圣人的化身，都是智慧的源头、完美的典范。他们对孔子及

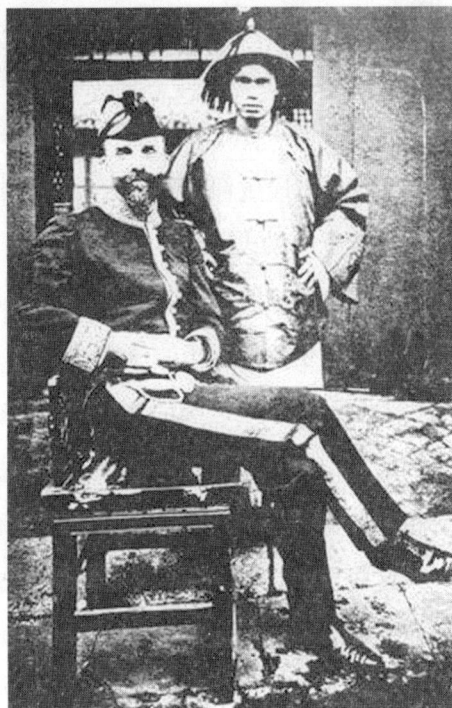

法国人方苏雅与其卫兵的合影。此图名为"假虎威"，清朝时期出现官府怕洋人，洋人怕百姓，百姓怕官府的怪圈

其教化顶礼膜拜，惟其马首是瞻。任何在那块天地的学问之外的都被视为罪恶的异端邪说，或者被视为一文不值的草芥。他们既冥顽不灵，又狂热盲从。因此，这一阶层实际形成了深闭固拒、作茧自缚的特性，因而也就成了历史前进途中的绊脚石。显然，我们有很充足的根据可以对他们进行指控：是他们煽动了百姓对外国人的仇视和反对，也是他们激起并造成了许许多多的暴力冲突，尤其是在那些将外国传教士作为重点攻击对象的事件中，他们更是起到了尤为重要的作用。虽然他们不无自豪地将自己视作维系天朝体制的一支不可或缺的重要影响力量，然而事实上，他们对国家的昌盛繁荣和健康发展却有着极大的负面作用。

为了褒扬地方官员的突出政绩，中国的老百姓发明了许多独特的方式。某

地方官出行,假如在其前面开路的随从手里红色的绸缎伞是拿着而不是打着的话,那就表明此官员是一位深孚众望、百姓爱戴的好官。这种伞一般是由民众共同捐资修制的。他们在伞上刻上一些溢美之词,在署上全部捐献者的名字后,将其送给那位万民敬仰的父母官。有的时候,他们还将举行一个盛大的游行,将伞以这种隆重的仪式送到官府。此外,百姓还可能在一块匾额或者一条绸缎的绶带写上一些褒扬的话,然后敬献给他们所爱戴的地方官。1870年6月,天津的地方官就得到了万民授予的这样一把伞,另外还有一块和上面所说相似的匾。伞上刻着"万民之伞"之类的文字,表达整个天津民众对这位官员的良好祝愿;匾上刻的是"万民之活佛"之类的文字。民众用这种别出机杼的方式以大慈大悲的佛祖释迦牟尼来称呼接受者,那位他们的保护者。

这些异乎寻常的礼物显示了士大夫乡绅阶层幕后操纵力量的可怕和影响之巨。对此我们前文已经提到过。毋庸置疑,那把伞和匾,是在士大夫乡绅的点头授意之下送给天津那位地方官的,对他的行动以示鼓励和奖赏。因为在那一敬献仪式仅仅三天之后,令人发指的天津屠杀事件就发生了。对于这一事件,我们可以这样说,正是士大夫乡绅以及他们对百姓的影响使其产生了令人震惊的后果:20名外国人丧命于此,大多是妇女。她们被处死的方式让人不寒而栗,已超出了语言能所描述和叙说的能力了。那位地方官得到一把伞和一块匾额,但所换来的,却是流放阿穆尔河畔,充军服苦役。20名当地人被处死,另外一些人受到其他形式的惩处。同时,清朝政府还赔款近500000两白银,并派遣了一个专门的代表团去法国道歉。

当一位游历者来到中国的某个城市时,他很有可能发现在牌楼上悬挂着几双形状不同、破烂不堪的靴子。这又是百姓对他们所景仰爱戴的官员表达心意的另一种非常独特的方式。当一位深孚众望的地方官任期届满、即将封印离职时,百姓便选派当地一些德高望重之辈为代表,来慰问这名官员,向他说上一些溢美之词,然后郑重其事地请求留一双他的官靴给这个城市的百姓。这种请求被看作是至高无上的荣誉,从来不会有人会表示拒绝的。然后,这双靴子就在一阵敲锣打鼓、唢呐齐鸣声中被庄严地送到城门,悬挂在牌楼之上。它们在那里任凭日晒雨淋,直至腐烂脱落。

经常有许多事例表明,中国的民众对于地方官无理的敲诈勒索、强取豪夺一方面表现得是相当的宽容,另一方面也有他们成功的反抗方式。我所知道的一件事情就能够说明以上结论不是无稽之谈。它显示了百姓们在一些事情的处理上采取方式的独特性,他们的忍耐和克制,以及由此他们所取得的胜利。我们以此事例来作为本章的结尾,或许算是较为恰当的吧。

依照清朝的律法规定,政府要征收土地税,每亩地的数额是固定的。由于个人土地拥有量一般较小,单项的款额因而便显得微不足道。所以,百姓在交纳土地税时常常是不无例外地以铜钱代替银子。虽然每两银子对铜钱的比价是上下浮动不定的,但其基本比价总是维持在一比两千文的水平。由于这一比价总是上下有所浮动,因此这就让地方官员有了可乘之机。他们利用市场上银子和铜钱比价的变化,在收取百姓的土地税时大捞一笔。在离北京城百里不到的某郊区县,那里的地方官数年来一直以一两银子比四千文铜钱的比例来收取土地税——换句话说,通过征收土地税,地方官获得了一倍的利润。对此人们没有说什么,总是认真交纳。因为就像我们早就指出的那样,百姓心里是明白的,地方官也要维持生存。但是换了一名新官之后,他将比价提高到了一比五千文,对此人们还是没有说什么,照旧是交纳;于是新官天真地以为自己的百姓没有脾气,好欺负,所以在数月之后,他将比价提高到了一比六千文。对此人们开始在私底下嘀嘀咕咕地发牢骚,但是税款还是依旧交纳;结果他再一次上调比价,达到了一比七千。于是百姓们怨声载道,议论沸腾,人们准备有组织地对此进行抵抗,但后来还是没有下文。在新官任期即将过半之时,他再一次下令提高比价以一比八千的价格征收土地税,这是百姓原本应交数额的四倍。

这一举动成了危机的导火索。人们马上举行了一个群众集合。会上决定写一份申诉状给皇帝,通过监察官员转呈至皇上那儿,列举他们所遭受的苦难,请求尽快将那欲壑难填的地方官撤职查办,以平民愤。因为县城离北京很近,会上还决定选派几名代表亲自送诉状至北京,以尽快解决此事。写好诉状之后,一个由三名声誉颇隆的乡绅组成的代表团便来到京城,亲手将诉状交给了都察院的负责官员。

清朝政府对于各种正式申诉状的形式、规格、写作方式等方面都有相当严格和烦琐的规定要求。它们必须要用一种特殊颜色的特制纸张书写。行文的要求非常的规范和严谨,和一般文体大不相同。写好状子之后,必须依照一定的尺寸来折叠、装封,然后写上收状人的姓名地址等等,所有这一切都必须依照严格的规定来做。

那三名上诉者的处境非常不妙。他们的诉状由于有一两处无关大局之

清代二品官员的夫人。从其装束可见当时贵族的穿戴极为奢华

处的书写没有严格按照规定,于是不仅原状被驳回,而且他们每人还挨了 50 大板,同时还以藐视朝廷的罪名被罚了一小笔钱。他们垂头丧气,像斗败的公鸡一般回到了家乡。那地方知县在得知这一消息之后,立即宣布再次提高地税的比价,这次提高到了一比九千,来为自己取得的胜利庆贺。

但是,这位知县对中国的老百姓是太不了解了,他太低估了他们。人们马上又举行了一个集合,这次更加仔细认真地起草了一份申诉状,并且又加入了知县新近的这一暴行。状写好之后,他们依然是派几名代表将其送至京城。这一次,他们终于胜利了。那位知县得到了他应有的惩处。他不仅被罢免了,并且是以后永不叙用。朝廷决定向该县重新派遣一位名声很好的清官。这位官员上任伊始,便召集了一个广泛的民众大会,让大家自由发表意见和看法,讨论确定一

个合乎情理的地税比价。最后大家一致同意，银铜比价定在一比五千的标准。为了纪念此事，人们竖了一块花岗岩石碑在城镇中心的广场上，上面刻着某年月日，知县与百姓进行商议之后，一致同意，以后土地税的收取永远按照一两银子比五千文铜钱的比例，不得违反，云云。

学而优则仕

"念书当官"是每一位中国为人父母者时常挂在嘴边的一句话。那是他们对孩子的谆谆教诲和良好愿望,同时也是每个孩子所不懈追求的目标。它的意思是"先读书,后做官"。这表明,就像我们在前面已经谈过的那样,在中国,读书求学的最初动机和终极目标,就是入仕。当每一名孩子由牙牙学语到初懂人事而进入学堂时,他最先被灌输和想到的,便是念书当官,而所有父母在让孩子去接受教育的时候,他们整天念叨的,也不过如此。

中华民族悠久的历史替中国人求学的动机做了很好的注解。许久以来,中国的政权最终往往掌握在了那些从普通民众中脱颖而出的人手中。那些人一般都是出身平民,在接受了教育之后,在权力与荣耀的官阶上平步青云,直至"一览众山小"的境界。在美国的历史上,我们有许多贫苦出身的孩子成长为头面人物的事例,比如林肯、格兰特、加费尔德(Garfield)以及其他的许多著名人物。而在中国,像这样的例子更是举不胜举,因为他们国家的历史远长于我们的历史。中国有无数的莘莘学子在这些榜样的激励和鼓舞下用功苦读。对于他们来说,要做出和他们榜样那样的辉煌业绩完全是可能的。和我们的国家一样,中国的朝廷对于有着出色表现的大臣也是宠渥有加,使之荣华显贵。众所周知,就在几年之前,清朝一名执政大臣病逝,皇帝非常悲伤,给他追封谥号,下诏褒扬。这位大臣本是出身贫寒农家,之后虽然官居显要,却仍是公正廉明,两袖清风。关于他的去世,皇帝在所下的诏书中这样说道:"卿诚乃朕左膀右臂、股肱之臣。"同样人们也知道,皇帝不仅亲自派遣了一位皇子带领他的 10 名贴身侍卫替这位去世的大臣在北京停柩期间一直守灵,并且还嘱咐这位去世大臣家乡省份的督抚亲自主持其在家乡的葬礼。朝廷希望用这种方式,来表达对死者的敬重和褒奖。

有些人模模糊糊地认为，中国纯粹是一个人口众多而未开化的国家，那里的人民完全沉迷在残酷野蛮、低级原始的鬼神迷信观念之中。但是，假如这些人有机会来认真阅读一番中国的文化典籍，那么他们的思路和眼界一定会变得开阔起来，他们也将会改变他们的某些看法。这些人将会惊讶地发现，中国的文化典籍中存在着大量珍贵的警世之言、高尚的伦理道德，以及一整套非常完整的价值规范评判体系。可以这么说，这些东西拿来培养和教育西方的孩子们是完全可以的。而在中国，这些内容早已选入了学堂的教科书，用来教导学生。约 775 年前，一名专门注解孔子经书的杰出学者，将孔子的著述改编了一下，让它在学童的启蒙教育中也能够适用。自该书问世以来，没有做过任何修订或者更换，至今它仍是中国学堂中通用的教科书。举个例子吧，该书的重要内容之一，就是如何教育和培养孩子。当孩子刚开始学说话的时候，作者指出应该教给孩子们"男孩子要大胆而敏捷地来回答别人的提问，女孩子则要轻声慢语"。

清朝状元翁同龢秉烛夜读图

接下来的内容便仅仅是针对男孩的：7 岁时，应该教会他们识数，但是他们不能与大人或者长辈同坐在一个座位上，他们也不能与大人或者长辈同桌进餐；8 岁

153

时,他们应当要学会侍奉长辈,应当知道礼让,做到先人后己;10岁时,他们应当去私塾读书上学,应当整天都待在学堂里,学习写作和算术。衣着朴素庄重,还要表现谦恭有礼,以做到动静有度,和自己的年龄和身份相符;13岁时,还应当学习诗歌和音乐;15岁时,还要学习骑射;20岁时,被接纳为成人,要举行一些成人仪式,还要让他们学会其他的一些礼节,要诚恳地履行孝道和三纲五常;虽然他们这时已有了较为广泛的知识,但绝不能让他们养成卖弄学问、露才扬己的习惯,此时他们可以娶妻成家,做一些日常的事务;40岁时,他们可以开始为国效力;50岁时,他们可以担任各部的尚书;而到了70岁,他们就必须告老还乡。

有关其他内容,本书还列出了如下谆谆教诲:教育孩童要永远讲真话,让他们待在符合自己身份的地方,坐要正坐,站要挺直;听大人教导或者先生授课时,要聚精会神,专心致志;作为一名好学生,要恭敬有礼,谦虚好学,虚心求教,牢记先生所讲的每一个字;他要从善如流,见贤思齐,见不贤而内自省,见善如不及,见不善如探汤;他还要衣着整洁,不得马虎大意;他要温故而知新,每天都要学习,等等,简直是让人难以相信。在哥伦布发现美洲新大陆的三个半世纪之前,这样一本包含如此精深智慧内容的教科书就已经在中国的学堂中存在了。

除此之外,还有一本内容和价值的重要程度比之不相上下的教科书,其名称是《家训全书》。其内容提到了一名学生如果要想成功的话所应当遵循的学习方法和学习途径。它所提到的主要宗旨就是"少而精深远胜于多却繁杂"。换句话说就是,它建议初学者学贵有恒,要刻苦进取,切忌不求甚解,既要目标远大,又要兢兢业业,融会贯通自己所学的知识,对任何一个疑点都不要放过;作者建议每人案前要时常摆放三本好书,以供随时翻阅;同时还建议学生准备一些抄写本,以便在读书时将一些妙言警句誊抄下来。这本书还用到了一条古老而著名的谚语,这条谚语的历史比书本身的历史还要悠久,早已广为流传。其内容是:"士三日不读,则其言无味,而面目可憎。"因此,当人们发现中国的教育体制的基础是如此高度智慧时,他们就不会对此怀疑了——为什么中国传统的政治、经济、文化制度历久弥新,保持着顽强的生命力。

无论是在别的哪个国家、哪个朝代,我们都没有办法发现还有比中国所拥有的指导人们怎样安身立命的哲言睿语更加尽善尽美了。但是,我们却不能就此得出结论,中国的教育内容无论从整体还是部分上看都是完美无缺的。威尔斯·威廉博士在他的著述中表达了这样一种观点,"在那个自居天下中心的王国中,"他说,"让那些古老的中国人接受教育的最终目标,并不是要在他们的大脑中装满知识,而是要让他们安分守己,服从统治和约束,同时也为了净化他们的思想和感情,是为了'洗脑'。"倘若在古代中国的确如此,那么在近代中国,教育的目的还是如此。因为一千多年以来,中国教育在实质内容上并没有什么改变。当我们对清朝所规定的教育内容进行了认真的审视,当我们也了解了这些内容其实是掌握和统治国家的高层官员们所必备的前提条件时,我们原先对那些充满智慧的道德教化和哲言睿语的赞美与钦佩,会马上变成深深的震惊和完全的不迷信教条;还有许多不具实用价值的政治格言、稀稀疏疏的中国历史和传统习俗、没有体系的地理知识,这便是其全部的内容。其中关于中国历史方面的或精确或模糊的内容,以及少量的地理知识,都只是偶尔涉及一点,它们并不是作为周详严密、不可或缺的课程去学习的。这些内容都是在一些儒家经典中断章截句摘抄而来,而那些儒家经典作品早在基督诞生的几百年前就已出现了。从上面的事实来看,我们能够很容易判断那些知识的准确性及其实用价值。

中国的教育体系之中,除了那些我们完全认可了的伦理道德教化的存在价值之外,即便是用乐观的态度对这一体系进行评价的话,我们也只能说它不过完成了如下这些使命:传授阅读和写作的知识,培养锻炼并强化了记忆力。可以这么说,在这一体制之下培养造就出来的中国学生的记忆力是极为惊人的,世上任何其他的民族都无法比拟。

对于学生的课程,我们在此简单介绍一下。当儿童在五六岁刚开蒙时,他所接触的第一本书是《三字经》。内容是三字一句，并且很押韵：实际上近乎打油诗。它的内容是一些传统的道德规范和广为流传的故事。本书的目的是教导学生努力为父母争光，光宗耀祖；要敬畏皇帝，做良民顺臣；要形成良好的性

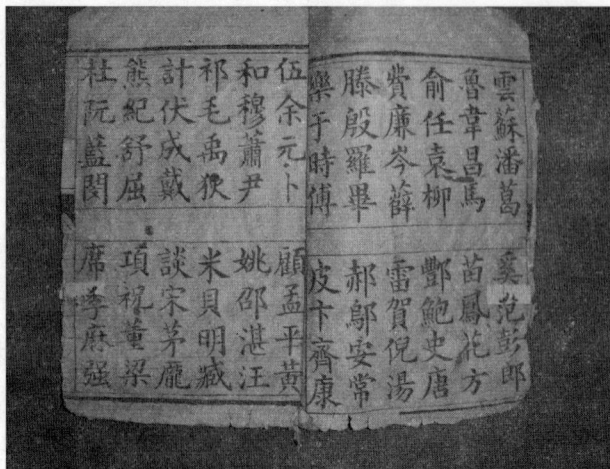

清代《增订百家姓》书影

格品德，不与坏人为伍；要心无旁骛，一心只读圣贤书。这本书还包括了其他方面做人应该具备的优秀品质，等等。作为学生，要熟读成诵这本内容不是太多的小书，要会读会写所有的字，并且明了正确的含义。在以上任务完成之后，第二本要读的书是《百家姓》，文字同样也是押韵的，但实际意义和价值实在是没有多大联系，它仅仅只是中国通行的所有姓氏的一个目录。然而就是这本书的内容，学生还是要将其全部牢记在心，并且也要能读会写里面的每一个字。最后，是《家训全书》，我们在前面已经说到过这本书的内容了。和前面的两本书一样，学生还是要熟记背诵其内容，能读会写。掌握以上三本书仅仅只是一个开头，后面还有真正艰巨复杂的学习任务呢，也就是那厚厚的九卷本的儒家经典。如同对待以上三本书一样，学生必须将其全部装进脑子里，其中每一个字都能读写。

在学习儒家经典的同时，学生还要学诗作文。吟诗作赋是中国人的传统，在这片大地上广为流传着一些优美动人的诗歌。可以很有根据地说，在中国，有许多学者都是作文写诗的高手，因为中国的语言明快简洁，且变化颇多，能够表达非常细腻精微的思想和感情，这就为学者们写诗作文提供了诸多有利的前提条件。我曾将一位中国著名学者的书信集译成英文，完稿了的英译本有将近一百多页。这份书信集的原文写得异乎寻常的简约凝练，任何一个字的改动，都会对原

作者的本意有所影响。

有关中国古代的经典作品，我们已经做了诸多表述。事实上，它们也包含着大量无关宏旨、价值不高的糟粕；同时，我们应当承认的是，其中有诸多内容不管是当代的中国人还是外国人，都是无法解释和难以理解的。那些东西在刚被写出来时，可能是极高的智慧或者极为深刻的哲理；但是，物转星移，世事变迁，千百年之后，文字的意义有可能发生了根本的变化，其用法也可能早就和以往相去甚远，再加上许多尚未知晓的其他因素——于是我们不难得出结论，今天要探究根源地对那些古典作品中许多内容的真谛进行探寻，谈何容易，不啻异想天开。那是一些无法解开的谜团、难以捉摸的怪题。我们在这里引用一句话——看起来非常简单的一句话，是我们随意在《易经》中摘取的："大人见虎，往见神明。"我们从这句琢磨不透的话语中能够体会出些什么呢？然而，《易经》中的这些东西可能要比那九种被奉若神明的儒家经典的某些内容还要更好一些，或者至少不会相形见绌。因为学生不仅要牢记那九种书中的每一个字，并且还要时时能够做出解释。如上即是中国教育的主要内容。

大清帝国的每座城市和每个乡村几乎都有学校。教育得到了公众广泛而普遍的重视。因此，如果为人父母者未能送孩子进学堂上学，那将是一件颜面扫地的事情。他会因此受到指摘和责难。学校往往并非政府拨款建造和维持，多是由众人的捐资和学生的学费来修建和维持。教书先生通常是在某一级科举考试中已经通过了的人。他们只有很少的报酬。如果是在荒远偏僻的小村子里，教书先生每年可能只有 75 元的报酬，而在较大的镇和城市里，每年可能有 150 元左右。除此之外还有一些私塾先生，为了应付科举考试，他们往往采用很有特色的"填鸭式"教学手段来教这些年轻人，却

清代教书先生

157

也因为经常取得成功而声名远播。所以，他们一般也会有较丰厚的酬金。

学校教室里的设备非常原始和简陋。一张八仙桌，上面供奉着孔子的牌位，一把供先生坐的椅子摆在桌子旁边，这些便是一间教室里最重要的物品。此外，还有供学生使用的小桌子和小凳子，那些凳子很像是木匠用的木

中国早期的学校——私塾

马。以上便是教室里物品的全部了。每名学生除了书本之外，还有一些纸、一方砚、一块墨，以及一支似乎是骆驼毛制成的毛笔。私塾先生大都备有一把戒尺或者一截竹棍，此外还有大圆眼镜一副。前者是用来惩戒学生的称手工具，世界各地的学生似乎对此都不会太陌生；而后者则是用以维护师道尊严不可或缺的得力助手。

孩童一般是五六岁时入堂受业的，有的年龄甚至比这还要小。他们通常没有周末或者假日，每天要有九个小时在学校学习，直至完成我们以上所述的学业课程为止。到了这个时候，学生们大都到了十八岁了。学生们在进入教室和离开时都要向孔子的牌位及先生鞠躬致敬。每天他们都要习字作文，还需背诵一部分课文。在背诵时，学生往往都是扯开嗓子高声大喊，逐字逐句，来回反复，不达目的不罢休。如果谁默不做声，那么先生的竹棍或者戒尺便上他的身了。看来，如果一个正刻苦用功的中国孩子的肺活量全部发挥出来，几乎可以掀翻教室的房顶。人们在很远的地方一听到那喊声振天的读书声，就知道孩子们正在按部就班地上课。比之中国的教室，一家机器轰鸣的工厂或者热气沸腾的锅炉房便立刻成了暮气沉沉的教区墓地了。

在学校里，先生对学生的教学方法完全是因材施教。每个学生都是依照自己的情况来学习，行远自迩、由浅入深、循序渐进的。因此对于学生们来说，彼此都是互相独立的。先生布置的任务如果有谁先完成了，就可以随时来到先生面

前,将书递给先生,然后背转身对着他,双手交叉在背后,将学过的内容背诵一遍。事实上,中国的"背书",如果仅从字面上理解的话,便是"背对着书本"(to back the book)。"背书"便源于这一独特的做法。它的意义和英语中的"recitation"一词基本相同。

有充足的证据说明一个事实,即从整体上作为一个民族来看中国人,他们的智商非常高,从他们的创作能力便可看出。近来大量的考试和测验表明,中国的学生在和西方学校里的青年男女进行直接比试和争衡时,丝毫不落下风。有一位中国的男孩子,在香港和澳门地区接受了教会学校的一些预备教育之后,教会的慈善机构又将其送至美国,以便让他完成未竟的学业。刚刚在几年之前,这个男孩在耶鲁大学的英文写作比赛中无出其右,独占鳌头。数年前十二月的一个晚上,在北京街头的水沟里人们发现一名被父母遗弃的女婴,便赶紧将她打捞上来,结果这孩子幸免于难。后来,她有幸被送往英国接受教育,最终在我国一所最著名的女子学院以最优异的成绩和最显耀的荣誉毕业。依照西方当代人的眼光来判断,仅从那些被清朝政府选送到美国来接受教育的学童的表现上,便能让人惊讶于那个东方的大民族所具有的超出其他民族的智慧,那是一个极善于思考的民族。那批被选送到美国的学童一共是 120 名,年龄大多都是11 岁左右。母语都掌握得不错,能读会写,但无人接触过洋字码。甚至他们当中都没有几个人能在我们此上所述的中国正规学校里念过几天书。许多的美国女士都凭想象认为,那些孩子不是出身王室贵胄,便是来自豪门世家,但事实上却并非如此。依照中国人自己的标准,这些学童都是来自中产家庭,他们家庭的年收入仅仅在 200~500 元左右。那些学童到了美国之后,我们既未发现丝毫关于他们有不当行为的事例,也未发现他们存在哪怕是一丁点儿的智力缺陷。他们以让人惊讶的速度,掌握了世界上第三大难学的语言——英语;随后,他们又来挑战那一系列完全陌生的学习课程,并表现出了令人咋舌的适应能力和超强的悟性。在他们整个的学习过程中,不管是最基本的中小学内容,还是大学的内容,也不管是理科课程还是文科课程,那些学童在他们所处的班级中都是位居前列的佼佼者。尤其值得一提的是,他们所有的言行举止都非常得体,滴水不漏。我曾和其中的 51 名学生同乘一艘客船越过太平洋,和他们在一起度过了难忘的 25 天。当时他们包乘的客舱异常拥挤,条件恶劣。我相信,如果让相同人数的美国青年学生待在和他们的中国同学一样的恶劣环境下,他们绝不可能忍受那么长时间的煎熬。但是那些中国学生不仅做到了,同时还表现出了相当的绅士风度。既没有指导的教师,也没有负责的官员陪同着他们,在天涯孤旅中他们就像一群失去了妈妈的孩子,然而他们却都很好地把握自己,表现出了很强的自理自立能力。最近,美国规模最大的一所大学的校长对我说,有五名中国学生——三名中国男孩和两名女孩,已经顺利地通过了这所大学主持的入学考试,被获准进入到他亲自负责的学院学习。他们五人均未在美国接受过入学前的训练和学习,仅仅只在中国的教会学校里学习过一些为大学学习打基础的课程。即便是这样,在和好几百人同时竞争进入那所大学的资格考试中,三名中国男孩获得了拉丁文的最高分,两名中国女孩则获得了数学的最高分。

人们对于中国的文盲状况已是多有论述和种种估计判断,但所有的那些判断和估计都仅仅是主观的凭空臆测,因而丝毫没有价值。将判断估计建立在可

清代教书先生与学生们的合影。封建时期只有男子有接受教育的权利

靠基础之上的可以利用的有效资料事实上是绝无可能的。我们的估计只能是这样的，从整体上看，能够识文断字的人的比例，在中国的各个不同地区有着极大的差别。和我们预想的一样，较大的乡镇和城市有着远高于农村和偏远地区的教育普及率和文化程度。这里有一个对中国的教育和文盲问题来说是有着决定性意义和影响的事实。这就是，妇女在中国是没有受教育的权利的，这一点或许是没有任何人会否认的。在整个大清帝国内，向女子开放的学校是一所也没有。当然，除了由外国传教士主办的那几所教学学校。所以，当我们来对中国的文盲状况进行任何判断和估计时，人口中的所有女性，或者说整个人口的二分之一，都要将其归入全文盲的行列。

对于学校开设的课程，清政府是不加限制的，几乎采取听之任之的态度。对此我们不能得出这样的结论：官方来圈定现在学校的课程。即便事实果真如此，那也是很久以前的故事了，或许是过于久远，似乎有关此事的官方记载早已被岁月消磨得杳无踪迹了。唯一有案可稽的是，约九百多年前，唐朝的一位皇帝开创了一直沿用至今、网罗世间英才的科举取士制度。自那以后这一制度在本质上没有经历过什么变化。如同中国的其他事物，似乎刚已出现，它们就已经尽善尽美、毫无瑕疵了，没有进一步扩充和完善的必要，便能够名垂青史、万古不朽。

在清朝帝国之内，某些阶层的人们虽然求学的权利没有被剥夺，却被严格禁止参加科举考试。如果某人是这阶层中的一员，那么他的四代后世子孙都要"分享"这一"特权"，即不能够参加科举考试。这样实际上便断了他们步入仕途的一切可能。这些人包括各类罪犯、娼妓、演员、宦官、丧葬主持者、剃头匠、跑堂的，以及仆役等等。以上阶层中如果有人胆大妄为地在四代被禁的范围之内，一时兴起去参加了科举考试，那么在被发现之后，他受到的惩罚一定是非常严厉的。

对于这些歧视政策，有的听起来似乎理直气壮，但实际上它们没有一点合理性可言。而其中有些说法，读者在看了之后，肯定会觉得非常荒唐和可笑，简直是不经之谈。比如，一名厨子或者他的子孙都可以自由地参加科举来求取功名。换句话说，他们可以仕途得意，平步青云，朝廷的最高荣誉和奖赏是可以看到也能够得到的东西；然而，对于将厨子做的饭菜端上桌子的伙计来说，境地可就大相径庭了，他本人，直至他的第四代后人，参加科考都是不可能的。对他们来说，那条路是紧闭着的，只能望洋兴叹；同样，那位妆点和打扮人们脑袋的艺术家同样非常不幸，他和他直至四代的子孙，也在此列；相比较而言，那位从事修脚业的绅士——脚医，就异常幸运了。他和他的子孙后代们在这条路上只要有本事便能够一路畅通。既可得高官，也能享厚禄。这种种的差别歧视政策虽然离奇古怪，让人捉摸不透，但是中国人很容易地就找到令自己心安理得的解释，就如同他们表现在其他任何事情上那样。至于西方人如何看待，那简直太无关紧要了。中国人坚持认为，仆役是一种非常低贱的职业。因为他们必须在主人左右侍立，还要跑前跑后，腿脚不停。而厨师便不像这样低贱。同理，他们还认为，剃头匠必须在那里站着，手持剃刀和剪子来为坐着的顾客服务，因而，理发也是一种低下的、奴性十足的职业，让操持此业的人来谋取功名不太合适。"但是，"他们扬扬得意地补充说，"修脚指甲的艺术家是坐着工作的；即便是为皇帝服务时，他也是坐着的。"

中国的科举考试有着不同的级别，要最终通过，必须经过三个等级的考试。最低一级的称之为"秀才"，即初露锋芒、略有才气的人；第二等级的称之为"举人"，即身份进一步提高了的人；最高一级的称之为"进士"，已经是很有资格的学者了。有时人们将这些称号同西方的学士、硕士、博士三个学位来比较，但那仅仅只是比较而已，在本质上它们是完全不同的两码事。如果要取得秀才的学历资格，须通过三次考试，这三次考试都是在当地的县区城镇举行的；举人的资格考试是在各个省的省城举行，每年一次；级别最高的进士资格考试每三年举行一次，考点只在京城设立。所有参加考试者都必须从最低的一级考起，任何人不得越级参加。只要本人愿意考，每一个有资格的人都能够一直考下去，甚至可以为之终生奋斗，事实上有许多人是这样来做的。他们在希望与失望、成功与失败之间苦苦挣扎，穷经皓首，不懈追求。只要他们对那些难以计数的复杂严厉的考试规则不加违反的话，就不会被排斥在考场之外，希望就一线尚存，他们就可以再接再厉,继续向前考。

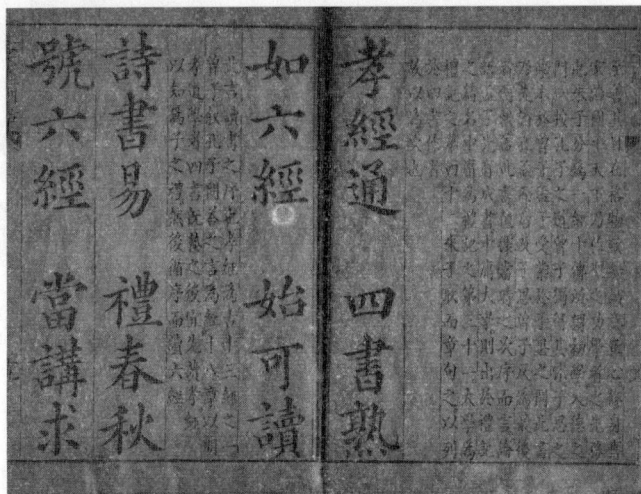

清代《三字经训诂》书影

获得了最低一级学位资格"秀才"的人,也就拥有了资格来担任某些公职。但是,如果他对于某个从属的位置不太满意,还有更高的追求和期望的话,那么他要做的是,或继续只身苦读,或请一位先生为他指点迷津。获得最高的学位资格之后,再进入仕宦生涯。就像上面说的,许多人就是将青春年华在这样的苦苦追求中慢慢地耗尽了,直到两鬓斑白却仍是考场上的失意者。在北京每三年一次举行的最高级别的科举考试中,我们都能在众考生间发现一些头发斑白的老学生,这很是一道风景。有一次我看到应试者的名单中有一名考生填写的年龄是 86 岁,除此之外还有 6 名 70 岁以上的。还有一次,一位考生由于紧张和兴奋过度,最后终因心力交瘁死在了考场里,这位考生已是 88 高龄了。为了表示对此考生坚忍不拔的毅力和孜孜以求的追求的表彰,朝廷最后追加了某个名誉称号给他。有许多人品行端正,正直贤良,在通过了前两级的资格考试后,继续考取最后一级的学历资格却屡试不第,如果直至 90 岁仍未能通过的话,皇帝这时便格外施恩,赐这些人"进士"及第或者"进士"出身。当然我们无须说明,这种形式上的赏赐是完全不会加官进爵的。

关于科举考试的章程规则和条条框框,我们用一篇冗长的论文来描述。在考试中,对全部考生都是进行严密监视的,以防止任何形式的冒名顶替、串通共谋或者相互抄袭等等舞弊行为的出现。和考试相联系的是,彼此独立的三部分政府官员负责考生的考务。在参加第一级考试之前,考生首先要在登记处(我们暂且这样称呼)进行身份的验查。他按照要求向负责的官员解释清楚一切情况,让负责官员相信自己报考和竞争相应学位的资格都是充分的;同时递交给负责官员一个已经糊好,里面装着考生选好了的一个化名的信封。在考试时考生在试卷上要填写这个化名,自己的真实姓名不得使用。当考生在规定的时间进入考场时,第二部分负责监场官员就对他们进行严密的监控。首先他们对每一名考生都要进行严格的搜身。倘若某人身上被发现一星半点写着哪怕是只有一个字的纸条,那么马上他就会很不光彩地被驱逐出考场,永世不得进入。如果在搜身时没有发现任何问题,那么各个考生就来到为考试而准备的隔离开来的小房子里。考生的物品只有几张纸和书写的笔墨。考试题目的统一分发一律是在全部准备工作就绪之后。考生一般在这种考场中一待就是 20 个小时。在此期间,经常有监考官和巡查人员米回监视,以观考生是否是在串通他人共同作弊。考试的题目往往备有不止一个,它们一律从《四书》、《五经》等儒家经典中选取。考试一结束,所有试卷便转向下一级官员——阅卷官手里。经过他们的详细审阅判断之后,确定成绩优异、通过科考者的名单。名单依旧是按照考卷上的化名来排列。随后根据事先糊好的信封里的化名,再确认考生的真名。从理论上讲,落榜者的姓名考官是永远不会知道的。

无论是哪一级别的考试都是以上述的方式进行,考试的题目也大抵类似,全部从儒家经典中出题。在北京举行的三年一次的考试中,应试的人数一般有14000 人左右,录取人数往往不会超过 500 人。由此可以看出,科举考试的要求非常苛刻,竞争也是异常激烈残酷。事实上,每次考试中能够获得向往已久的学位资格者,远低于总应试人数的 10%。据说,试卷审阅的标准主要看书写是否规范,文体是否八股,内容是否孔孟。任何一丁点儿在儒家学说之外的独立见解都被看作是异端邪说,都会受到严厉的谴责。如果是那个样子,阅卷官是绝对不会给出好的成绩的。除此之外，另外两点颇受阅卷官重视。仅仅一个字写错，或者有星点的墨渍洒在了试卷上了，便会让一个人榜上无名；相反，如果是文字晓畅流利，文采斐然，加上字体的书写规范优美，则一定会备受阅卷官的青睐。能够写出这样试卷的人往往就会崭露头角，扶摇直上。

正是因为有着如此多的失意者，幸运的成功者才会更加欣喜若狂，其家人也顿时春风满面，大喜过望。他们为此要无比隆重地庆贺一番，这是不足为奇的。大摆宴席，恭维喝彩之声不绝于耳。公布科场考试的成绩之后，中举者本人或他们的朋友们往往在城区的大街小巷到处贴满喜报，来表示祝贺和炫耀。我们移译了一份这类的张贴："喜报！王先生非常荣幸地来告知各位，承蒙皇帝恩赐，他的不孝之子最近在省城举行的乡试中，以优异的成绩荣登金榜第 169 名，取得了文科学士学位（即举人），可喜可贺！同喜同贺！"于是，王先生的家人和中举者其他朋友们闻此讯息，无不奔走相告，以手加额。

对于中国历代的文化作品，似乎并没有多少值得评说的东西。中国历代虽然在积累了卷帙浩繁的宗教思想和迷信观念因素之后，我们还会发现它的精华部分其实是在高度的伦理道德基础之上建立的。可是，不管那些东方的思想家们和创作者的智慧和思辨能力达到了如何的高度，他们似乎总是喜欢选择一些具体而微的题目，然后穷根究底，将其阐述发挥得酣畅淋漓，尽收眼底。另一方面，他们显然不乐意或者不敢接触一些很宏大的题目，更谈不到庄重地将其展开为大块文章、鸿篇巨制。他们的本事完全在于细致入微的阐释和描述，面面俱到，惟妙惟肖。我们了解到，孔子的著述成为了后世中国一切创作的中心和仿效的典范，一切偏离和背离孔子思想的说教和行为都是自取其辱和惹祸伤身。这种现象的出现并不值得奇怪，因为它与我们上述的内容是密切相关的。此外，中国虽然有几本甚是精彩极富价值的小说，但其他大部分的文学作品都是一些拙劣的糟粕，胡说八道，没有用处。那些东西应当被警察查禁。

即便如此，中国人的头脑里的语言中却充满了睿智的、令人钦佩的锦言妙语，这些流光溢彩的语言都是摘取自古代以及近代思想家和文学家的作品，其中许多和英语中的习辞谚语有着异曲同工之妙。在此我们选取几条,以飨读者:"安贫乐道常自在,富人未必无烦恼。"

"孩子聪明,金钱将会使其堕落;孩子呆笨,金钱会使其更蠢。"

"退一步海阔天空,让三分心平气和。"

"人无远虑,必有近忧。"

"鉴往而知来,鉴今而知古。"

"财富来自积累,贫穷始于挥霍。"

"嫉妒是女人的天性,十分之九必如此。"

"身正不怕影子斜。谣言不攻自破,是非由人评说。"

"与官员为友,你会越来越贫穷;与商人为伍,你会越来越富足;与僧道交好,你会得到一本关于募捐的小册子。"

"天下没有不散的筵席。"

"沉默是金,静水流深,喋喋不休者非圣人。"

"万般皆下品,唯有读书高。"

"土地撂荒,空虚谷仓;有书不读,子孙蠢愚。"

《窦燕山教子图》,由清代画家任薰所绘。《三字经》中有云:"窦燕山,有义方。教五子,名俱扬。"

166

礼仪之邦的繁文缛节

    几乎可以说，在中国，对于一个人来说，礼仪似乎比他的道德水准还要重要。仅就其表面刻板严格的礼节形式来看，这个民族不愧是一个礼仪之邦，其讲求礼节的艺术是其他国家望尘莫及的。的确，这些礼节中的大多数已经被仅仅衍化成了某种癖好或者习尚而已。虽然实实在在的本质内容有所缺乏，但其烦琐无益的形式仍在，对其还是有着苛严的要求的。在中国，不论是赶车夫，还是路边衣衫褴褛、气味熏人的乞丐；也不管是农村里的乡下人还是城市中的公子王孙，莫不亲历躬行，他们一般都不敢失却礼数。多数情况下，你可以当面对一个中国人说他是撒谎者和骗子，他反而认为这是对他的一种恭维并且坦然接受。但是，如果你指摘一个中国人，说他礼数不周或者说他的言辞不当，有违常规，那么他立即就会脸红脖子粗地和你理论一番。

    如同我们料想的那样，在中国这样一个有着悠久历史的国家，她的那套礼仪习俗不仅早已有着非常具体和固定的发展，而且繁杂异常，让人难以应付，动辄出错。我们日常生活的方方面面几乎都渗透到了，简直是无孔不入。中国人在交谈时，总是有一套固定的模式遵循，他们总是不切实际地吹嘘对方一番，同时又总是索然寡味、令人恶心地将自己贬得很低很低，似乎是如果不这样做，自己便显得不够古怪稀奇和愚蠢可笑一样。哪怕是在谈论一个很简单的问题，他们也要这样做。这样，便使得谈话在很大程度上味同嚼蜡、索然无味，使语言的鲜活魅力和独创性完全丧失了。例如，在两位绅士或者两名乞丐初次见面时，他们不能免俗地要依照以下的模式开始交谈。以下就是他们的一段简短对话：

"请问您贵姓？"

"兄弟免贵姓张。"

"高寿几何？"

"不高，马齿徒增七十年。"

"府上何处？"

"寒舍在某某地方。"

"令郎如何？"

"犬子怎样怎样。"

诚然，在这样的对话中人们也能获取那些实质性的内容。这些内容都十分简单，给出的答案也非常正确。但是每一句的一问一答都必须小心谨慎地来遵循以上固定呆板的模式。任何一个恭维和贬抑字眼的忽视或省略，都被视为失了礼数，因此也就是对对方的冒渎和不敬。的确，这一做法的初衷是出于对别人的尊重，它本身并没有错。也正是出于这种良好的愿望，双方的谈话总是扬人贬己，互相谦让。但是我们有着充分的理由相信，这种做法原有的精神实质早已失去了，变成了没有意义的语言空壳而已。情形即便不是如此，那么这些粗俗的彼此恭维也只能使谈话荒诞不经、华而不实。

在中国，同辈人之间若直呼其名，将被视为是一种严重的失礼行为，这是一条置之四海而皆准的规则。但是它也有例外，即在至交和近亲之间可以不必遵循。除此之外，即使同胞兄弟也不得彼此直呼其名，否则，只能让对方心有不快、怒气冲天。他们只能说"尊兄"，或者"贤弟"。一母所生的大丈夫们可以不止一次由于仅仅没有遵循这一规则，而反目成仇，厮打得不可开交。这是有案可稽的事实。中国人有的做法非常独特，就是依照数字来排列和分辨孩子们的长幼先后顺序。依照这种逻辑排列，琼斯先生的大儿子将被称为"琼斯老大"，二儿子称为"琼斯老二"，三儿子被称为"琼斯老三"，以此类推。在社会上或公众场合，官阶和地位对等的人，既可以直接用官衔对他们称呼，也可以称他们为"尊敬的琼斯老大"，或者"尊敬的琼斯老二"，等等。以上做法都被认为是理所当然、礼貌有加的行为。

另外一方面，长官或者长者可以自由随意地对下级的同僚们或者晚辈们直呼其名，因为他们既有权利，也应当这样做。如果他们对下级或者同级晚辈采用同辈之间的那些称呼，那将被看作是无知愚昧的下里巴人。这一事实为我们在前面所介绍的同辈人之间礼节的奇特问题提供了答案。人们在同辈人之间若是直呼对方姓名，那便是有一种高高在上的企图，侵犯了长官和长者的权利，是僭越行为。以称呼区别长幼尊贵，诸如此类的细小情节不胜枚举。这经常让外国在华居留者和他们所雇佣的中国仆人谈

作揖是中国封建时期最常见的见面礼节

话时，频繁出现错误，狼狈不堪。据我所知有这么一位外国的绅士，总是管他的勤杂工叫"老兄弟"。因为绅士对汉语是一无所知，听到其他的仆人对勤杂工是这样称呼的，于是他就自然而然地认为"老兄弟"便是他的姓名。美国驻北京领事馆的一名成员曾收到过一份严正的抗议，因为他一直将总理衙门大臣称为"恭亲王"，而不是称"王父"。依照中国的礼仪习惯，后一种称呼应当是该采用的，而非前者。此类的错误并不能将其只看作是一个笑话，某些时候会产生很严重的后果。因为依照东方人的观点，形式上的礼节的重要性往往要超过事情的本质内容。所以经常犯礼节性错误的外国人总是被视同为未开化的野蛮人、乡巴佬，因此这有时会对一些重大事务的交涉有着恶劣的影响。

　　总体说来,在中国的对外关系中,礼节问题是发挥着重要影响的,所以中外之间由此而产生的严重摩擦和误解,非常人所能料想。中国的官员对自己的颜面和尊严特别注意,有时简直到了冥顽不化的程度。各级官员相互交际往来,是要遵循着一套非常严格苛刻的礼仪规范的,无论是谁都不得违反。因此,自然而然地,他们对将更高的礼遇加到与自己同等或者近似级别的外国官员身上是强烈反对的。我们不妨举个例子对此加以说明。在中国,每一位有着一定级别官员宅邸的大门一般都是由三个门洞组成:中间的大门是对开的两扇,而位列两边的小门则是独扇闭合。庄重威严的中央大门仅对那些和自己级别相当的官员开放,这是一条严格的规定。在过去的很多年里,驻广东的各国领事代表们从未当面拜见过当地的督抚,因为当他们来求见时,督抚拒绝打开正门来迎接。而他们不愿意从边门登堂入室,于是双方就较上劲了。应当承认,督抚的官阶要比领事代表高出很多,但是,他们坚持己见,如果不是让他们从正门进入,那将是侮辱了他们所代表的各国政府的尊严。这一问题引起了一系列令人很伤神的辩论和争吵,数年来对中外双方的贸易关系以及其他事务的往来产生了非常大的影响。直至最后,事情还是由督抚做了让步才得以解决。

　　与此事非常相像的是,有关外国人如何来晋见中国皇帝的问题。对此人们早已多有论述。事实上,朝廷是几乎在经过了长达六个月夜以继日的争论研讨之后,这一问题在1873年才最终有了答案。其原因并非是见还是不见皇帝的问题,而是因为它与整个天朝的礼制和体制问题有了牵扯,非同小可。对于外国人晋见皇帝,中国人从未反对过,但是他们坚持,外国人在晋见时也必须依照中国的礼仪行事。从古至今不管是官阶多高的王公大臣或者皇家的王子王孙,无论他们在什么时候拜见皇帝都要按礼行事,都要"三跪九叩",也就是平常所说的"磕头"。其具体的步骤是双膝跪下,双手触地,然后再以额触地。如此三次,礼仪方为完成。应当承认的是,这种要求并非是高雅和尊重人的做法。各国代表理所当然地对中国的这种礼仪表示拒绝,他们的理由是,这种礼仪非常有失身份,非常不得当。因为他们都是自己国家政府的正式代表,而这些政府与清朝政府应当是没有高下悬殊之分的;并且,他们即使在拜见自己本国的最高统治者时,也从未被要求需依照中国的"三跪九叩"行礼。所以,他们见外国统治者时只同意行拜见本国统治者时的行礼方式,绝不同意遵从其他表示更加忠顺屈尊的礼仪。中国人对自己的要求也是一再坚持,并且一坚持就是近六个月之久。但最终还是他们做出了让步。因为我遵照美国政府的指示,转告清朝政府,如果他们还是继续坚持原先的要求,那么美国政府将宣布断绝与清朝政府的外交关系,然后"依照形势的发展及其态势的严重程度",美国政府将会对此做出相应的进一步指示。正是在这种情况之下,清朝的皇帝陛下在权衡了利弊得失之后,最终放弃了他们的要求,取而代之的是让外国人对他深深鞠躬,以使他满意。还有两件小事是值得一提的。外国人在外交活动中总是佩带仅起着装饰作用而实际上是毫无威胁的刀剑,但是中国人却强烈反对这么做。因为他们认为,在拜见皇帝时无论佩戴什么刀剑都是异常严重的失礼行为。在另外一件事情上,他们成功地让我们的一位外交代表出了大洋相。这位代表眼睛高度近视,如果让他摘掉眼镜,那么他便和盲人无异。中国人利用了这位代表尽人皆知的好脾气,要求他在晋见皇帝时不能够配戴眼镜。他们说,依照中国人的礼规,在皇帝面前脸上架着眼镜是很不合适的。代表同意了他们的要求,结果只能是由另一名同事搀扶着进宫拜见皇帝。

在中国,关于怎样来接受一杯茶和如何饮用的礼节也许貌似简单,但实际并非如此,里面的学问非常高深。许多外国人都在这一问题上出尽了洋相。以下就是我所听说的一件很尴尬的事情。一位美国绅士因某件事务来拜访一位中国官员。一开始,官员对他礼遇有加,甚是客气。客人入座之后,仆人立刻就上了一杯茶。官员双手端起它,高举齐眉,以非常庄重的神情,递至美国绅士面前,结果客人只是坐在那儿接受了这杯茶。然后官员正襟危坐,仆人为他上了一杯茶。在风尘仆仆的长途奔波之后,客人早已是口干舌燥。于是,他端起茶杯就一饮而尽。这下可就惹了麻烦。中国官员脸色一变,他一改刚才客客气气、彬彬有礼的态度,换上了一副盛气凌人的态度,对美国绅士所要求谈论的事务根本不予理睬。最后,像是对待仆人一般地将其打发出了官府。

在这件事上,客人犯了两个礼节性的错误。而在西方人看来那都不过是不值一提的小事，但是在中国人看来却是了不得的大事。首先，当主人给客人敬茶时，他应当站起身来接受；其次（这也是最重要的一点），不管当时客人的嗓子眼儿里是如何的干，他都不应动那杯茶，除非主人再三催促请他用茶，并且带头先尝。客人还应当了解，在中国，当主人再三劝茶的时候，那时客人便应当知趣地赶紧起身告辞。如果客人的官衔比主人要高，那么他想怎么喝就怎么喝，没有限制和拘束；但如果实际上他的官阶要低于主人，那么按照中国的礼俗，客人就只好老老实实地见主人的脸色来行事。当主人认为谈话没有继续下去的必要的时候，他就端起茶杯表示客人可以离开了。

光绪皇帝接见外国使臣的场景

看来，那位美国绅士在那之前并未拜见过中国官员，而那位中国官员之前也还未见过外国人的模样。于是，他是依照中国人的眼光，对美国客人的一举一动进行观察，以判断他是不是一位有修养的绅士。只是看到客人这样饮茶，官员便将对方看作是没有修养的人。结果，美国客人成了不受欢迎的人，对主人的拜访也就无法再进行下去了。

中国社会的各个阶层，无论是位居庙堂还是身处江湖，都对诸如上述之类细微烦琐的礼节极为重视。虽然中国人将这些细微的礼节看作是个人品行修养的重要组成部分，但是我们对此观点却没有过高的评价。但是如果一个人想同这些东方人处好关系，同时他又希望来和他们做重大交易的话，那么他对这些礼节就不要轻易忽视，因为那是极不明智的。中国人在对一个人的道德品质做判断的时候，显然就是根据那些细小而无关宏旨的礼节标准。这些标准就如同这个民族的历史一样绵长，如同高山大河一样永恒，千秋万代、子子孙孙地传衍着。我们可以讽刺和嘲笑这些，因为在这之中的确是有许多内容都是枯燥乏味和荒诞不经的。但它们是客观存在着，作为这个民族遗传基因的一部分存在着。不管是谁，倘若希望与中国人建立良好的关系，并试图成功地同他们一起开拓某项事业的话，他就必须对他们的礼俗加以重视和遵循。当然，对于其中有辱身份的内容还是应当区别对待的。对那些由于忽视或者存心违反礼节的行为会产生的恶劣影响，我甚至能够写出一本专著来介绍给读者。正如我以上所述，中国人对同级与同级之间、上级与下级之间的道德礼节规范是尤为重视的，而外国人往往在这一方面会出现差错。

有一次我派遣使馆的一名工作人员去中国的某个省城，会同当地的巡抚处理一件公务。这位绅士对自己拥有的一座墨西哥出产的马鞍很是自豪，马鞍上面点缀着无数毫无用处的物件。倘若将此鞍配在一匹身材高大的马的背上，或许看起来很是壮观，既威武又漂亮，可是这位绅士骑了一匹中国的马，身材很矮小，将鞍子架到马背上之后，我们看到那个可怜动物露在外面的仅剩头尾了。随后，他又脚蹬带有马刺的墨西哥长靴，头戴阔边帽，手持一条沉甸甸的鞭子，就这样，他登上了征程，代表着美利坚合众国政府。一路之上，所有的狗都跟在其后，狂吠不止；所有的中国人也都异常惊讶地用迷茫的眼光盯着这位不速之客，以为动物界有一个新的变种出现了。经过栉风沐雨的连续奔波，这位绅士终于平安抵达目的地。来到省城仅用了半小时，绅士以异乎寻常的速度——其神速的程度简直难以形容，以至于我们只好将其理解为他是想尽快了结此事。并未洗漱一下，他带着一身的尘土和劳顿，跃上马背，沿着铺设平整的街道向巡抚衙门狂奔而去。到了那里，他胡乱地将马拴在附近的一根柱子上，然后用鞭子的手柄砰砰地敲击那庄严肃穆的大门。听到声响开门的高贵仆人吓了一大跳，惊异得瞠目结舌。绅士一把将自己的名片塞给仆人，让他去通报。结果，巡抚拒绝接见他。但是回话说，可以提供给绅士和别的官员交涉那件事情的机会，然而绅士却又表示对此难以接受。这样他在省城足足等待了一周之后，还是毫无结果，于是只好打点行装踏上归程。在归途中的某座城市，他一度受到人们的骚扰和围攻。显然，由于这位绅士举动的不合礼仪，让他肩负的那项使命变得复

清朝的君臣之礼

杂起来。在随后的三年中,这件使命一直被来回推诿,让人劳烦心神,伤透了脑筋。但我想还是应该向读者交代清楚这一事件的最后结局,以便有始有终;同时,也是为了说明认真遵守中国礼规习俗的意义是何等重要。在事情过去了三年之后,我肩负着同一使命来到了同一座省城。还是同一位巡抚,但他却是异常客气和友好地接待了我。仅仅就是在第一次会谈时,我们便圆满地解决了问题。前一位领事代表如果是稍稍尊重一点中国的礼仪的话,那么他同样也能够办好此事。在本质上我与前者并没有什么区别,只是各自的处事方式有所不同而已。

不管在何时何地,在中国,当两个熟人骑着马相遇,或是坐着马车相逢,或是乘着轿子碰见之时,每个人都应当下到地面,向对方打招呼。在这种情况之下,每人都要力争先下到地上,恳切地和对方说不必屈尊,但对方却总是还要下来。在一通寒暄问候之后,双方必须再礼让一番,让对方先走。他们在这么做的时候,总是显得那样执著,那样热切,那样真挚坦诚。然而实际上那都只不过是一套烦琐却毫无意义的逢场作戏而已。对于谁应先下马下车或落轿,双方心里都心如明镜,彼此心照不宣。倘若有人经不起朋友的再三恳求,在该下的时候没有下,或是在不该走的时候先走了,让年长自己很多的朋友或者地位高出自己很多的朋友站在街上送自己,那样的话,他就麻烦了:朋友们对他将不再认可,对其也不再信任,而他作为绅士的声誉,从此也随之杳然。

然而,在一些素有修养的中国人中间,却表现出更多人类的天性。他们在从不公开地忽视或者违反乏味枯燥、冗长无用的繁文缛节的同时,总是想方设法来对其回避。其直接的结果,便是那些从不步行的绅士们,在大街上永远不愿碰见自己的朋友,或者他们直接对朋友视若无睹。如果坐在车里或者轿子里,他们总是将帘子拉下来,遮得严严实实;如果是骑在马上,他们的眼睛会对另一个方向看,就是不朝你这边看。我认识这么一位中国官员,有一次我和他在街上相遇时,他非常客气地对我鞠了一躬,以示致意;而同时他对另一位既是朋友又是同事的官员却毫不理会,他已经和这位朋友共事40年了,几乎天天打交道,可以算得上是莫逆之交。但是当他在面临着依照外国的习俗随意地与我打招呼的同时,又面临着一套装模作样、徒耗心神的礼节时,他权衡之后,只好对后者装作没看见。

在中国,当数人要进入或者离开一个房间,或者要就座于同一张桌子时,也是有着一套令人感到相当厌烦的荒唐礼节。事实上,每个人都十分清楚他自己的位置在何处,因为那是按照他自己相对于别人的地位和官阶早就确定好了的。因此,每个人都清楚谁应当排在末尾进去,谁又应当出来时走在最前面;或者谁应当居上席,又是谁应当坐下首,等等。对这些规则的要求是相当严格的。任何偏离或者违反它的行为都是不能被容忍的。虽然如此,人们总还是身体向后移动,总是要劝别人先行。在每个不同身份地位的人各得其位之前,这种友好的谦让必定是要持续数分钟。似乎中国人一直以来对时间都是异常慷慨大方的,倘若他们稍稍对其重要性有所认识的话,那么他们会意识到在这种虚情假意、来回礼让上所耗费的时间将是一笔相当惊人的损失。以下是我在总理衙门所经历的一件事情。那一次我去那里是为了交涉某些问题。当时衙门里只有两名官员,他们一道出来迎接我。我们在门口挣扎了半天,才找好了进门的顺序;接着在那通常议论正事的圆桌前,又经历了一番你推我让,然后我们才各自入座。就在我们谈话当中,又先后来了五名其他的官员。每有一人到来,那些已经入座的就赶紧起身走到门外迎接,大家又是互相推让一通,依次进来,然后再你推我让地谦让说自己坐下首,把上席推给他人。就是在这样滑稽的闹剧中,大量宝贵的时间被白白浪费掉了。那一次,在仅仅两个小时的会谈里,我们先后变换了五次座位。

据说有人这样认为,作为整个民族来讲,中国人所犯的许多错误和吃的苦

清代最大的礼节———磕头下跪

头,究其原因,都是由于对礼节过分苛求所造成的。在他们看来,一个简单坦白的"不"字是最不礼貌的。在拒绝别人时,应当使用委婉曲折、十分遗憾的语气,让人觉得自己的确出于无奈或者是力不从心、不能胜任。一般不会出现不给面子或者不赏脸的事情。即使偶尔出现了,那么拒绝者脸上也是一副惶恐不安、万分难过、确实爱莫能助的样子。在经历诸多世纪的这种磨炼之后,中国人在找寻各种遁词和借口方面早已成为行家里手,其他民族是难以望其项背的。我们从未发现有中国人在不愿做某事或不欢迎某人时,找不到一些添枝加叶、冠冕堂皇的理由以进行搪塞。

以上的做法我们在谈话中、在处理那些不适宜的话题时也同样适用。虽然条条大路通罗马,但是绝不能笔直地一条道走下去,必须回环曲折、曲里拐弯。中国人绝少讲不得体或者有意冒犯他人的话,即使对别人所讲的话感到很不高兴,他也不会将其表露出来。他会不动声色地讲述某一个能影射此事的故事,让对方自己去体会其弦外音、话外意,让对方能够据此推知自己的不满以及不满的原因。当然在我们看来是直说无妨,但是中国人觉得那样做会更好一些,既顾及了他人的颜面,又可以不伤和气。如果一位中国的仆人对其所做的活计感到不满意,或者嫌待遇太差,他从不公开表露抱怨或不满的情绪,因为那会被认为是非常不礼貌的行为。但是,他会立即"将自己的老爷子杀死",即谎称自己的父亲去世,或者让自己的老大哥"生病卧床",即谎称自己的哥哥生病,然后告诉主人这一不幸的消息,作为他辞去工作的借口。倘若这是一名外国人的中国仆人,同时他的主人不甚精通这种东方人的习俗的话,那么这位主人很可能真的相信了仆人的话,对仆人的遭遇深表同情和慰问。仆人在感到厌恶和愤怒之余,或许他真的会一走了之。于是,主人便失去了一位宝贵的仆人;但是,如果这位外国人对中国人喜欢拐弯抹角的做事习惯早就习惯了的话,那么他除了对仆人所说的不幸表示遗憾之外,他会马上向另外的雇员了解清楚,这位仆人真正的问题是什么。然后,再视当时情况而酌情处理。一般说来,他会揣着明白装糊涂,装作不知的样子,任凭仆人去"悲伤哀痛"。因为,如果他戳穿了事情,那就会令仆人颜面扫地。那样主人就是送他金山银山,他也不会动心,他会决意走人。

中国人对他们所不喜欢的事情所采取的曲意掩饰，以及他们将自己真实感情和行为动机隐藏的种种极端做法，是让人感到十分诧异的。中国社会的各个阶层皆是如此。在对这一礼节的亲身躬行方面，最高级别的官员和学识最渊博的学者未必比那些最下贱的苦力们高明。至少他们是不分轩轾、难分高下的。当他们不得不告诉别人对他们来说是很不幸或者不愿再提的事情时，他们所使用的口气和神情竟是给人以等闲视之、无关痛痒的印象。我就认识这样一位中国官员，谈到自己的独子不幸夭折时，泰然自若，一笑置之，似乎是无足轻重的事。实际上在他内心深处的想法里，再也没有比这更加糟糕的事情了。只有在私底下面对自己的至亲好友时，他才再不会去顾及什么颜面和礼节，一吐胸中的块垒，将自己的哀伤完全倾诉出来。

对于自己的真情实感，中国人常常是惯于压制和约束的，这是十分不正常的。在外国人看来，中国人作为整个民族似乎感觉迟钝、麻木不仁，就像冷血动物一样。但实际情况恰好相反，他们情感丰富、目光敏锐、自尊高傲。和我们料想的一样，当他们被惹得无法忍受的时候，他们如同脱缰野马，行动完全是由感情来支配，对于结果是根本不管凶吉。按照我们的观点来看，在这时他们又走向了另外一个极端。和他们平时对真实感情进行压制和约束的做法相比，同样是荒

清朝驻美公使伍廷芳在使馆中

唐和不必要的。这样的结论似乎过于苛求了，或者很不公正，因为中国人的思想观念和我们的相比，简直是有着霄壤之别。他们总是将自己厚厚地包裹在一套冠冕堂皇的礼节仪规的外衣之下，只是在极为罕见的情况下，别人才偶而对深藏其中的某些底蕴有所窥得。外国人中至少有一半人认为，它并未包容人类天性中的优秀品质。在我们看来，芝麻粒般大小的事情就会让中国人怒气冲天、暴跳如雷。这一事实更是加深了以上的错误看法。有人刚刚被狠狠地侮辱了一通，他却仅是付之一笑；隔了一会儿，另一个人没留神踩了他的脚，结果他却勃然大怒，无人能够劝止。不能很好地平抑怒气是孩子气的表现，而忍辱含垢也不是男子仅应具备的气节，或许我们会这样想。但是这种想法只对一些特殊的事例适用，不能代表普遍性。许多个世纪以来，中国人都是在自我克制和恪守礼节等法则信条的控制束缚之下，只有对这些信条和法则有了真正的了解之后，并以此作为评判的依据，我们才有可能对现今的中国人做出理性的、公允的评价。

西方人，特别是英国人和美国人，在表达他们的意愿或者追求某件事时，总喜欢采用单刀直入的方式，而没有什么比这个更使得中国人感到惊慌失措和迷惑不解的了。因为他们总是就像穿衣服一样，谨慎小心地将自己的意图紧紧包裹起来；而我们总是赤裸裸地表露自己的意图。在与他们的交往中，一方面，我们经常急得上窜下跳、火烧火燎，也对他们的葫芦里到底卖的是什么药难以弄明白；另一方面，他们却经常因为我们的直率而误入歧途：将我们所需求的东西错误地认为并非我们的本意，而是醉翁之意不在酒。于是，他们在满足我们的同时，心里往往却是在暗暗地扬扬自得。

下面的事件能够很好地说明中国礼俗极端复杂的另一方面。1881 年 1 月，有一天我们雇佣的管家突然告知我，他必须辞职离去。我很诧异，因为他已经在这工作了将近 10 年了，并且表现得非常出色。我问他突然辞职的原因，他回答说，头一天晚上，他吃过晚饭后有事外出，便将和烧火的伙夫同住的宿舍锁了起来，结果却粗心地忘记了留下钥匙，而是带在了自己身上。当时伙夫也出去了，到 11 点才回来，自然，因为没有钥匙，他没有办法进入宿舍上床睡觉，所以便出了乱子。

其实伙夫原本可以很简单地到另一个仆人的宿舍去对付一宿，但他没这么做。他非常生气,于是来到了就在附近的管家的家门口。不知怎么回事,伙夫越想越气,越气越想,不由得怒气冲天,暴跳如雷,开始在那里高声骂起街来,指名道姓地骂管家的妻子和老娘,尽是不堪入耳的污言秽语,深更半夜吵得街坊四邻不得安宁。

这样大约过了一小时之后,伙夫回到领事馆,到另外一个房间和另外一个仆人睡了一晚上,本来他早就应该这样做。事情的经过大体上就是这样。管家还告诉我,由于伙夫闹得太严重,并且大家都已知道了此事,因此他要同伙夫"打官司"。由于考虑到两名在同一主人手下的仆人打官司对主人会产生不好的影响,所以,他请求先辞去工作。

在听了管家的陈述之后,我首先对他说,只要伙夫待在领事馆里一天不走,中国的任何法庭都不会受理他的控告和申诉。因此,除非是同时也将伙夫解雇,否则,放弃工作是毫无意义的;其次,我告诉管家说,将此事诉诸法庭将会是让伙夫当着至少五百人的面,复述他所骂过的脏话,而当时听到那些脏话的人也不过五六十而已。我向管家许诺,一定认真调查此事,如果情况属实,必定惩罚伙夫;同时,我还对管家说,希望他不要辞职,我叮嘱他,在我想法解决这一难题之时,不要有进一步的行动。对此,管家迟疑犹豫了一阵,最后总算同意了。

送走管家之后,我派人叫来伙夫,再听听他的说法。非常奇怪,伙夫的话与管家的陈述是完全一致的。他承认完全是他一人的责任,并且还说,他对自己的行为感到非常羞耻,非常内疚,同时还答应对于主人所给予的任何应有的惩罚,他将无条件接受。我就其行为严厉地训斥了他一顿,明白地告诉他,假如他是一名外国人,用同样的脏话辱骂了另一名外国人的亲属的话,他也许早就送了命了。

我对此事采取了冷处理的办法,又过了两天,我同时将管家和伙夫召来,让他们站在我和其他的仆人面前。接着我从头到尾将事情的经过叙述了一遍,二人均无异议。随后,伙夫承认了自己的错误,在管家的面前跪着磕了三个头,以示谢罪,并请求对方宽恕自己。我又派他和管家以及另外一名仆人一起到管家的家里,向受了他辱骂的管家的妻子和他的老母亲做了同样的道歉。这就是中国式的解决方式。既然受害的一方已经没有了什么意见,我认为事情已经过去,麻烦已经消除。

但是两天之后,管家又来找我,说虽然他和他的亲属还都满意伙夫的道歉;但是,那些伙夫骂的污言秽语早已传进邻居的耳朵里,邻居对伙夫已经认罪道歉却并不知情,他们已经对他不屑一顾、冷眼相看了。因此,用他自己的话说,就是"除非他能够有法子重新漆一遍自己的大门"——也就是除非让大家都知道伙夫已经赔礼道歉了,否则街坊邻居们将不再理睬他,甚至还有可能将他驱逐出去。

我认为他说的话也是非常有道理的,考虑了一会儿,我对他说:"好吧,我想您是对的;我将伙夫半个月的工钱扣下,以示惩罚,作为赔偿,我将钱交给你。然后你告诉邻居们我的这个决定。现在我就把钱给你,等到月底我再从伙夫的工钱中扣除。"

我递给他3元钱。

但他还是拒绝接受,说:"不,不。这钱我不能要。那样只能使事态更加恶化。邻居仍将会说,对我亲属的谩骂和侮辱仅仅花3元钱就可以抵消。"

"那么您看应该怎么处理?"

管家答道:"请您将钱给另外的一名仆人,告诉他这钱的来历,他知道应如何用。"

我照他的话去做了,把钱交给了马夫。我告诉他,他可以用他认为的最好的办法,让管家的邻居们觉得此事处理得完美无缺,还要使他们都知道伙夫已经做了应有的赔偿。原本我以为他们会用这钱去置办一桌酒席,请街坊四邻们都到场,让伙夫在众人的面前,再表演一次他的谢罪和道歉。

可是三天之后,马夫来告诉我说:

"我已经完成了你交给我的任务。我花1.4元买了一些油漆,又花1元请了一名漆工,让他做好了该做的事了。现在还有0.6元钱剩余,您看该如何处理?"

我对此感无比的讶异,说:

"您说的我不太明白,什么乱七八糟的买油漆、请漆工,这到底是什么意思?"

于是马夫对我解释了先前管家所说的"重新漆大门"的真正含义。原来北京有一种风俗,在类似这样的事件中,肇事者一定要出钱将受害者家的大门漆刷一新,来表示公开的赔礼道歉,收回前恶。所以,马夫便买了油漆,请来漆工,将管家家里的大门漆刷一新。这样,便平息了众人的怨气,也洗刷和恢复了被侮辱的尊严和受损伤的荣誉。

我吩咐马夫,将剩余的六十分钱,还给伙夫。

天生的生意人

中国不像美国那样,有着鲜明的、永恒的阶级差别,也没有等级制度。一般情况下,中国人根据所从事的职业来划分等级、评定流派品行。在这一分类方式下,中国人被归入他们所熟知的士、农、工、商这些范畴之内。中国人对不同职业的看法与评价,很容易通过这一由高到底的排序方式看出来。西方社会同中国的士、农、工、商一一对应的阶层分别是学者、农场主(农夫)、手工业者(工人)和商人。

乍一看上去,中国的这种分类方式或许具有哲理思辨的色彩。与身体相比,大脑更为重要,因而学者们被列在社会各阶层之首,高高在上;农民次之,因为唯有这群人可以"无中生有",各种建设都离不开他们所创造的生产资料与生活资料,尽管事实上其他人也能够代替他们的角色;手工业者(工人)侥幸没有排在最末的位置上,因为他们还可以运用自己的头脑与双手,加工或改造原始材料或半成品,满足人们各类需求,这样一来,产品的使用价值也得到了提高;而既不能生产,又无法给任何产品增值或提高其使用价值的商人理所应当地被排在了最末的位置。他们仅仅是利用他人的劳动产品与人们的各种需要,充当交换的媒介而已。无论这些观点正确与否,中国人就是这样看的,"士、农、工、商"这四个字所涉及的范围极其广泛,含义丰富。所有受过教育的人都归于"士"这一阶层,政府的各级官员同样也属此类;所有的农耕者归于"农"这一类;无论是熟练还是半熟练的手工业者或工人都属于"工"的范畴;而为数众多、形形色色的以经商为业的人则属于第四阶层。

事实上,无论中国的商人们在其本国位列何种社会阶层,比起世界其他国家或地区的商人们来都毫不逊色。他们精明能干,富有极强的事业心与进取精神。就整体情况而言,应该说是一个绝对诚信与值得尊敬的阶层。他们已然认识到商业信誉对自身行业的意义,因而总是时刻小心地维护信誉。借用英国学者最近所做出的一句公正论断来说,就是"中国商人获得了同他们接触的外国人的尊重"。就在几年前,东方最著名的商贸中心城市的最具实力的一家外国银行的经理就这一问题说道:"我对我们外国商号所赢得的良好信誉非常满意。在这一方面,中国人毫不逊色。实际上,同世界其他国家地区的商人和银行家相比,我更信任中国人。顺便提一下,在过去的25个年头,我们的银行与中国一直有着大量的生意往来,交易金额要以亿万两计的银子计算。然而到目前为止,我们从未遇到中国商人不履行合同或不守信用的情况。"在这一问题上我还想补充一点:不管是在东方还是西方,这位经理人的发言都是举足轻重的。

毫无疑问,使中国商人具有良好商业信誉的原因有很多,不过有一点十分值得关注,即在清朝这一帝国内,一年中固定三天作为"清债日"。在这一期限

19世纪英国铜版画中描绘的中国工人向货船装运茶叶的情景。茶叶是近代中国对外贸易的重要商品之一

内,无论是哪个阶层,都要把账目结算清楚。如要延迟结算日期,须经双方同意,但一般不会超过最后一天。这也就意味着一年中的每笔生意以及所有账目

都要在这一天画上完美的休止符，不能留有任何尾巴。显然，很少有人违背这一规则或打折对待，但这并不意味着它就是毫不留情的催命鬼。在这一帝国的某些地方，债务人能够得到债权人的许可，在结算的最后 10 天期限内，将还贷利率降低几个百分点。然而，除了那些极端贫困者外，极少有人会提出这样的请求，因为这样一来，他们的信用将会降低，进而影响到他们的借贷情况。在中国，有一项约定俗成的规矩，那就是如果一个体面人要在天黑后出门做事，那么无论月色多么皎洁，他都必须打着一盏灯笼上路。作为遵守这一习惯的体现，在大年初一的清早，中国的城市街头便会看到这样的一幕：穿戴一新的人们一手拿着一叠票据，一手提着灯笼出现在熹微的晨光中，行色匆匆。对他们而言，此刻仍然是新年的除夕。只有将手中的票据结算清楚之后，新年的曙光才算真正到来。这时他们才会吹熄灯笼中的烛火，无债一身轻地深深吸上一口气，享受这新一年的明媚阳光。

中国人是天生的商人，因为他们具有极端智慧的商业头脑，一方面对生意场上的事极富远见，精明异常，另一方面吃苦耐劳，毫不妥协，立志胜过自己的对手，所运用的方法与手段多种多样，高妙绝伦，令人拍案叫绝。中国的商人同西方精明的商人一样明白，按低于成本的价格将商品卖出，有时候也能获得相当丰厚的利润。在北京，一位中国人开了一家小型旅店。依照中国的划分标准，他就是商人，曾以一种特殊的方式按照上述原则做生意。有一天，他到大使馆来向我们咨询这样一个问题：依照我们本国的法律，他是否有权将一位拖欠房钱的美国客人驱逐出去，并扣留他的行李作为抵押或者赔偿。我们给予他肯定的答复，同时还建议他：倘若真的要驱逐那位身无分文的美国人的话，最好不要扣留他的物品，因为那堆东西加起来绝不会超过 2.5 元钱。

"也许真的是这样，"他说道，"但这总比一分钱也没有的好。实际上，当那个人刚刚来到旅店的时候，我答应让他一天交 1 元钱的食宿费。可没有想到的是，他在店里住了六个月之后，还从来没有交过半文钱。为了减少损失，我只好同意将食宿费降到一天 0.5 元。"在此我们举出这一事例，并非为了体现中国商人的精明,而是为了说明他们的精明着实让人感到不可思议。

同西方的同行们相比,中国商人身上有很多极其重要的不同点。

西方商人注重商品的成本与质量,以及市场上的行情,普遍根据市场对产品的需求情况来制定具体的价格。中国商人除了同样注重以上因素之外,还特别热衷于研究和判断顾客的阶层与消费心理。当有顾客光临时,他首先将对方从头到脚打量一遍。只这样一看,随即就能正确地判断出对方所属的社会阶层,是否出手阔绰,是否熟知流行的商品价位,诸如此类。只有在完成这一系列前期的研究之后,他才决定向对方报出商品的价格。由此可以看出,在此种情况下,商品价格是因人而异,依人而定。商品的实际价值则不是决定因素。在中国,买同样的商品,外国人总要比中国人付出更多的钱;而那些不通语言的外国人,他们在买任何一样商品时,为此种无知所付出的代价往往要高出商品实际价格的10%,甚至是100%。

在一处市集上,一名年迈的花匠在兜售紫罗兰,两文钱一束。他被人群所包围,人们争相购买,看来生意不错。我默默地站在一旁观察了好一阵儿,之后好不容易挤到老人面前,打着手势向他询问紫罗兰的价钱。"36文钱一束。"这名老花匠毫不犹豫地回答。"你这个老强盗,"我说道,"你卖给这些人一直是两文钱一束;对我的要价却是他们的18倍。""哦,"他微微笑道,"原来您会讲中国话,是吗?我刚才并不知道。现在也按两文钱一束卖给您吧,与中国人一样对待。"随后,他同周围的人放声大笑起来,以掩饰这次如意算盘落空的尴尬。

通过下面的事例,我们能够了解到中国商人对顾客察颜观色的一些奇特做法。在中国,你来到一家商铺。在仔细看过了几样商品之后,你开始向店员询问这几样商品的总价。假如只有一位店员,他会很快报出价格;可如果是数位店员,他们就不会这样做。他们总要相互询问一下,确定之前是否有人已对这些商品给出了某种价位。经过这一环节之后,他们才好统一口径答复你。倘若他们忽视了这一重要的防御环节,那么你将会听到不同的报价。由此也就说明他们对顾客做出了不同的判断,因而露出了马脚。不过,这种情况很少发生。

在非常偶然的情况下,我有幸见过两名伙计在这方面的失误。在他们店里,有件商品实际只值 2 元钱,而其中的一个伙计对顾客说要 5 元;几分钟之后,另一个伙计则极其诚恳地说,由于商号决定赔本甩卖,所以那件商品只要 15 元!

中国人在卖东西的时候,价格依人而定,往往区别对待。只要留心观察在中国购买日常食品(比如牛羊肉之类)的外国人通常所付的价钱,就能明白这一点。购买同一种商品,外国人总要比中国人支付更多的钱,而且不同的外国人也会遇到不同的价格;即便表面上同等价格,在分量上也会有猫腻,缺斤少两是常有的事。在北京,有一名独居的理发师,他不仅对外国人的发型有着深入的研究,而且在要价方面也表现得非常有水平:给外国大使理发,价钱是半个美元(50 美分);如果是使馆秘书,要价 25 美分;普通身份的外国人则是 10 美分;而为自己的同胞服务只要 0.5 美分。

当为外国人服务时,中国的挑水工、清道夫们也是采用类似的分类索取工钱的。

一次途经日本,我因为感到身体不适,就请来了一名住在日本的中国医生,他专治手脚病。见过面后,他向我透露了他的收费标准:若是中国同胞,看病 5 美分一次;一般的日本人,10 美分一次;其他的外国人则一律 0.5 美元一次。治疗过程中,我当然不可避免地同他交谈了起来。中间他突然问我:

"我听说,中国的一位驻日大使今天到这里来,不知道来看望谁。您知道吗?"

"哦,是这样,"我回答,"我就是他要拜访的人。"

"这样说来,您一定也是大官儿,"中国人说道,"否则他也不会来看望您。"

我十分谦虚地承认了他猜得没错。随后我们就转移了话题。在完成这一次的就诊后,我被告知需要支付 1 美元的报酬。此前我们已经介绍过,除了日本人,其他外国人都需支付 0.5 美元。因而我对他的收费提出了异议。他用"洋泾浜"英语理直气壮地说道:"既然中国的大使来拜访您,那么您同他就处于同一等级;既然您的等级这样高,那么不管怎样,您都应该支付 1 美元,这是天经地义的事情。"

无论是大生意,还是小买卖,中国人总要讨价还价,这是他们进行交易的一项重要特点。实际上,对他们而言,每笔买卖都像是一场真正的决斗。商场如战场,他们如同古代全副武装的赳赳武夫,充满了斗志,一副不达目的誓不罢休的样子。两斤甘蓝包、一条已经凉透了的烤红薯,或者是一根蔫蔫的黄瓜就能够激发他们卓越的辩才,搜肠刮肚地找寻一鸣惊人的词句,再配上各种各样的手语。每当这个时候,你就会听到儒家经典怎样成为人们争辩的论据;旁观者怎样被这些人的话所打动,油然升起同情之心;也能够发现人们怎样含沙射影地诅咒对方的祖先在地下不得安宁。当然,你也能够听到较为合理的争论。但所有这一切行为都不过是为了几文钱的微利罢了。

每个人都热衷于占别人的小便宜,而双方往往都是胜利者。购买的人以少花钱为宗旨,而卖货的人则以缺斤少两来弥补。这样一来,双方都感到满意。比如,在鱼市上,你总能看到某些衣冠楚楚的中国绅士郑重地提着一杆秤,秤杆上标有三种不同的刻度,而其中没有一种是标准的计量,因为这杆秤被当作其买鱼时讨价还价的有力武器。中国绅士从盆中十几条活蹦乱跑的鱼中挑出一条,先用自己带的秤称一称,随后再用鱼贩的秤称。其结果往往是,绅士依据自家的秤,认为鱼贩称得太重了;而鱼贩则依据自己的秤,嫌绅士称得轻了。如此一来,第一轮的唇枪舌战便开始了,就因为这样一条普通的小鱼,在双方的秤上竟然有半斤甚至一斤的差别。这轮争论之后,倘若双方能够让步妥协,那么交易也就完成了;倘若双方仍在鱼的分量上争辩,在价钱上也各不相让,那么第二轮的争辩将会不可避免,并且争论越发激烈。两个人都婆说婆有理,公说公有理,都认为自己已经尽到本分了,并且极力表明,这种小事不足挂齿,根本不值得为几个小钱浪费唇舌。但他们同时又表示,家有家规,国有国法,不能敷衍了公道与正义。双方都声称自己是正义的忠心守护者与斗士,坚决维护正义,不做违心的事。就这样,两人一直吵得唾沫四溅、天旋地转,直至口干舌燥,声音嘶哑。直到这时,他们或许才可能万分不情愿地做出牺牲,促成这笔交易。

总而言之,并不是因为中国人热衷于争辩,也不是出于锻炼自己的发音器官或者增加肺活量;这些人真正在乎的也不是那几个钱,而是为了获得那种使对方让步的心理上的成就感。倘若顾客不对店主的报价提出异议,只是顺从地掏腰包,那么,一方面,这位店主一定会备感失落和痛苦,觉得自己受到了愚弄,正当权利受到了损害。而另一方面,倘若一位中国人不经讨价还价就接受了店主的要价,那么他肯定被店里的伙计看成是一个傻瓜。

在中国,没有购买意愿而又询问商品价格,这被认为是一种无礼的行径;同样的道理,倘若在商家告知商品价格之后,未经一番理论,你就一走了之,这也是一种极端不礼貌的行为。举个例子:

"这种毛毡怎么卖?"一位过路人向摆摊的卖毡商人询问价钱。

"25元钱一块。"商贩回答。

"嗨!"过路人只应了一声,随即走开。这名商贩就会直瞪着那位路人的背影好一会儿,然后突然绵延不绝地破口大骂,搜刮最肮脏和最难听的字眼儿,涉及到对方的祖宗十八代,直骂得星月无光、风云变色。起先,被骂者会放慢脚步,但最终会停下来,犹疑不决地原路返回。待走回商贩的摊位前,他已是怒不可遏,眼看一场恶战已在所难免。

"你干吗骂我?!"路人怒目相对。

"您干吗问了价钱后就不声不响地溜走?"商贩倒打一耙。

"哪里有你这样的天价?"

"这样的价钱又如何?您一看就是个实在人,理应知道这只是我们报的价格而已。要是别人都像您这样,我们还做不做生意啦?您应当停下来和我好好讨论讨论,研究出一个合理的价位,这才是明智之举。您应该清楚,生意人第一次报价根本算不上什么。"

果然,那名路人就真的同商贩理论起来,争论很快进入到白热化的状态。经过一番激烈的斗争之后,就价格这一问题,双方最终达成一致的谅解,交易总算完成了。

此外,我们还可以认为,中国人热衷于讨价还价的这种行为,源于他们自身的民族性,因而这种秉性无时无地不存在。在百姓日常的交易中是这样,甚至在政府首脑们与他国谈判,签订意义重大的条款时也不例外。他们总对别人提出很多要求,而力图减小自己的付出;有时候,这样做最终反而赔了本。当然,双方都为自己留有妥协的可能,在真正亮出底牌之前,按照惯例,他们都会不遗余力

晚清时期卖灯芯的生意人

地表演一番讨价还价的前奏。在康熙皇帝的圣论当中,多次出现"让"这个字。其意义就是妥协与忍让,这也是中国的文化中极为重要的一个字,人际关系的和谐融洽即是建立在它的基础之上。这一观念似乎渗透于整个帝国的每一个角落,对社会生活的方方面面都产生了影响。

由于缺乏必要的法律机制,对于统一的度量衡标准,中国人从来没有认真严格地执行过。这是一个值得深入研究与探讨的问题。统一的度量衡标准的缺失,这本身就为商业活动中的欺诈行为提供了生存的空间。在市场上,随处可见贩卖拥有两套刻度标准的秤杆。一套用在买东西的时候,另一套用于卖东西的时候。在棉花的交易中,不同的斤与两的比例,有不同的等级与之相对应。商贩在收购粗棉时,按照每斤 16 两来算,即定斤定两;收购中等质量的棉花时,按照每斤 12 两来算;收购上等质量的棉花时,则按照每斤 21 两来计算。商人按尺来卖布匹。在买进时他们会不约而同地使用一种长尺,在出售时则使用短尺。一般情况下,量棉布的尺子要比量毛纺织品的尺子长,而量毛纺织品的尺子又比量丝织品的尺子长。然而,这种种不同的衡量尺度都是约定俗成的。与不同度量相对应的必然是不同的价格,因而它们自身又能够相互抵消这种差异,达到一种平衡的效果。这种计量除了会使一些粗心大意的人成为"冤大头",以及成为人们茶余饭后的闲谈之外,实际上并没有什么意义。这种做法始于何时,为何经盛不衰？到目前为止，还没有一个中国人能够发现或对此做出解释。而我们可以肯定的是，它似乎与中国人的历史一样久远。

在西方人眼中，正像中国人诸多传统习俗一样，他们的这种毫无原则的做法同样令人感到荒唐和费解。显然，这些习俗会造成诸多不便，然而仍是人们行事的主流原则，没有谁试图纠正或改变它们。祖宗之法不能变——这是造成这一现象的唯一解释。这一观念实在太古老了，甚至能够追溯到洪荒时期：当我游历于中国的西部地区时，某一天乘车子来到了乡村的一片小店。我惊奇地发现，小店的院落中堆着几大堆旧的车轴。于是，我向店主请教这些车轴的用途。原来，在小店门前，大路的宽度发生了变化：西行的路比东去的路足足宽出了 6 寸。很明显，不管是从地形上，还是从疏导交通的方面考虑，这种改变都是不必要的。然而，一件匪夷所思的事情真实地摆在你的眼前：只要是带车轱辘的交通工具，到了这家坐落于只有 50 个庄户的山村小店前，都必须根据各自前行的方向，换上或宽或窄的新车轴。无论是风尘仆仆、已行遍千山万水的大车车轱辘，还是刚刚驶上路途的小车轮，一经此店，必将更换车轴。至于为何这样做，最有可能听到的解释是："到了那家店，车子总是要换轴的。"中国人头脑中留存这种遗风旧习的普遍思想与情感完全超越了一般意义上的理性与逻辑，是一种玄而又玄、令人无法捉摸的事物。

显而易见，由于无法保证严格统一的度量衡标准的执行，加上本国货币价值的不稳定，存在极大的伸缩性，中国所有的商业贸易额度都存在极大的不准确性，很难保证经营贸易金额的精确计算，要做到准确无误更是难上加难。商人只能在某宗具体的交易中，或在经营的某个具体时间段内，估算出目前自己大致的盈亏状况。但是，要知道中国人在这方面是哲学家，而不是数学家。他们宁可得到大概的数值，而不屑于锱铢必较。只要可以赚钱，事业发达，不论是投机倒把，还是触犯律法，都是经商的必要手段；只要看到实际的利润渐渐充实自己的钱袋，他们就乐此不疲。对他们而言，做生意可不是枯燥单调的物与物的交换，而是一场智慧与力量的较量，双方拼死的决斗；按照严格的尺寸将布匹一点点地售出，然后收取固定数量的银两，那是傻瓜和蠢驴才去做的事情。在他们看来,那样做生意才是真正乏味、按部就班、愚蠢至极的,毫无智慧、技巧与艺术可言;只有真正的男子汉才能做真正成功的生意(在这一观念上,无疑他们是正确的)。

在中国商界,还存在另一个更为有趣的特征,即合作精神的普遍存在。其具体表现为:一家商号的所有成员——上至老板,下至伺候主顾的小伙计、负责擦洗地板的仆人——都是风险与共,利益相关的。每一位成员在整体利润中所享有的份额都严格按照个体所属的职位高低与责任轻重而判定。虽说红利的分配必然是不同的,但所有成员都怀有同样的愿望:希望财源广进,腰包鼓起。一般情况下,老板与雇员们同宿同食,形同一家。对于商家们来说,这种做法的意义显然不同寻常:所有成员都是拴在一条绳上的蚂蚱,牵一只而动全部;一损俱损,一荣俱荣。胳膊肘往外拐或破坏安定团结的行为,其影响不是当机立断地立即被清除,就是想方设法被减小到最低的限度。

中国商人的这种合作精神还得到一种独特的发挥与应用。尽管这方面的应用并不值得称道,但确实是普遍存在的。这就是被外国人称为"揩油"("the squeeze")的行为。在探讨中国商业活动的文章中,倘若没有对他们的"揩油"这一重要的生意经做出讨论,那么绝对是不全面的。

此处的"squeeze"可不是指什么热恋中的拥抱,也不是热情洋溢的握手,而是特指中国商业文化中的"揩油"一词。具体说来,指的就是一个人绞尽脑汁对经手的、又不为自己所有的财物施加"压力",以使其中的一部分充实自己的腰包。通过"揩"的手段得来的油水是一种未经财物所有人允许但却合法的佣金或回扣。受到"揩油"者斥之为偷窃,但在"揩油"者看来,获得这部分财物完全是天经地义的,是他理应享有的额外津贴。

在同他人的交往中,每一个中国人差不多都有被"揩油"的经历;但同时,他们自身又都是身体力行的实践者。这一传统由来已久,可以说与中华帝国的历史一样久远。据说,这一行为源自一项古老的习俗:很久以前,家庭雇用的劳动力拿不到固定的工钱,雇主通常只提供食宿和每年发一套衣服。而工钱的支付形式如下:守门人从每次运入大门的日用品的总价值中抽取五十分之一,如此日积月累。然后一年有三次将暂获的财物依据每个劳动力在家庭中所干差事的不同级别分配。在中国，普通的家庭都是深宅内院，通常只开一扇大门供人们进出，这就为守门人执行"揩油"的任务提供了便利。事实上，从某种形式上来说，他更像是税务员。如果是一家商号，那么店中的守门人就会对进入大门的所有交易都十分了解。倘若有人拒绝交纳这种"税收"，那么守门人将毫不客气地将他挡在门外。

这种对"揩油"的溯源是否可信，我们尚不能得出结论。但不可否认真实存在着这样的事情：当你同那些商号的伙计结算时，不要妄想拿到足额的钱数；若非双方有着事前的协定，那五十分之一"揩油率"是一定会发生在你们的交易中的。

非常有必要对中国的伙计们进行一项专门的论述。在各个行业、各个阶层中都存在这一群体。他们在主人与老板的授意下，同形形色色的顾客打交道，完成各种各样的交易。所以从广义上而言，他们也具备商人的特质。作为一个整体，世界上或许没有比他们更优秀的人了。他们忠诚沉稳，机灵勤快，很少会抱怨长时间的工作或繁重的活计；他们具备超强的敬业精神，工作完成得一丝不苟。不管是精致的台布或耀眼的银器，还是绝代的珠宝或稀世的古玩，一旦交给

清代的挑夫

他们去保管，你绝对可以放心，保证完好无损。在我任职于北京的这15年中，我们的使馆雇用过很多的中国伙计，却从未发现这些人有任何的偷窃行为，也从未因为他们的疏忽造成物品的损坏。人们通常会认为（事实也如此），如果外国的女士们在中国住上一段时间的话，等她们回国后就会忘了如何操持家务——都被中国仆人的优质服务给惯坏了。

虽说中国的伙计们都十分诚实，值得信任，但无论如何他们也不会忘掉"揩油"的老传统。他们头脑灵活，手脚麻利，起早贪黑，吃苦耐劳；而促使他们表现出这些优良天性的原始动力，可以说就是"揩油水"。不管生意多么繁忙、工作如何繁重，即使加派再多的的额外活儿，他们也不会有任何怨言。因为差事越多，"揩油"的机会也越多。而如果店前门可罗雀，那他们就会毫不犹豫地另谋主顾：在此种境况下实在无油水可"揩"。看看他们变化多端、异常丰富的面部表情，就能够知道这些伙计都是擅长研究人类心理的老手。他们每一个人都十分清楚主人的嗜好和弱点，也懂得如何讨得主人的欢心；而更为重要的是如何掌握好对主人"揩油水"的限度以端稳自己的饭碗——这可是利益攸关的大事。

"揩油"的观念在中华大地已是根深蒂固。久居中国的外国人对此深有体会：一切预防的措施都只是徒劳，最终都无法避免被"揩"的命运。倘若有人决意亲自去集市购买所需物品，那么很快他就会发现，仆人也正悄无声息地尾随而至，朝所有同他有交易关系的人索取回扣；而如果吩咐仆人去买的话，那么即便加上回扣的部分，花费也远比自己亲自去要少。所以无论怎么看，这种改革都无异于搬起石头砸自己的脚，既费时间又费钱。

倘若主人还不甘心，又生一计：设法掌握所有日用品的普遍价格，以防仆人从差价中"揩油"。这样一来，仆人就会从购买物品的分量上打主意：原本只买了4斤，却向主人报5斤的账。或许主人会用事先准备好的中国标准的计量工具，对仆人所买回的物品一一验明正身，以为这样就不会有差错了。但没过多久他就会发现，自己的秤杆上标的是14两，而不是标准秤的16两。原本以为终结了的"揩油"行为，却仍然在主人浑然不觉中进行着。倘若仍然气愤难平，那么主人很可能会设法弄来一杆经过检测的、完全放心的秤。在完成每次的检验工作后，十分谨慎地将它锁在柜子里,以防被人做手脚。所有投机的漏洞都被彻底堵住了,这下总该万无一失了吧。用自己的标准秤的确能够检验出买回来的物品是否够分量,然后再按市价付钱。然而俗话说的好:道高一尺,魔高一丈。比如,仆人买回来一斤羊肉。当主人称够了分量随即转身离开时,厨师早已砍出一大块羊肉,拿到屠夫那里换银子去了!

我的一位朋友就曾将以上的这些方法付诸实践,但没有一项令他感到满意。他的第六感总在告诉他,自己还在被"揩"着油。某一天,他将厨师召唤到餐厅,指着摆在桌上的那块小得可怜的烤羊肉,让他对此做出解释。当时当刻,厨师毫无慌张之色,神情自若,以异常冷静的口吻说道:"您说得没错,那块羊肉确实变小了。可是您要知道,在北京这种异常干燥的地方,烤羊肉的收缩性可比在贵国厉害多了!"

倘若在万般无奈之下,主人只得将"揩油"不止的仆人解雇,这种做法不见得就是明智的。不久,主人或许会发现(这种情况的确存在)后来的情况更加糟糕:后面招来的仆人不仅继续"揩油",而且还吃里扒外,将"揩"的一部分所得作为津贴补偿给前面被解雇的人。几年前,一位在北京外国使馆的大使决心杀一儆百,遏制"揩油"这股不正之风,于是辞去了使馆的守门人。而这名被解雇者却在"揩油"体制中占有十分重要的地位。直到很久之后,使馆人员才发现,新任守门人联合其他仆人,依照以前的标准按时给前任守门人送钱,直至他去世。并且还为他举办了隆重的葬礼,花费也全部由这些仆人们承担。最终的真相是:他们中间有专门的记账先生,还在银行开了户头,所有"揩"来的钱都存在里面,一年三次的分红从来没有变更过。

要想同中国人就这一传统存在的不朽意义进行探讨和辩论,完全是白费力气。我们能够肯定的是,这是一种历史产物,对此你应该多加小心,能做的就是将其控制在较为合适的限度之内。不要奢望彻底根除这一陋习,除非中国人的国民性都被彻底改造一番。实际上,首先受到损害的人是中国人自己,而并非外国人。因为后者从不拐弯抹角,总是不失礼貌地直接询问全部物品的价格;而中国人碍于他们的面子和尊严决计不会那样做。因而他们也就成为了这一陋习首

194

当其冲的牺牲品，仆人们会一直放胆地、毫无止境地"揩"下去；即便"揩"得再疼，主人们连眼皮都不会眨一下。

在最后，我还应当说明一下。本章节后半部分所提到的中国人种种生意伎俩与传统，我只不过略微扫上几笔，绝没有将其作为中国商人的本质特征加以阐释的意思，这部分内容同前半章论述的中国商人崇高的职业操守毫不相干。我之所以在后半部分持批评态度，是为了说明：大千世界，人类的天性都是一样的。树林子大了，什么鸟儿没有！中国拥有庞大的人口数量，绝大部分的中国人都是诚恳敬业的。他们恪守职业道德，讲求信誉，深得信任；但不可否认，其中也存在一些喜好玩弄把戏、唯利是图的人。伟大的事业折射出人的伟大，渺小的事情反映出人的渺小。

穷则思"变"

　　某些时候，一些人常抱有这样的观点：作为一个民族，中国人是十分富有的。实际上完全不是这么回事。不可否认，那个泱泱大国的确拥有非常丰富的资源，具备非凡的潜力，但这一切并没有得到充分的开发和有效的利用。在这片土地上，绝大多数的百姓仍然处于异常贫困的状态——绝对超乎我们的想象。假如拿美国和中国相比，就会发现美国的人均财富占有量要远远超出中国人许多倍。因而同样是"贫困"，在这两个国家中的定义却不尽相同。比如：在美国，如果一个人要用一天所挣的两美元养活一家人，那么他就是贫困的。但在中国，一个一天挣两美元的人就能够过上花天酒地的生活了；在美国，假如一名体力劳动者不能保证全家人每天吃上两顿肉，那么将被认为生活艰难，会被划入赤贫范围。在中国，尽管肉价要比美国便宜许多，可即便是那些自认为收入还不错的体力劳动者，一个月能够吃到的肉也不到一斤；在美国，贫困意味着生活尚未达到十分丰富奢华的水平。而在中国，贫困虽然还未到活活被饿死的程度，可也相差不远——这意味着缺吃少穿，挨饿受冻。

　　和其他国家的情形一样，中国的食品价格同劳动力价格密切相关，实际上这两者必然会联系在一起。倘若劳动者只能拿到低工资，那么，维持劳动者生存与恢复其再生产能力的生活资料的价格也必然会降低，否则，劳动者将无法维持生存。然而天性知足常乐的中国人并不会认为自己的生活太过悲惨。和其他国家的人民一样，他们懂得如何勤俭持家，量入为出，决不会坐吃山空。他们也明白自己的身份。富人有富人的生活，穷人有穷人的活法。一个阔气的中国人，穿着上可能会比较讲究，还可能有一张较为气派的桌子。在别人眼里，这种做法或许有些古怪，但能够显示体面，这正像其西方的兄弟们所做的那样。不论是在中国，还是在世界上

196

其他国家地区，量入为出始终被认为是生活消费的最基本原则。

在中国，熟练的技术型劳动者一天能获得 10~30 分钱的收入，平均在 20 分钱以下。而无技术的劳动者——被中国人形象地称为"卖力气"的那些人，一天只能挣到 5~10 分钱，平均不会超过 7 分钱。在这个既不存在光棍，也不存在老姑娘的国家，人们只能依靠那点钱养活自己和四五口人之多的家庭。我经常需要雇佣专程的信差。而他们往返 30 英里路的报酬只有 8 分钱；此外，还需要雇佣一些拉船的纤夫。从天津溯流而上，直达通州。路程总共有 125 英里，而每个纤夫的单程报酬也只有 50 分钱，只管拉纤时的饭食。他们返回的时候，一般都步行。这就意味着，纤夫们为了 50 分的工钱和省下几顿饭钱所走的路程，远远超过了波士顿到纽约市之间的距离。在中国，常会看到为了争夺路边的一堆马粪，十几个大人和小孩闹得不可开交。这样的情景已经令人见怪不怪了，这很能说明在中国，贫困到底意味着什么。对于中国大多数的百姓而言，一天不干活或者一旦失业，就意味着这一天会挨饿。

通过以上对一般劳动力价格的描述，我们不难看出，四万万人口中的绝大部分中国人，生活都十分艰难。外人很难想象他们是如何生存下来的。通常，他们日常的饭食是吃米饭，再加上一大堆的水煮甘蓝包。假如有几块腌萝卜或咸菜的话，那简直是人间美味了。如果再买上一些西瓜子当作饭后点心美美嚼上一番，那就算得上是奢侈享受和挥霍了。夏天，他们常见的菜肴就是黄瓜。通常整个都吃完，连渣子都不剩；到了秋天，就吃一些萝卜、胡萝卜等蔬菜；有的时候也啃西瓜，常常连皮都吃掉。在某些地区，人们的主食就是小麦、燕麦和玉米。

以上所表述的便是大部分中国人——无论是生活在农村还是城市里终日辛勤劳作的普通百姓——的日常食物。至于那些沦为乞丐与赤贫者，就更难填饱肚子了。

我曾经有幸在一座寺庙里过夜。这座佛寺位于北京向东一百多里以外的一座群山环绕、风景宜人的山谷之中。当时正值金秋，尽管庙里的僧人十分好客，但无论如何也拿不出像样的食物招待我。他们只有一些生板栗，以及从院落的一眼山泉中汩汩流淌出的甘冽泉水。当我抱怨起寒酸的食物时，负责寺庙事务的老住持一脸的惊讶，说道："显然您并未觉察到我们的板栗有着多么神奇的力量。这决非普通的水果。倘若您能吃上一斤板栗，再多喝点山泉的话，保证您饥饿感顿消。"我得承认，他说得一点不错。

有一次，我同几位朋友到中国的西部旅行。一个星期六的傍晚，我们来到山村的一家小店。店里所提供的唯一的食物，就是水煮的面条。这种东西一点也不美味，硬得就像皮革，简直难以下咽。可除此之外，店里再没有别的东西可吃。经过一段锲而不舍的求索之后，我们终于从一位古道热肠的当地人那里享用到了几枚鸡蛋。事实上，整个村子能够为我们提供的食物也只有这些。第二天一早，我们的仆人就意外地发现街上竟然有肉卖。于是他毫不犹豫地即刻买了一些回来，因为当时我们的确受尽了饥饿的煎熬，已经到了饥不择食的地步。肉已经被煮过了，仆人连忙热了一大块，很快端到我们面前。这块肉有种说不清的怪气味，我们随即尝了一口，就无法吃下第二口了，也再不觉得饿，因为胃里开始翻江倒海了。我们问仆人这是怎么一回事，而他也不能肯定这是什么肉，只说好像是牛肉。并且补充说，当时推着一辆独轮车的卖肉老头正在小店门外不远的地方，肉就是从老头那里买到的。我们就去找那位老人，很快便找到了。于是便有了如下的对话：

20世纪初典型的北京骡车式样

"您好,老先生。今天肉卖得怎么样?"

"生意还不错。早上我推了满满一车的肉出来,您看,现在就剩下这么几块了。

"那您这卖的是什么肉啊,牛肉吗?"

"当然不是。我家住在另一个村子,和这儿离不了几里路。我养的一头老骡子病死了。可我舍不得就这么扔掉,所以就将皮剥下来卖掉,把肉煮熟,这会儿也卖得差不多了。"

还有一次,我在中国西北部地区游历时,和两位同伴不小心迷了路。我们一直在前面走着,把赶骡人和仆人一干人等远远甩在后边,结果误入歧途。直到天黑,我们三个才误打误撞地摸进一家小旅店。当时正值十二月份,天寒地冻。身旁又没个仆人,个个狼狈不堪。我们把所有的钱凑到一起,正好有 100 文,大约 10 美分,这就是我们所能支付的全部食宿费用。与普通的旅店比起来,这一家还算好一点,当地有什么特产,在店里也能够吃到。我们在这里住了一夜,吃了一顿晚饭和早餐。不只是旅店,几乎是整个村子都在竭尽所能地照顾我们的需要,而我们也不惜代价地接受了这些服务。最终结完账后(给店员的小费也包括在内),我们还剩下 12 文钱。这也就是说,三个人的住宿加上两顿饭食的花费竟然还不到 9 美分!不过说实在的,旅店从我们这儿赚去的钱也足够多了。因为我们的待遇的确不怎么样:几块盐水煮的爱尔兰式土豆 (他们称作地蛋,即 earth egg),水煮的荞麦粥;睡的是中国常见的用砖砌成的土炕,上面仅有一张干净的席子。在外面一端烧大量的煤,使烟火通过炕的底部通道来供暖。炕上没有任何能够用来盖的东西,这也难怪,在中国,出远门的人都是自带铺盖的。而我们的行李还在骡背上驮着的,而且下落不明。于是只好将冰冷的套鞋凑合着当枕头用,穿着外衣睡觉。不过我们也没有感到难受和不便。

上面所讲述的都是我在不同地区的亲身经历,这些地方各自相隔数百里。其中的两件是在交通要道附近的村子里发生的,每个月,那两家旅店都要接待数千名的过客。之所以选取这些事例是为了证明:在中国,那些尽管贫穷,但相对而言生活状况较好的人们的食物同样是贫乏的。他们的生活十分节俭,几乎到了苍白的地步。尽管如此,他们仍然能够对付下去。一名普通的中国劳动者即

戴瓜皮帽、穿长袍的清代富家子弟们

便日夜辛劳，也不能使全家人过上好日子；而和他同等地位的美国人却可以买得起数千美元的公债或保险。无论是在中国的哪个城市或乡村，这样的景象无处不在：一名男子或女子一脸庄重地走在大街上，一只手上攥着三四文铜钱，另一只手上拿着几只粗瓷器皿，一本正经地去购买家庭日常所需的物品。以下是他们通常的开支情况：木炭，一文；米或面，两文；青菜，一文。如果还有剩余的话，他们还可能花上一文钱买几两食用油或酱油之类的东西；如果碰上特殊的情况或者盛大的节庆日，他们会大方地花上一文钱，买上大约一汤匙的薄酒，回家就着热饭美美地喝下去。

中国穷人的穿着和他们的饮食一样简单朴实。在夏天，他们也穿鞋袜，两者都是棉织品；还有一条棉布做的裤子，外加一件棉布马褂或长褂子——这便是他们穿着的全部内容。不过，倘若温度适宜，那么马褂或长褂子通常都是不算在内的。

在春秋两季，倘若有能力的话，这些穷人便会在衣服里加上一层衬里，以便穿得更暖些；在冬天，如果已经冷到像纽约与费城的冬季那种程度，他们才会穿上棉裤棉袄，甚或皮袄，不过里面不穿夹衣。他们根本没有"内衣"的概念，所以也谈不上"穿"。对这些穷人而言，能有一套衣服穿已经很满足了，所以无论干活还是睡觉，他们都穿着这套衣服。在中国，要做"舒适的穷人"——有劳动能力，有稳定收入和工钱，仅需 3 美元便能够解决整个夏天的穿着；而那些赤贫者，把他们身上的每一块破布都算进去，也到不了 25 或 30 美分。中国乞丐们的穿着

200

有一个非常值得注意的特征,那就是:没有一个赤脚的乞讨者。普通乞丐真正需要的就是一个破碗,以盛受人们的施舍;此外就是一双破鞋。作为一名乞丐,没有乞讨的饭碗倒算不上什么,但绝不能不穿鞋。到目前为止,我们还从来没有见到不穿鞋的中国人。

中国的穷人通常住在土坯或碎砖垒砌的屋子里,屋顶用瓦片覆盖。不过大多数的屋顶都是草秸上面敷泥灰,再铺上一层草的样式。屋顶还没有一层楼高,一个有着五六口人的贫困家庭就挤在这样的几间屋子里。地板可能就是泥地,或者铺上一些砖头,但从来不用木板铺地。窗户都是纸糊的。门可以随意开关,通风效果良好。屋子里根本没有取暖设备,因而也不会有烟囱。不管是冬天还是夏天,假如屋子里冒烟的话,那一定是做饭烧火的缘故。一张桌子、一两张凳子,最多再加上一个衣柜,便是穷人们所有的家当。此外还有一张砖垒的土炕,在上面铺些粗苇席,就是睡觉的床了。土炕底下留有烟道。做饭的时候,烟火便可以从中通过,保存不少热量。在中国的南方,相比这里的土炕,人们用竹子或廉价的木料做床。

倘若我们问西方人,处于上述的生存环境下,是否还能感受到生活的意义与价值,或许只能得到否定的答复。因而,也就无怪乎这种恶劣的生存环境中会滋生出极端的自私自利,人情的冷漠以及种种不负责任的人性。但实事求是地说,事实并非全部如此。正像世界的其他地方一样,在中国,在对待财富的态度上,穷人绝对比富人更加乐善好施,更加无私地帮助那些比自己还要不幸的人。我们完全能够对中国穷人们种种慷慨的表现写出一部专著来。而正是因为极端的贫困,他们才更加宽容忍让,更加乐于助人;即便自身已经陷入无边的贫困境遇,也决不会放弃照顾年老体弱者的责任。同样,我们也不可否认,从古至今,许多优秀的学者与杰出的政治家都出身于这一贫民阶层。事实上,长久以来,这些人都是国家的真正统治者,正是他们创造出了中华民族璀璨夺目的文明与古老悠久的历史。从某种意义上来说,这一文明与历史也使得中国耸立于世界民族之林。生活即是一幅幅丰富生动的多彩画卷,即便是在中国的那些缺衣少食的茅草陋屋中,我们同样能够感悟到某种生活的真谛。

自从国家建立之后，美利坚合众国就几乎一直面临着一道难题：我们要不断探寻节约劳力之法，发明提高效率的机械。近年来，我们试图制造一种机器，使得一人抵得上十人的劳力。基本上，这些努力都达到了理想的效果。物竞天择，适者生存。环境能使人变得更聪明。在发明与制造高效率的机械方面，美国已是世界的领跑者。而中国的情况则完全相反。早在人们发现美洲大陆之前，劳动力过剩的问题就一直困扰着中国。面对大量过剩的人口，他们迫切需要解决的问题是，怎样通过分配再分配，使所有劳动力都能够获得劳动机会，以让大多数得以维持基本的生存。可以想见，这一问题的存在所产生的重要结果之一，就是中国人成为了世界上最最勤俭的民族。从广义上说中国人缺乏独创性，或许有一定的道理；然而就经济学这一领域而言，中国人则是这方面的高手。

在中国，你绝对看不到所谓的浪费现象。哪怕是零星的碎布条，也会被积攒起来糊在一起，作为鞋底的原料；而零散的碎木头，也会被巧妙地粘合钉连在一起，做成大的木板或柱杆之类的东西。在北京，大半的房屋是用那些已经有好几百年历史的破砖碎瓦搭建而成的，也许这些砖瓦还将继续"服役"几百年。在这里，还有一项非常红火的生意，就是用扔掉的牡蛎壳和废罐头之类的垃圾制造的灯具。在农村，妇人和小孩会十分认真地一遍遍地清理田间地头以及路边的杂草，再把草收集起来做燃料。人们也常把玉米秆以及其他农作物的根茎从地下挖出来，敲打干净上面的泥土，晒干后同样用来做燃料。

中国人许多节约的做法，在我们眼中更像是一种巨大的浪费。他们的许多节省观点，都不能使我们接受。他们的劳动力太廉价了——市场上再没有比这更不值钱的东西了。所以只要能被雇佣，能有活儿干，即使报酬再低、再不公道，他们也情愿接受。

中国贫穷的下层家庭人人都要劳作，除了那些还未学会走路的婴孩之外。大人们在下田干活的时候，总在地头铺上一张席子，把婴孩放在上面，让他静静地躺着，任其攥着小拳头，眨巴着小眼睛跟太阳玩耍。只要他不淘气，便是帮大人的忙了。采茶与采桑喂蚕的劳动都是妇女们干的活儿。通常，一人每天只有1~3分钱的报酬。在中国北部的一个省，那里的妇女专职编草帽。工钱同样很少,一人干一天也拿不到 2 分钱。我们头上所戴的帽子就是她们的劳动产品。

尽管中国官府没有制定救济乞丐的相关条款,但作为一项职业,乞讨也被默许是合法的。所以,倘若有 50~100 名病残老弱、肮脏不堪的乞丐围在一家商店或大宅前讨钱,那么还是对他们发发善心的好。因为警察对这种情况也会熟视无睹,不会把这些乞丐撵走。并且他还会说:"他们要什么就给什么吧,又不是什么值钱的东西;只要给了,他们就不会赖在这儿了。"这话也不是没有道理的。实际上,乞丐们很少会这样成群结队地乞讨,甚至两个乞丐同行的情况也少见。一般来说,每个乞丐的活动范围都是固定的。只有在遭受冷遇或虐待的时候,乞丐们才联合起来为同伴出气。乞丐们的要求并不过分,每次只要一两文钱。可如果你马上大方地掏钱的话,可就犯了大忌了。这样一来,他就会一直缠着你。因而,有经验的人总是让他们在门外焦急地等一段时间后,才把钱拿出来;而如果你不但不给钱,还将对方羞辱一番的话,那就是自找苦吃了:第二天,你将会发现,门口聚集了三五个比昨天还要肮脏的乞丐朝你要钱。这时候,要是不舍出半个美元来,无论如何他们是不会走的;如果你还是置之不理,那么很快就会有一百多个甚至更多的乞丐从四面八方赶来,将你的大门团团围住。这种情况下,要送走这些瘟神可不是一开始的一两分钱就能办到的,起码要付出 100 美元的代价!

在很多大城市,商人与店家每月会按时给乞丐们一定数量的补助金。具体金额通常都是双方协商好了的。协议达成之后,商人与店家就会在自家的大门上画一个奇特的符号——只有丐帮的人才能看懂。这表示有专门的"收款人"会在固定的日期上门"乞讨",在收到这种带保护费性质的施舍之后,收款人就会为施主开一张收据。这样一来,任何乞丐都不得上门骚扰。那些未与丐帮订立这份契约的人,一般都不会拒绝上门讨钱的乞丐。因为根据以往的经验,拒绝就意味着会有更大的麻烦。

和许多东方城市一样,在北京,随处可见乞丐的身影。这些人个个奇形怪状,肮脏不堪,也不知身份真假;有男有女,各年龄段的人都有。在他们看来,乞讨是一项正当的营生,是自己所从事的职业。他们从刚生下来就受到这种影响,成年后,有些人也的确做得很成功。要辨识职业乞丐与乞讨的"业余爱好者",就像区分一匹马和骡子一样简单。而我们称为"业余爱好者"的人，指的是那些遭受不幸，被迫走上乞讨这条路的人。

北京的丐帮是一个有着固定组织的团体，帮主有两位，一位男性和一位女性。两人都是组织里的人选举出来的。因而就我所知，乞丐也是整个清朝帝国唯一享有合法选举权的阶层。听说，丐帮帮主的风采，普通人是很难见到的。但我就曾有过同北京的女性帮主交谈的经历。这位老太太穿着干净体面，令人顿生肃穆之感。她的年纪大约在65~70岁之间。为了便于管理帮中的事务，丐帮把北京城按照严格的形式划分成诸多区域，每个人都各有一块属于自己的"领地"，不容帮中其他人侵犯。然而，和其他行业一样，乞丐中也会有一些不受约束之徒。不管是在农村还是在城市，都能看到一类云游四方、脱离于丐帮组织之外的乞丐。这些人没有"领地"的概念，也不存在互帮互助的自觉，总是走到哪儿算到哪儿。而那些被组织划定在一定"责任田"之上的丐帮兄弟，则最讨厌这种"野"乞丐，认为他们都是一群无耻之徒。

中国的许多乞丐都对弄虚作假情有独钟，总是佯装病人或残废以博取人们的同情，以便得到更多的施舍。在北京，我就曾被一个年轻的女人长时间地困扰着。每当我出门时，这个女人就会尾随而至。手上抱着一个孩子，旁边还牵着一个。一边用令人崩溃的喊声大叫着，一边手舞足蹈地表示自己又聋又哑。而两个小孩也极其配合地哀告道："可怜可怜，可怜可怜我们吧，给点钱吧！"我的直觉告诉我，眼前的这个女人根本就是个健全的人，她既不是聋子，也不是哑巴。为了证实这一点，当她某一天再次随着一大群人，追在我身后哇哇乱叫时，我猛然回头，冲着她喊出几句不大得体的话。试想她如果能听到，一定会非常生气。果然，她立刻用非常流利的中文脏话回敬我。随后，在众人的哄笑声中，她才意识到自己出了洋相，很快就溜走了。自从这次之后，每当我们再次相遇，她总是表现得很友好，但不再向我讨东西了。

在北京那些五花八门、凄惨可悲、令人不胜其烦的乞丐中，确曾有一个令我动了恻隐之心，并使我连续几个月都无法释怀的人，到现在仍然历历在目。那是一个老弱的乞丐，身上披着几件破烂的单衣，每日坐在街头，冻得瑟瑟发抖。他的一双脚兀自摊在身前，早已腐烂化脓，发出一股令人窒息的气味。那景象实在令人作呕，无法言喻。然而随后的某一天，在老地方突然没看到这位老人的身影，他正飞奔在回家的路上！惊骇之余，我拼命追上他，却惊奇地发现，原来那双触目惊心的脚已经不见了。

孤身流浪江湖的乞丐，颇有游侠风度

"难道，"我和他并肩而行，问道，"您那双脚还能走路吗？"

"哦，"老人不慌不忙地回答道，"原来的脚，我揣在怀里了；穿着回家，会把它们弄坏的。"

随后，他面无表情地把手摸进怀里，拽出一双填满棉花的袜子。粗帆布制成的袜子，填上棉花就变得鼓鼓的；在精心地涂上一些颜色后，就变成了一双惨不忍睹的肿脚了：脚趾正在溃烂，皮肉模糊得一塌糊涂。在此行之前的那些白日里，我一直认为这就是真正的人间惨剧！

得知真相后，我当然非常气愤，于是说道："像您这种年龄的人，还用如此卑劣的手段骗人，应当感到可耻。难道您没有工作，或是因为懒惰而不愿用诚实的劳动养活自己吗？"

那名"可敬"的骗子在听到我的这一问题后，回答得相当坦率，好像他所做得这一切多么值得赞扬似的："不，我当然有工作，我是一名修鞋匠。我本来就打算不再干这种骗人的勾当。我的脚也实在太有名了，已经有点不管用了，现在得到的施舍也不像以前那么多了，整日坐在地上向路人喊'可怜可怜我吧'也不是滋味儿。因此我准备继续干修鞋的营生。"没过几天，他请求在我们领事馆大门附近的一条街上摆设摊点，很快获得了批准。随即，他就带着修鞋的工具和一张板凳做起正经活儿，这一干就是10年。老头去世后，他的儿子继承了这份工作，并要求我们为他的丧事出点钱。其理由是，他的父亲与我们保持了长久的密切友好关系，所以我们理应出份子。

钱眼中的智慧

在中国，一两纯银即是一个货币单位，通行的辅助货币是铜钱与纸币。在对外贸易发达的地区，也通行墨西哥银元。但这种银元显然也是按分量计价的，而且它们飘洋过海来到中国后，很大一部分被直接投入熔炉，经过重新熔炼之后，变身为银锭在市场上流通。论成色，论重量，墨西哥银元都被认为是各国中最标准的通用货币之一；而其在中国之所以会受到如此荒唐的待遇，其中有着许多方面的原因。

在辨识本国银两的成色方面，精明的中国商人有着异常锐利的眼力。同中国的银锭相比，墨西哥银元上没有中国商人所易于辨认的符号与纹路。尽管中国商人自己并没有确凿的证据，但仍然疑神疑鬼地相信，像墨西哥银元这样的外国货币，肯定是一定比例的合金物质铸成的。所以他们宁可费力气将这些"外来货"铸成自己所喜好的原始形式。如此一来，只要随便瞄上一眼，他们就能立刻判断出其真正的价值。一直以来，中国官府就只接受、认可或者支付纯正的银锭。

墨西哥和西班牙的银元最初是通过中国南方沿海城市的港口流入内地的。这些流入的银元原本是想向当地的居民证明，自身所代表的货币是硬通货，却没有想到遭遇这样的命运：或迟或早都被投入熔炉重新改头换面。这一现象主要源于这些城市的一项风俗：当地的钱庄与银号总要在自己经手的银元上打上自家的名号，以此作为定额兑换的信用标志。每家都不例外。就这样，一块多家银号经手的银元很快就变得面目全

清代宝泉局咸丰重宝当五十铜钱

非,难以辨识。在无法按块计量之后,银子就以称重论价的形式再流通一段时间;随后,熔炉便是它最后的归宿。

几年前,一位著名的美国女士在广东境内游玩的时候,为了方便购物,想凭借信用卡在当地的钱庄取 500 元的墨西哥鹰洋。而钱庄的老板则建议她最好不要带着现钱购物。只要她向每位商人签一张自己的购物证明,就可以从钱庄的帐户上扣除这部分花销。这位夫人没有采纳这一建议,仍然坚持己见。于是,钱庄老板就按照她的要求,从一个大麻袋里倒出她所需要的银元,再让她核实一下数目。而摆在这位夫人面前的这堆墨西哥银元无异于破铜烂铁——简直没有一块银元称得上是完整的,而这些只能按照实际重量计价。据说,在广东,这一堆东西已经算得上是"最完整的墨西哥银元"了。

清朝的中央政府内部,有着一部关于银子成色的通行标准。所有符合这一标准的银两都是"库玉银"。所有财务方面的事务都按照这套标准执行。标准规定,银子的成色一定要达到98%,而民间的所有交易则不包括在内。此外,政府再没有制定其他法律来规范银两的实际成色与分量。所以,在成色与分量这两个非常实际的问题上, 并没有统一固定的标准。为了预防一些人在银两的分量上做手脚,在北京,逐渐形成了五个不同等级的银重标准。首先是"二两银"("two ounce"),这种银子 98 两算作 100 两,比实际的重量少 2%。在所有标准中,这是最轻的一种。随后是"商业银"("Commercial ounce")、"官银"("official ounce")和"库平银"("treasury ounce")。在前面我们也已经提到,最后的一种"海关银"是分量最重的。这是近代才产生的新标准, 主要用于海关方面的进出口货物税的征收与支付。这一标准比政府的"库平银"标准还要重,不知出于何种原因。

其他城市地区所使用的银两标准与京城也有不同, 而且即便在同一座城市或地区,银两的标准也未必统一的。可以说,在全国,根本没有统一银子称重的标准。毫无疑问,这种情况对正常的商业贸易必然会带来很大的负面影响,以及某种不稳定性。流通于各个城市之间不同的银价标准,各大钱庄与银号必须掌握。这样,在进行两地之间的汇票业务或现银交易时,才不会造成不必要的损失。

事实证明,在中国,人们的行动在很大程度上都在受到传统的支配。人们之间存在着一种默契:假如事先没有协议,那么一些种类的交易就会按照某种成色标准进行银两的结算。举个例子:北京的房租按照分量最轻的成色银计算;拖欠商家或店铺的费用按照市场银或"商业银"的标准支付;而其他的账目交易则执行更重一些的银价标准来协调。而要探寻这种交易规则的起始时间和初衷,是比登天还难办到的事情。尽管传统并没有针对个人做出不能按照成色最重的标准计银价的要求,可隐含其中的道德律例则令人望而生畏。在一段长时间的劝服与争辩后,最终,他会心平气和地放弃自己原来的选择,放低标准,进而接受传统的银价标准,目的是为了体现自己高尚的道德水准:君子喻于义,小人喻于利。不然的话,谁情愿去白费力气地干吼一阵?俗话说,"百试无害",中国人深得其精髓。

中国官府从不会去干涉熔铸银锭的事情。私人的钱庄与银号往往精于此道。银锭一般都被铸成椭圆形,类似中国人所穿的鞋子,外国人戏称为"足银"。尽管有时候,也铸一些较小的银两,一个大约10两重,但通常每块银锭都是50两。在日常的流通中,为了方便支付,人们常常把它们切割成小块的碎银。每块银锭上都留有铸造者的标志,还有标注银两纯度的特殊符号。一般,讲求信誉的大型商号的标志都是真实可信的。在前面我们已经说过,通过观察每种银锭的铸造方式,中国的商人便能准确地判断出银两的成色及纯度。石棉通常被用于铸造银锭的铸模。首先,将熔化的银水倒入铸模时猛烈地摇晃一下,等到完全冷却后就倒出来。这样就是一块"足银"了。在银子的表面,我们会看到一些细小的纹路;在其各边和底部,会有类似针眼的小孔。这些纹路与小孔即是辨识银锭纯度的两个重要依据。纹路越多,孔眼越细小,银锭的等级也就越高。

在中国,无论进行什么样的买卖交易,双方首要的任务就是协商使用哪种成色标准的银两来进行结算。有一次,在中国某座城市,一位美国公民遭到暴民的袭击。最后,暴民被判向这位美国人支付几百两白银作为补偿。向该城主管部门收取补偿金的工作由我负责。我们正式签订了一项书面协议,确定用"库平银"的标准支付补偿银两。在规定的期限内,银子送抵我的住处。它们被打成整齐的包裹,上面贴着封条,并且标明其中各有 50 两。

　　中国的一些官员非常狡猾从不做赔本的买卖——我十分清楚这一点。为了以防万一,我找来标准斤两的秤杆,随意打开一包,拿出里面的银子认真称了一遍。我发现,这是一包成色很差的银子,最多也只能算三等,而且分量也不足,只有 47 两。我随即又打开了两包,结果和第一包里的银子一样。我叫来送银子的差役,吩咐他们将这些银子统统带回去给他们的主子。并且还让他们捎回口信:倘若他不能在一个小时之内,按照之前的承诺用库平银支付补偿款,那么我将取消双方订立的协议,并把他的所作所为向其在北京的上司报告。我的这番话立刻取得了成效。对方的反应十分迅速,足两的纹银很快就送来了,质量甚至超出了协议中的要求。

　　然而事情到这里并未结束。同一天的午后,那位官员就邀我赴宴。刚进门,他就对着我一阵开怀大笑,开口说道:"今早我本想用质次的银子骗您一下的,原以为您是外国人,一定会被蒙在鼓里。可我现在才知道,您甚至比我还精通此道。"随后他又说,原本准备了两份银子:一份是按照协议的足色足重的纹银;另一份是劣质的银两,即第一次送来的那些。假使这一招能糊弄过去,便万事大吉;而一旦被识破,就立刻送去另一份,以履行职责。并再三强调这一切不过是个玩笑而已。

　　中国的钱币是在铸模中完成的,而不是用机器。作为钱币使用的历史,这一方式甚至可以追溯到上古时期。据说,有记载的第一枚铸币,大约铸造于公元前 2300 年,或许是当时世界上最大最长、被称为"刀币"的铸币,其形状十分怪异;大约在公元前 221 年开始流通于世。那个时候,中国长城可能已经傲立于世了。圆形钱币铸造与使用的时间,差不多和大卫

清代五十两银锭

王（King David）在耶路撒冷建立政权的时间一样，其形状同当下所使用的铜钱很相似。两者之间唯一的不同就是：铜钱的表面都铸有凸起的汉文，标示是在哪朝的皇帝在位时铸造的。中国人称其为"国家通币"（current coin of the realm）。中国的许多文人都有收藏古币的爱好。真正的古币往往价格不菲。与它们相比，那些没有三四百年铸造历史的钱币根本算不上是古币。所以，我们会看到，这些钱币仍然被穿成串，当作流通的货币。假如您看到，在美洲发现的、三个多世纪之前铸造的钱币仍然在中国的日常买卖中传来传去，您大可不必感到吃惊。

中国的铜钱一般用纯铜制造，打造成圆形，直径大约在三分之四英寸左右；中间留有一便于串连的方孔。一枚铜钱大约重几千毫克，和一两标准银的价值相比，大约是白银的千分之一。不仅是北京，各省的省会都有铸铜钱的造币厂，都归户部监管，对伪造铜钱及个人私造钱币的行为严加防范。铸币厂雇佣的员工必须昼夜守在厂内。如有特殊情况，需经过特殊的安全措施的检查后，方可离厂。同时政府还规定，私家仿制的铸币须达到公家铸币的实际价值，即拥有相同的成色及分量。这样一来，仿制与假冒行为根本捞不到什么好处，甚至还可能赔本。因而，这一条才是真正发挥防范作用的规定。

过去的中国官府，在调控本国货币价值方面所使用的做法，同西方的举措不谋而合，妙计连出。总之，他们十分善于创新，别出心裁。

几个世纪前，当时的中国官府就试行了一项"不兑现纸币"的政策，大量发行纸币；在早于欧洲发行首张纸币的 1368 年，中国的皇帝就颁布了全国一律使用与硬币等值的纸币法令。以专制统治的手段推行这一政策，理应会取得显著的成效，但实际上并非如此，这一举措最终以失败告终。今天的人们，可以在大英博物馆里见到这样一张仅存的纸币的风采。尽管在当时，这张纸币并不起眼，然而经过岁月的洗礼后，如今

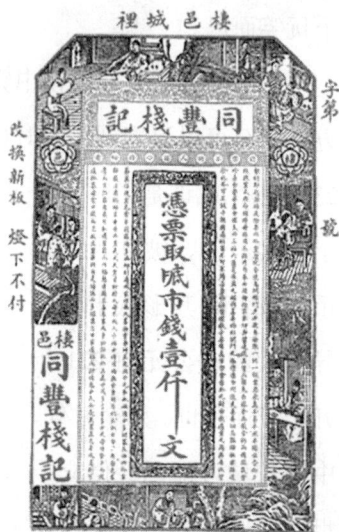

有"同丰栈记"字样的钱庄票

210

它的价值早已翻了不知多少倍。实际上,现在很多国家和地区推行的种种巧妙的金融政策,在中国古老的历史上早就出现过了,因而都算不上是什么新鲜事物。尽管每一项都尝试过,却似乎没有一项是成功的。中国的历代统治者经过无数次的尝试与实践,最终认清了这样一个事实:没有雄厚的经济实力做后盾,任何允诺都不会取信于民;无论是至高无上的皇帝,还是一介草民,都不能妄想将某件产品以高于市场的价格强加于人。

无论是在中国游历的外国人,还是研究中国的学者,常会遇到上面所提及的金融"实验"。有时候,他们觉得这一切非常有趣,同时,对自己手中的钱感到十分疑惑。如今,通过铜钱与白银之间变幻莫测的比价,我们很容易猜到,清朝政府也一直延续着这种金融"实验"。此前我们已经说过,依照规定,一枚铜钱相当于一两标准银的千分之一的价值。在铸造铜币的过程中,倘若减少每枚铜钱的实际含铜量,那么这种做法所造成的铜币价值的流失立刻就会在市场流通中显现。现在,通常每1800枚铜钱可以兑换1两银子。不过这一比价每天都会有所波动。在大城市或商业发达的地区都设有商会。每天人们聚在这里,商讨决定当日铜钱与白银的比价。

曾经有一位中国皇帝突然灵机一动,下令全国的铜钱都折半价,即现在两文铜钱才抵得上以前一文铜钱的价值。绝大多数地区都听从了这位威严的天子的旨意,不过也有部分地区没有遵照这一荒唐的命令去做。而且,那些服从的地区,其服从方式更是皇帝老儿未曾料到的。按照这一法令,兑换一两银子,所付的铜钱数量应当是从前的两倍。倘若有人并不知晓内情,那么,在他游历帝国各处山川时,必会遇到一些令其感到大惑不解的事情。比如,在这边的一处村落,可以用3600文铜钱兑换一两银子,而到了另一处相隔不到12里地的村落,则需要1800文铜钱兑换一两银子。而假如他在两处地方各自卖出1两银子,就会发现,两处所得到的铜钱数是相等的。

在这个事例中,尽管一处村落执行了铜钱贬值的法令,可同时当地的物价也跟着上涨了两倍。这样一来,买卖活动一切照旧,法令并未发生任何作用;而另一处村落的人则更加经济务实,不管上面说什么,只管自己做什么。

在国库空虚、财政吃紧之时,另一位中国皇帝更是异想天开,下令铸造铁钱来代替铜钱。这当然招致朝廷上下一片反对之声。不管是以何种比价兑换,这种铁钱都不会被接受。倘若当作军饷发放,拿到铁钱的士兵马上就会全部扔掉。铸铁当钱如同儿戏。倘若您想弄几枚这样的铁币留作纪念,建议您就到北京城外去转上一转,保管要多少有多少。这些铁钱被弃于城外,没准都快变成古董了。

在中国的某些地区,以铁钱代替铜钱的政策造成了一种怪异的现象,在此值得提一提。这一现象充分证明了,事实上在中国,民众的意愿高于一切法律,它比皇帝老儿的任何狗屁旨意都更具决定效力;宽容忍耐的中国人,同时又不乏反抗精神。为了对抗这项命令,一些地区的百姓采用不足额的铜钱代替实际的 100 文铁钱使用。我就曾经在一个集市上看到,人们把 77 文铜钱当 100 文使用。实际上,很容易解释这种看似奇异、令人迷惑不解的行为:当铁钱发行时,这些地区坚决抵制。地方官员提出将铁钱与铜钱按相同比例使用,即 100 文中,铁钱与铜钱各 50 文。这项提议同样遭到拒绝。随后,官员同百姓之间,就这一悬而未决的问题继续进行交涉,最终双方达成一致的意见。因为被迫使用铁钱的市镇不止一个,因而解决的方案有很多种:一个市镇同意将 77 文铜钱当 100 文铁钱使用,另一个同意 85 文当 100 文,其他的又是另外的比价。种种实际数额与表面上的 100 文的差价,也从一个侧面反映出各地民众反抗与屈从的不同程度。这一情况所产生的最直接的结果就是,会计工作变得极其烦琐、极其复杂。比如,当我要按照 77 文铜钱当 100 文的比价兑换时,那么,我必须将所要兑换的价格换算成规定的实际铜钱数与表面上的 100 文铁钱的相应比价。因而,当一个人想买 100 文铁钱的大米时, 他实际可能得到的只是 77 文铜钱所购买的量。

据我所知,对中国通货造成重大损失的最近的一次法令是,某位皇帝要求铸造大型铜钱,并按照 20 比 1 的比例兑换,即 20 枚普通铜钱对 1 枚大型铜钱,以保证大钱进入流通领域。这一法令很快实行了。然而人们很快发现,1 枚大钱的实际价值,最多只相当于 4 枚普通铜钱。因而这种大型铜钱并没有得到全国范围的流通。在京城,只按照其实际价值短时间流通过。

　　1 枚铜钱的价值量很小,这在支付过程中造成了许多不便;尽管银子比较值钱,可同样不方便。在此种背景上,一些由私人钱庄或银铺(cash shops)发行的纸币,开始在中国的各大城市及商业活动中频繁流通。因为是不同地域的发行商,所以这些纸币的使用大都有着鲜明的地方特色,通常都是没有经过中央政府批准与认可的。依照持有者的意愿,无论是铜钱还是银两,都能通过纸币兑换。地方政府要求所有纸币发行人,必须具有雄厚的财力,以确保纸币的信用额度。一旦业主无力兑换而失去信用,那么将同那些无力还债的破产者一样看待,并受到严惩。基于这一点,所以很少发生纸币失效的情况。在中国,有很多重达4 斤一块的银锭,相当于 70 块墨西哥银元的价值量;而铜钱的使用也十分不便,仅以北京为例,1 美元几乎能够换到 700 枚铜钱,而 1 枚铜钱的大小差不多有半张美元那么大。通过以上事实,我们可以看到,发行纸币势在必行。

　　图中所显示的两种纸币,其中比较大的一张大约值 2 美元,小的那张也差不多值 40 美分。纸币上的文字与图案半手工半刻印,所使用的纸张也很结实。为了防止有人造假,在纸币发行之前,发行者将每张纸币铺在作为存根的账面上,

清代在北京地区流通的银票

在其与下面空白纸张的连接处打上所属钱庄或银号的标记,此外再随意画上一些线条,使纸币和空白纸上都能留有一部分。这样一来,存根上留有的做了记号的页码数就等同于纸币发行的数量了。尽管这一方式较为原始和粗糙,但对防止假币的伪造却十分有效。

　　1883 年,北京城里发生了一起十分特殊的金融事件:两家资金雄厚的钱铺相继倒闭,引发了一阵儿不大不小的社会恐慌。由此造成的一项直接后果就是,当人们到一些信誉良好的钱庄或银号用银子兑换钱币时,业主宁可用铜钱支付,也不愿拿自己发行的纸币来兑换。甚至还情愿用高出本金 15% 的利息,赎回

此前发行的纸币。而以前发行这些纸币的条件是,持有者在一年内不得兑换硬币。没有人能够对这种奇怪的现象做出合理的解释,哪怕是朝廷的户部尚书对此也摸不着头脑。两年之后,这一现象仍在持续着,人们对此已经到了无法容忍的地步。朝廷经过再三讨论,决定应由地方政府发布一道公文,指令各家银号钱铺,在人们要求用白银兑换钱币时,应为顾客提供纸币和铜钱两种选择,任其自选。正如同政府以前颁布的那些相关金融法令,这一次又成为了一纸空文,没人理会。可以说,也只有在中国,才会有人愿意以高于自己本票15%的价格用铜钱去回购产品。顺便提一下,专营汇兑业务的银号遍布全中国。这些银号还负责全国范围的汇款业务。

按照中国皇帝的说法:普天之下,莫非王土;率土之滨,莫非王臣。所以,凡是帝国版图之内的所有动产与不动产,都归皇帝一个人所有。皇帝是一国之君,是全中国的大家长,掌握着所有人的生杀大权,随其喜好而为。因而从这一角度而言,中国官府永远都不会,也永远都不可能背负内债——难道一个人会向自己借钱吗?国家在紧急情况下所开出的各种目的所谓捐献都摊派到臣民身上。对待那些慷慨捐献、表现踊跃的忠臣良民,朝廷还会赐予某些光荣称号,以示皇恩浩荡。

国家所制定的人头税平均分摊到个人身上,看起来显得很轻,然而这是一种不计任何突发因素干扰的固定税收。征收的土地税,每亩25美分左右,一年收入总计超过1亿5千万美元,是国家最丰厚的一项税目收入。政府垄断经营盐业,年收入也十分可观。此外还没将那些多如牛毛的其他税目计算在内。在此我们无需做出全面的描述,就能够判定,从法律角度来分析,尽管这种税制不会对任何人造成沉重的负担,然而每个人都是这一税目的征收对象。哪怕是跑到天涯海角的人,也无法摆脱它。无论情愿与否,每人都必须为朝廷效力。

但是,假如让我们说出中国朝廷年收入的准确数目,那是万万不能办到的。即便是朝廷内部人员,也不可能对此给出一项相对精确的数字。毫无疑问,国家的财政收入必定是一个庞大的数字;而究竟有多大,却没人说得清楚。征税的方式与举措,中央与地方的分配比例,收税者种种合法与不合法的留存与私吞,以及十几种不确定因素的影响,都让这一问题变得越发复杂,毫无头绪。

中国还存在着许多种形式的实物税收。大米便是其中的一种。每年,都会有一些产粮大省将其出产的大部分大米进贡,作为皇粮储藏在北京。一部分也作为驻扎在京城及周边的八旗军队的军粮。大运河是一个内陆河运,主要是为了由南向北的大米运输而开凿的。尽管它不如万里长城那般有名,但其发挥的实际作用却要比后者大得多。大运河开凿于 7 世纪,直到 14 世纪才完成,绝对是一项耗时费力的大工程。大运河北起北京,南至杭州,全程近 700 英里。开凿的时候,对一些自然水系做了充分的利用,因而,一些自然河段的长度也被算在全程之内。如今的大运河年久失修,但却仍然为南北的航运做着贡献。每年,仍可见大批运粮的船队往返其间。在地方水上航运中,大运河始终占有重要的地位。

和产粮大省一样,作为一项固定的税收,出产丝绸的省份每年都要向朝廷交纳生丝或丝绸制品,产茶地区则交纳茶叶;处在边境地区的蒙古则进贡马匹,主要作为清朝骑兵的坐骑,不过同样也具有别的用处。

绝大部分的税款以汇票的形式寄到北京。同样也有部分省份用散装的白银交税。其装运仍然保持着原始的方式,十分独特。有时候,我们会望见一列长长的车队风尘仆仆地缓缓驶入城门。每辆小车上都插着一面三角黄旗,这是皇家的标识;每辆车上都有一名看押财物的士兵,看起来,每辆车上都装载着粗大的"圆木",上面都扎着一圈一圈的铁环,还贴着带签名的封条。事实上,每根"圆木"都是中空的,被分为上下两节,有几英寸深。在这一部分空间塞满每块重约50 两的银锭后,就以上述的包装方式,长途跋涉,千里迢迢运抵京城,最终归于国库。

中国没有一套严整的金融制度,而现存的体制又存在着诸多严重的缺陷,内部潜伏着巨大的危机。其政府的税收机制也是千疮百孔。巧立名目、敲诈百姓、克扣勒索、循私枉法等不法现象比比皆是。我们可以毫不客气地说,没有一项税收是严格按照法定标准收取,并依据法定程序如数上缴国库的。纳税人所缴纳的税款远远超出法定的额度。非法所得源源流入贪官污吏的钱袋,皇帝本人根本无从知晓。不仅如此,每年朝廷都会以各种实施公益事业和工程的名义,向百姓征收财物。倘若我们将任何一年以此为目的而征收的钱款与同一时期真正用于公益事业和工程的花费做一对比的话，恐怕世人将会被两者之间的巨大差额惊得说不出话来。

然而，就某种程度而言，清政府已然意识到，财政金融制度的改革已迫在眉睫。他们曾不止一次表示，将要确立一项严谨完备的货币制度，以保障自身及其后世的利益不受侵害，并对目前普遍存在的循私舞弊与腐败现象进行彻底的整治。但是，对这种势在必行的金融制度改革，各省官员却众口一词，坚决反对。因为一旦实施改革，过去那种无法无天、作威作福的日子就将一去不复返，进而严重地损害到自己的切身利益。针对这一问题，1877 年，各国驻华代表在北京联合起草了一份备忘录，将其提供给清政府，以做内部参考。各国驻华代表以极其诚恳的态度写就的这份文件，内容翔实，论据充分，并且言辞严谨。经过慎重的传阅与研究之后，清廷内阁非常坦率地承认备忘录极具说服力；同时也表示愿意接受备忘录中的中肯意见，尽快实施有效的改革。然而，在给予我们的正式答复中，他们又告知：在处理涉及全国上下、各个阶层的重大问题时，依照惯例，他们必须先征集一下各级政府官员的意见；并表示，等到各级政府官员对改革的意见和建议都收集上来之后，同样也向起草备忘录的各国领事馆传达这方面的信息。他们确实这样做了。然而，内容毫无例外都对改革充满着强烈的敌意，坚决反对任何形式的变革。

所有对中国未来充满信心，热切关注中国发展的朋友们，都急切盼望着中国能在以上所提出的问题，来一番脱胎换骨的大变革；因为他们可以肯定，无论是在提高中国的国民素质与生活水平方面，还是在增强综合国力方面，这项改革都是不可或缺的、最为关键的首要因素。

后　记

　　《中国人的德行》一书的作者切斯特·何尔康比长期曾担任美国驻华外交官。正如切斯特·何尔康比本人所言,他在中国居住多年,几乎与中国各个角落、各个阶层的人们都有过接触,甚至与一些人建立了亲密友好的关系。他声称自己在书中所展示的是他在接触和了解中国社会时所得到的"几点心得和体会"。"力图用大视角、粗线条的几笔",勾勒出"中国人社会生活中一些非常重要而独特的因素",从而准确地描绘出中国人的真正形象。他在书中对当时的中国社会做了一个全方位的鸟瞰。

　　在这本著作中,切斯特·何尔康比从政府、语言、家庭生活、社会生活、宗教、迷信、辫子、法庭、官民及其关系、教育与文化、礼仪等 14 个方面来展现中国人不同于西方人,主要是不同于美国人的特性。

　　虽然书中不免有许许多多的偏见、误解与曲解,有的是西方人的偏见与曲解,有的是文化上的误读和误解,但大体上还是勾勒出了那个时代中国的社会真实情况,甚至有的方面不能不说具有一个理性的现代化的外来旁观者的深刻洞察。书稿在翻译的过程中参考了鞠方安、张程、唐琳娜等学者的中文译本,在此向他们表示感谢。由于时间仓促,以及译者的水平有限,肯定存在着不当之处,请读者批评指正。

译者　谨识

图书在版编目（CIP）数据

中国人的德行 /（美）何尔康比著；王剑译 . —北京：北京联合出版
公司 , 2014.10（2026.1 重印）

ISBN 978-7-5502-3536-6

Ⅰ . ①中… Ⅱ . ①何… ②王… Ⅲ . ①民族性—研究—中国
Ⅳ . ① C955.2

中国国家版本馆 CIP 数据核字 (2014) 第 202184 号

中国人的德行

作　者：〔美〕何尔康比
译　者：王　剑
出品人：赵红仕
责任编辑：史　媛
封面设计：王　鑫

北京联合出版公司出版
（北京市西城区德外大街83号楼9层 100088）
北京新华先锋出版科技有限公司发行
三河市兴博印务有限公司印刷　新华书店经销
字数200千字　787毫米×1092毫米　1/16　14印张
2014年10月第1版　2026年1月第7次印刷
ISBN 978-7-5502-3536-6
定价：29.80元